北京大学广告学丛书　陈刚 主编

作为学科的广告史
发展、个案及趋势

祝帅 著

Advertising History

Its Evolution,

Research

and Trends

北京大学出版社
PEKING UNIVERSITY PRESS

图书在版编目(CIP)数据

作为学科的广告史：发展、个案及趋势 / 祝帅著 . —北京：北京大学出版社，2020.10

（北京大学广告学丛书）

ISBN 978-7-301-31639-9

Ⅰ.①作… Ⅱ.①祝… Ⅲ.①广告—历史—世界 Ⅳ.①F713.8-091

中国版本图书馆CIP数据核字（2020）第177975号

书　　名	作为学科的广告史：发展、个案及趋势 ZUOWEI XUEKE DE GUANGGAOSHI: FAZHAN、GE'AN JI QUSHI
著作责任者	祝　帅 著
责 任 编 辑	黄敏劼
标 准 书 号	ISBN 978-7-301-31639-9
出 版 发 行	北京大学出版社
地　　址	北京市海淀区成府路205号　100871
网　　址	http://www.pup.cn　新浪微博:@北京大学出版社 @培文图书
电 子 信 箱	pkupw@qq.com
电　　话	邮购部 010-62752015　发行部 010-62750672 编辑部 010-62750883
印 刷 者	天津光之彩印刷有限公司
经 销 者	新华书店
	660毫米×960毫米　16开本　18印张　270千字 2020年10月第1版　2020年10月第1次印刷
定　　价	49.00元

未经许可，不得以任何方式复制或抄袭本书之部分或全部内容。
版权所有，侵权必究
举报电话: 010-62752024　电子信箱: fd@pup.pku.edu.cn
图书如有印装质量问题，请与出版部联系，电话: 010-62756370

目 录

序　　陈刚　005

导　论　关于广告史研究的若干问题　001
　　一、广告史学科的规范与方法　001
　　二、广告史研究的问题意识　010
　　三、广告史成果的学术评价　017
　　四、本书的主要内容与基本结构　022
　　结　语　027

第一章　广告史观的"古今之变"　028
　　一、作为公益事业的初期广告代理业　028
　　二、从公益服务到商业竞争　034
　　三、现代广告观念的东方之旅　039
　　四、美式代理制的中国实践　048
　　结　语　055

第二章 美国广告文化起源的新教伦理阐释　056

一、新教伦理与广告文化的碰撞　057

二、禁欲的新教国家何以成为现代广告的渊薮　059

三、古板的工作伦理何以导致广告消费的狂欢　068

四、对物品真实性的追求何以达成对商品广告的信任　079

结　语　086

第三章 从广告文化研究到广告文化史　088

一、法兰克福学派与伯明翰学派　088

二、媒介、影像与广告文化研究　099

三、文化经济研究与文化史　110

结　语　122

第四章 健康传播的兴起对广告研究的挑战　123

一、当代学术视野中广告文化研究的转向　124

二、身体：广告健康传播研究的逻辑起点　129

三、疾病：广告健康传播的批评理论资源　136

四、历史：广告健康传播研究的新文化史面向　140

结　语　145

第五章 广告史研究的全球化与本土化　146

一、广告研究本土化的理论基础　147

二、西方广告学领域关于本土化的实践　155

三、中国广告主体性的建构　158

结　语　161

第六章　海外中国广告史研究的范式与方法　162

　　一、海外中国广告史研究的分布与开端　163

　　二、在商业社会与消费文化之间　171

　　三、技术史对广告史研究的启示　178

　　四、经济史视角与广告史的可能性　183

　　结　语　189

第七章　民国时期广告教育的四种类型　191

　　一、大学广告教育的发展　192

　　二、广告人的海外留学　207

　　三、广告的职业教育与社会教育　213

　　四、广告教育的类型及其发展　217

　　结　语　221

第八章　当代中国广告史研究反思　222

　　一、广告史研究的历史、现状与问题　222

　　二、广告产业研究的机遇与挑战　236

　　三、广告史研究的困境与变革　245

　　结　语　255

参考书目　257

索　引　262

后　记　277

序

广告学是一门综合的学科,由于牵涉到很多相关领域,因此它的理论体系非常庞大。在广告学学科建设之初,由于研究条件的限制,广告学人的专业方向不可能做到细分。但随着学科的发展和学术环境的变化,广告学人的专业结构也会愈来愈细化,在广告经济学、广告心理学、广告社会学、广告伦理学、广告史学等方面都呼唤越来越专业的研究人才。

这些年来,在构成广告学理论体系的诸多组成部分中,广告史学得到了快速的发展。尤其在中国,广告史一度成为整个广告学领域中的学科前沿。这一方面是得益于整个学术格局中历史学有了极大的发展,为广告史这门分支学科提供了很多养分;另一方面则是因为中国广告产业经过四十年的积累与发展,形成了越来越多的独特经验和模式,值得通过历史研究的视角与方法进行提炼和解读。广告史是一面镜子,只有研究历史、总结历史,才能从中汲取面临当下和未来广告产业变化的应对之策。

十四年前,祝帅来北大跟随我攻读博士研究生时,就把广告史学确立为自己的研究方向,他的博士论文对中国广告学术史领域有开创性的研究;曾获评北大优秀博士论文、北大人文社科研究优秀成果奖、中国美术奖等多种奖项。五年前,他正式调回北大新闻与传播学院广告专业任教,除开设创意实践类的课程外,主要精力也集中在本科、研究生层面的广告史教学和科研方面。作为中青年学者，他的广告史研究成果也开始得到学术界的关注，先后获得国家社科基金一般项目和北京市社科基金重大项目的立项支持，并被推选为中国新闻史学会博物馆与史志传播研究委员会的副会长，是北大广告专业优秀的骨干教师。这本书作为祝帅在开设研究生课程"广告史研究"过程中积累的教学心得，集中于对广告史的学科属性、主要议题和研究方法等展开系统的反思与建构。在某种意义上，本书既是他《中国广告学术史论》一书中相关思考的逻辑延续，又为未来广告史学科建设开辟了新的领域，相信将会为我国广告史学的发展提供重要的参照。

是为序。

陈 刚

北京大学新闻与传播学院党委书记、副院长兼广告学系主任
中国广告协会学术委员会主任

2020 年 1 月于北京大学

导　论
关于广告史研究的若干问题

　　从学科的构成来看，广告史学科包含了"广告"和"历史"两个有机的组成部分。这也造成了广告史在学术界的边缘身份：它既边缘于作为应用学科的广告学研究，也边缘于作为人文学科的历史学研究。就研究现状而言，广告史还远远不是一门成熟的学科。然而在某种意义上，这也未尝不蕴藏着新学科、新思想增长的契机。作为学科的广告史，对研究者提出了两层相互联系的要求，即广告史研究既要与"广告学"乃至广告业界相交流，也要与历史学乃至一般人文社会科学相对话。在某种意义上，这样的"双重身份"也正预示了广告史研究的难度：它要求研究者不仅对广告行业有"同情之理解"，甚至亲身参与，还要具备和掌握人文社会科学的一般的学术方法与规范。因此，广告史研究发展到今天，迫切需要走出自发的状态，开始对自身的发展阶段进行总结、批判和反思，并针对学科定位、研究方法、构成框架、理论体系等问题展开积极的建设。本书将以此为起点，论述当前广告史研究的现状与挑战，以及广告史作为一门学科建设过程中的若干基本问题。

一、广告史学科的规范与方法

　　作为一门新兴学科，广告史的成果自然无法与新闻史甚至广告学相提并论，但也不能说完全不受重视。近年来，几乎每年都有关于中国当代广告史研究的国家级科研项目，业界人士回顾、口述、编写广告历史的做法也方兴未艾，众多广告专业相关高校开设了广告史的课程，教材出版也蔚然成风，如此看来，这门学科的体量并不算太小。但是，广告史作为一门学科的建设仍然没有得到学术界的公认。究其原因，在于广告史研究学术品性的先天缺失。广告史在研究实践积累的过程中，有意无意地忽视了对自身的学术批判和学科反思，从而限制了学科发展的速度与质量。其实，从历史学科的视角来看，广告史属于历史学中的"专门史"。研究广告史，既需要广告的专门知识，又需要历史乃至人文社会科学研究的一般学术规范，以及建立在学术规范基础上自觉的问题意识。

所谓的"学术规范"，自然指的是超越一切学科独特性基础之上的普遍法则，是各个学科在学术研究中都应该遵行的共性。时至今日，学术研究中"学院化""专业化"的倾向非常明显。广义来看，学术研究的梯队是由两部分组成的。一方面，在学院和科研机构中获得硕士、博士学位，有过严格的学术训练的研究者越来越多；另一方面，直到今天，仍然有很多非学院派研究者没有受过严格的学术训练，至少没有在学院学习的经历，但也在做着广告史话、广告画收藏甚至广告藏品博物馆等"准"学术研究式的工作。对于后一类人，有人用一个不太好听的名词"民科"来形容。那么，学院派的知识分子和"民科"之间根本的区别在什么地方？很重要的一点，就在于有没有严格、规范、系统的学术训练。当然，有了规范的训练，并不等于有了学术研究的视野和眼界，训练是一方面，眼界是另一方面。可以说，只有规范和训练是不够的，但若没有则是肯定不行的。这是今天从事广告史研究工作中很辩证的一点。

在专业学术机构中，学术训练体现为一整套系统和完整的专业化的教学模块。在一个研究生就读硕士或者博士期间，学校都会开设一系列的必修和选修课。其中的必修课，往往就构成本专业学术研究入门的规范训练体系。不同专业的必修课是不一样的。比如艺术学专业，必修课程有艺术史、艺术学理论。对于传播学专业，必修课就包括传播学理论、传播学研究方法。广告学处在艺术学和传播学之间，对于广告史研究者来说，以上两种学术训练择一皆可，可以生发出不同的广告史研究范式，不必求全责备，但二者必居其一。这样的学术训练，是一名研究者在学术生命成长过程中所必须经历的一课。当然，学术训练的途径也是与时俱进的。对于艺术研究者而言，过去有一种说法叫作"两史一论"，指的是中国艺术史、外国艺术史和艺术概论这三门艺术学专业的必修课。这些年学科变化很快，在艺术史之外，可能有更多新兴的学术范式，如艺术产业、艺术营销、艺术管理、艺术经济、艺术传播等。与此类似，在广告史研究中，自然科学、社会科学的方法和理论所占比重越来越大，广告学基本的学科构成和学术训练也在发生着一些变化，传统的基本学术训练路径有所调整，很多院校开设了一些社会科学研究方法方面的课程，这对广告史研究也是一种丰富。不管怎么说，一名学者必须经过一套系统的学术训练，才能迈入现代学术的大门。

现代学院式学术训练有一个特点，就是高度专业化。"专业化"告诉学者，学术界存在很多学术训练的门径，不同的学科有不同的训练。比如艺术史的学术训练就跟心理学的不一样，甚至在人文学科内部，哲学和历史学的学术训练又不一样。这就带来了现代学术的另外一个重要的特点，就是隔行如隔山。学者只能固守在自己的专业领域内，跳出自己的专业领域就没有发言权。对广告学者而言，虽然专业是广告，但是在广告这个广义的专业领域里，可能一位学者比较熟悉的领域就是创意设计，对媒体投放、效果评估等没有丝毫的发言权。一个人的研究领域不可能涉及所有的广告领域，更不可能兼通文史哲。不过，虽然广告学包含的内容比较多，但研究者可以选择自己喜欢的路径和擅长的专业领域。同样是做广告研究，在广告学领域内可以从产业的角度切入，可以从历史的角度切入，也可以从实务的角度切入。广告学虽然学科传统不像文史那么深厚，但留给广告学者发挥的余地比较大。不管是历史还是社会科学，只要选择自己感兴趣的领域，进行系统和完整的学术训练，都能够产出一批与广告学交叉的研究成果。

研究方法是衡量一篇广告史文章学术训练是否完备的指标之一。对于广告这样比较贴近实务的研究对象，统计学是一个绕不开的方法论环节。用统计学的方法来做广告史、广告批评，是当前广告学界一种专业化的研究方向。广告批评是一个与广告史研究相关的重要领域。它是广告史的重要补充，为日后的广告史研究积累当下的素材。但目前在国内广告学领域，广告批评目前的发展要比广告史更为滞后，其中一个原因就是广告批评缺乏科学的方法。如果广告批评要走向学院化、专业化，必须得掌握一定的方法。批评者如果有广告实务的背景当然非常好，但还不够。有实践背景的广告学者不妨补充一些应用性的实证研究的方法论训练，特别是统计学的内容。这样的话，再来介入对广告实务的批评，就会有一些出其不意的发现。以前的广告批评非学院化的经验性太明显，仅限于谈印象或感受，不能体现学院知识分子的专业态度。大陆广告学的学术范式恰恰缺实证研究这一块。反观台湾地区的广告学界，由于学者基本上都是在美国接受的学术训练，美国的相关学科，包括传播学、广告学，都是放在实证研究的范式下用统计学的方法来做研究，所以很多中国台湾学者都是用统计学做广告研究、广告批评的，值得广告学者在广告史研究中借鉴。

但是，广告学界也不宜过分抬高统计学在广告批评和广告史研究中的地位。要清楚广告史和广告批评研究中什么时候适用统计学，什么时候不适用，做到根据研究对象和研究目的来确定研究方法。一般而言，统计学关心的是群体，人文学科可能更关心个体。统计学关心的是趋势，这样的研究往往对实践或者决策有指导价值。在处理大量样本的时候，适合用统计学的方法来描述趋势，这样的研究对实践肯定是有指导价值的。但有时候用词频分析的方法来研究一些民国档案，倒有可能会存在样本量不够的问题。这种历史研究不一定非要用统计分析的方法，可能纯理论方法更好。理论的方法遵循的是一种"提出问题—寻找材料—论证问题"的过程，这种研究有思辨的乐趣，可以说它解决的是学术问题，而不是用来指导实践的。比如高家龙（Sherman Cochran）的《中华药商》这部有代表性的史学著作。该书的问题意识是，为什么在整个民国时期中国制药企业没有受到全球化的冲击？相反，一些大型的国际制药公司，在中国的经营却并不理想，反而不及中国的本土企业？作者通过分析大量史料得出的结论是，这是因为中国本土企业比西方企业更善于也更懂得利用广告进行本土化的营销。[1] 这是一个很有意义的历史研究，但这个研究无法指导实践，对以后的市场营销也几乎毫无影响。阅读这种著作的时候，并不期待它指导实践，而是注重其提出、思考和分析问题的过程。

具体到作为交叉学科的广告史研究，广告学者需要在广告学学术训练的基础上，也接受规范的史学学术训练。接下来，我们以广告史及相关学科为例，来梳理史学研究的若干基本问题，进而厘清广告史研究的问题意识和学术训练之间的辩证关系。

第一，"问题"与"材料"。在当前的学术评价中，学术界越来越意识到学术论文写作的起点是"问题意识"。学术研究的入手点不应该是一个个领域，而是一个问题。这里所说的"问题意识"的"问题"和一般意义上的"问题"是子集的关系："问题意识"肯定体现为问题的形式，但是不是所有的问题都叫"问题意识"。简单说，问题意识是"为什么"的研究，而不是"是什么"的研究。问题意识一定要从"为什么"的角度来发问。一篇文章的起点，就是萦绕在你心头的一个许久难以解开的"为什么"。这是现代学术研究与旧式学术研究不同的入手点。

现代学术研究有一个假设，就是学术论文是写给同行专家看的，而不是向大众普及常识的。论文不是教材。教材是面面俱到的，需要普及常识；而一篇硕、博士论文或者专业期刊论文，则是跳过常识那一部分来提问，从常识中发现问题。这种问题是一位研究者经过思考才能够发现的，而且往往与常识是相反的。例如，美国学者倪雅梅（Amy McNair），就在《中正之笔——颜真卿书法与宋代文人政治》中提出了一个很有问题意识的视角：颜真卿书法本来在唐代评价并不高，却为什么最终被人们推上书法史的神坛？[2] 再如，美国学者杰克逊·李尔斯（Jackson Lears），也在《丰裕的寓言——美国广告文化史》中提出了一个很有问题意识的发问：美国是一个清

---

[1] [美]高家龙：《中华药商：中国和东南亚的消费文化》，褚艳红等译，上海：上海辞书出版社，2013年。
[2] [美]倪雅梅：《中正之笔——颜真卿书法与宋代文人政治》，杨简茹译，祝帅校译，南京：江苏人民出版社，2018年。

教徒建立的信奉基督教的国家,却为什么成为似乎与基督教"禁欲"精神格格不入的现代广告产业的渊薮?[1]这是他们研究的问题。对现代学术而言,一部著作不能没有问题,就像一篇论文不能没有论点。

与"问题"相关的是"材料"。材料是一切史学研究都没法回避的要素。但是,现代学术不是以材料为中心,而是以问题为中心。换句话说,学术研究是带着问题找材料,材料都是围绕着问题而来的。一个学者可能找到大量的材料,但这些材料不一定都用在他的论文里面。例如米歇尔·福柯(Michel Foucault)的《临床医学的诞生》,福柯看似用了很多的史料,但这些史料都是挑选出来的、对他有利的材料,大量不利于其观点的史料就被遗漏了。[2]这并不是福柯的缺点。再如书法史家白谦慎,他写过《傅山的世界》《傅山的交往和应酬》等关于傅山的书。笔者留意过其著作的注释里关于傅山的材料,有大量是二手材料。其实,山西当地有很多的傅山研究专家更掌握一手资料,山西人民出版社就出版过《傅山全集》,他们知道的材料比白谦慎要多得多。再如李欧梵(Leo Ou-fan Lee)的著作。李欧梵是一位关注月份牌画的文化史研究者,著有《上海摩登》等开辟了广告文化史和民国视觉文化研究范式的学术著作。笔者留意过李欧梵关于月份牌画的材料来源,也有大量的二手材料。其实,目前国内有很多月份牌画的收藏家,他们掌握比李欧梵更多的一手资料,甚至还有私人创办的月份牌画博物馆。但是这些收藏家怎么没成为大学者?可见,材料不是掌握得越多越好,一定要进行甄选,保留有用的,来配合问题使用才有学术价值。

第二,"方法"和"理论"。按照学术规范,现在博士论文绪论或者导论部分,一定有一块是关于研究方法的。文科的论文中,社会科学普遍比较重视研究方法,这是由于社会科学对自然科学的模仿,形成了比较规范的研究方法意识。相对而言,人文学科,如文史哲,对研究方法这一块就不太重视,许多学者使用自发的方法来写文章,还没有形成普遍公认的方法论体

---

[1] [美]杰克逊·李尔斯:《丰裕的寓言——美国广告文化史》,任海龙译,上海:上海人民出版社,2005年。
[2] [法]米歇尔·福柯:《临床医学的诞生》,刘北成译,南京:译林出版社,2011年。

系。广告史研究属于人文社会交叉学科,从学科属性上来说更多属于历史学而不是广告学,这就造成很多广告史的论文不知道怎么写研究方法。其实到现在,"方法"变得非常重要,不光在社会科学里会讲"定性"和"定量"的研究方法,就连艺术史领域也大谈"方法论","方法"本身成了一个很重要的环节。这是因为,现在学术的训练就好像让人掌握一套工具库,一个学者不光要知道所处理的这盘菜的原材料是什么,也知道用什么锅碗瓢盆、铲子、勺子去炒这些原材料。不管是人文学科还是社会科学,都有一个工具箱摆在那里,里面有很多现成的工具。一个受过学术训练的学者,要知道学者的工具箱里有些什么样的工具,什么样的工具适合做什么样的事,不能用高射炮打蚊子。这些工具就叫作"研究方法"。关于研究方法,社会科学已经有比较成熟的概括,人文学科则很难形成统一的表述习惯,有待于研究者的提炼、总结和建构。但对于广告史研究而言这未尝不是一个契机,即,既可以借鉴社会科学研究方法的规范表述,也可以参照人文学科的研究路径,在两种方法论范式融会贯通的基础上再建构原创性的方法。

另一个是"理论"。"理论"在过去不受重视,但现在的历史研究有越来越重视"理论"的倾向。表面上看,当前艺术研究中的一个倾向,是似乎不像以往那样重视理论了,而是集中去研究艺术史。当然,这只是问题的一方面,还有另外一方面,就是现在很多理论已经以历史的方式包含在史学研究文章之中了。现在的史学文章越来越不是纯考据的文章,运用理论的现象越来越多,甚至有些时候历史和理论是分不清楚的。比如福柯,他当然是一个理论家,但是他的书里也充斥着史料,很多著作从题目来看就像历史书,《知识考古学》也是一本历史哲学研究的经典著作。可以说,现在历史研究中有一种理论的自觉,理论运用越来越普遍。没有理论的历史论文,已经很难自称是现代史学研究了。

怎样在历史研究中运用理论?有这样几个层次。第一个层次是直接应用理论。很多纯考据的文章里边丝毫没有理论,甚至很反对和排斥理论,但是现在入门级的史学文章,最基本的条件就是达到这一个层次,即套用现成的人文社会科学理论。第二个层次是修正或者拓展理论。比如杨念群在《再造

"病人"：中西医冲突下的空间政治（1832—1985）》中，不仅应用了费正清（John King Fairbank）的"冲击-回应"模式，还对这一模式进行了修正。杨念群研究的是19世纪上半叶以来从医疗史的角度看民族和国家的变迁，他对费正清的被动回应论进行了修正，提出冲击者也在很大程度上受到了回应者的反作用。[1] 这就到第二个层次了。第三个层次是创新理论。最理想的学术著作或者学术论文，不光是应用已有的理论，也不仅仅是修正和拓展这些已有的理论，而应该大胆创新、发展出新的理论。

什么文字能叫"理论"？第一，理论要有一定的解释力，不是对现象的描述，而是对现象里面的共同规律的抽象和提炼，这是理论第一方面的特点。第二，理论不光是一种归纳，而且还能够演绎、应用。这就叫作理论的"应用性"。理论既要有解释力，也要有一定范围内的应用性。有一种社会科学研究方法叫作"扎根理论"，指的就是一种建构理论的方法，这种扎根理论不同于哲学、社会学意义上的经典理论，但同样符合上述理论的基本特征，也可以应用于广告史研究中。只要符合这两个条件，学者就应该敢于大胆建构理论。一些中国学者似乎缺乏建构理论的胆量，但其实很多西方理论家正是这样去创新、建构理论的。

第三，"本土"与"海外"。关于本土与海外，是当前文史研究领域中的热门问题，对此应该辩证看待——"本土"没有那么差，"海外"也没有那么好。反过来，另外一种心态也不可取，那就是妄自尊大。本土有本土的问题，海外也有海外的问题。"本土"方面，中国学者应该建立一种"道路自信""理论自信"。今天国内很多时候把发表英文论文看作一个学术评价指标，这个现象其实是值得商榷的。中外学术是两个不同的共同体，有很多时候是不具有可比性的。针对这一点，中国本土学者要知道哪些学科中国学界有话语权，哪些学科确实弱一些。人文学科、社会科学和自然科学不能一概而论，中国问题和西方问题也不一样，要寻找一条自主性的发展道路，这就

---

[1] 杨念群：《再造"病人"——中西医冲突下的空间政治（1832—1985）》，北京：中国人民大学出版社，2013年。

是"本土化"。

　　就广告史和艺术史研究而言，海外同行的研究进展之所以值得关注，就在于对问题意识、理论、方法的强调。但海外中国研究也存在问题。一个是"先入为主"。海外学者在开始做研究之前，往往就已经想好结论了，他所选择的材料都是围绕着自己的论点来选择的，换句话说就是"自圆其说"。另一个，相对而言，他们不像受过马克思主义训练的中国学者这样讲逻辑。海外学者的著作和论文题目起得很有意思，但往往思维跳跃性很大，著作的结构也非常散。按照形式逻辑的要求，一本著作的各个章节之间应该是并列或者递进的关系，但宇文所安（Stephen Owen）等海外中国研究学者的著作就像写散文一样，形成了自己的某种写作风格。现在看到越来越多的博士论文，有一种西化的文风，简单模仿海外中国研究的写法。可是，如果仅从表面上模仿这种著作结构，便很容易陷入东施效颦。例如，有一类论文主标题很大，但其实只是一个个案的研究，所以只好用副标题来框定。这也是受海外学者，特别是明治维新以后一些日本学者的影响。其实，研究小问题也有其价值，没必要非得扣上一个大帽子，否则容易暴露出一种"洋泾浜"式的学风。

　　第四，"历史"与"前瞻"。这个问题在一些经典门类的艺术史领域里并不是那么明显，但在广告史研究领域则很突出。一方面，广告史是研究历史问题的，但另一方面，它又要面对很多业界前沿的实务问题。研究历史是不是一定与当下脱节呢？当然不是。当前的广告研究，肯定离不了人工智能、大数据和"互联网＋"等主题词，但与此同时，历史研究也自有其意义和特点。对于广告这样的学科，历史研究恰恰能够给当下的发展提供一些规律性的参照。比如，研究历史，会发现在今天人们怎样渲染人工智能，当年也如何吹嘘互联网；今天怎样夸大微信的影响力，当年人们也这样夸大博客的影响力。历史上的事其实都会重演，越研究历史，越能发现"日光之下，并无新事"。一些今天看来很"新"的事物，其实历史上早就有过。研究历史的目的就在于总结规律，在某种程度上，可以说这也是历史研究的智慧所在。

　　所以，"历史"研究不是一味地向后看，研究历史的意义正在于"前瞻"。越了解"历史",就越会发现"现实"中的问题。同理,密切关注当下,接触新的、前沿的事物,也有助于我们反思历史。学术研究要有前瞻性,而不是跟风,不应该什么热就研究什么。历史研究不只是研究现象,而是研究现象背后的动因。一些业界正在热炒的概念,如果被博士生用来写博士论文,很可能等到答辩的时候这个风气就过去了。这种跟风的、现象式的研究对于行业实务或许有价值,但不是真正的学术研究。学术研究要有前瞻性、引领性,有可能研究的题目眼下并没有形成学术热点,但是三年、五年甚至十年以后仍然有参考价值。那样的研究才是有学术价值的前瞻性研究。

二、广告史研究的问题意识

如前所述,问题意识是史学研究的逻辑起点。所谓"问题意识",往往表现为一种向常识挑战的提问。学术界也有人反对这样的做法,他们主张学术研究也要像法律一样,对历史成说秉持一种"无罪推定"的原则。所谓历史研究中的"无罪推定"原则,顾名思义,是把法律上的术语应用于学术研究中,即对于历史上一些约定俗成的、著名的说法,即使有明显的纰漏和疑问,在没有足够的证据证伪的情形下,只能暂且"疑罪从无"。犹如在法律上,即使犯罪嫌疑人的行为在众目睽睽之下近乎"铁板钉钉",但只要没有法律所能够采信的证据作为"实锤",就只能对其无罪释放一样。长期以来,由于法律上的"无罪推定"原则深入人心,所以今天在很多领域中都借用了这一提法,历史研究也不例外。以至于对学术史上很多存疑的问题,人们在没有证据的前提下不敢对其越雷池半步,宣称"在没有证据证明其为伪的前提下,只能认为成说无误"云云,以免受到"有罪推定"之讥诮。然而,类似想法在很大程度上禁锢了当代学术思想的发展。

其实,"无罪推定"原则作为一个法律专业领域内的判断标准,并不是一个放之四海皆准的真理。在现实生活中,也有很多领域并不适用"无罪推定"。例如在流行病的预防中，需要对凡与流行病人有过近距离接触的普通人都进行"流行病学观察"，对其隔离一段时间之后再对没有出现感染症状的人"无罪释放"。还有今天几乎无处不在的"安检"，以及出国签证时移民官对你的"移民倾向"的判断，等等，这些其实都是一些大家已经普遍接受了的"有罪推定"。"有罪推定"难免冤枉了一些"好人"，但却能够切实做到不放过一个"坏人"。反之，"无罪推定"原则在现代法治"人权"观念的标准下，不会冤枉任何一个"好人"，但也有可能因此放过了"坏人"。这样看来，"有罪推定"也好，"无罪推定"也罢，都只能注定是一些为了尽可能认识和接近"事物真相"时的权宜之计。

学术研究作为一种人们把握历史或现实"真相"的方式，虽然说长期以来形成了一套程序谨严的规则和方法，但仍然不能以"对"与"错"来对学术研究的结论或理论进行评判。"求真"是学术研究的乐趣之一，但一个成熟的学者永远不可能说自己已经揭示了事物的真相，因为那样的话学术研究的生命力也就停止了。换言之，学术研究的乐趣，就在于不断推翻成说，挑战权威。用科学哲学家卡尔·波普（Karl Popper）的话说，就是科学研究不能"证实"，而只能"证伪"。胡适也说，学术研究要"大胆的假设，小心的求证"。这两句话是有逻辑上的先后关系的，没有"大胆假设"，何来"小心求证"？可以说，"大胆假设"是现代学术研究开始的第一步。既然如此，学术研究的发展，就建立在不断挑战、质疑前人的成说的基础上，而这种"大胆假设"本身，其实就是一种"有罪推定"。

在文化史、艺术史上，有很多约定俗成、习以为常的说法是禁不住推敲的，但由于年代久远，缺乏证据，所以很多学者和教科书就只能人云亦云，甚至以讹传讹。诸如顾恺之作《女史箴图》《洛神赋图》，王羲之作《兰亭序》，张旭作《古诗四帖》，王希孟作《千里江山图》等，其实莫不如是。这些说法的出现，往往都晚于这些作品诞生的年代，很可能是后代的讹传乃至附会，但由于长期以来人们的接受惯性，使得这种成说几乎成了一种信仰。这时候一旦有人提出质疑，无论是否有"小心求证"，都会被人认为是"大不敬"，进而以"有罪推定"而一棒子打死。究其原因，很多人从事学术研究的心态，是把研究对象当作一种信仰。可是，这与现代学术把研究对象当作科学现象来进行研究的心态是大不相同的，也与现代科学研究的方法格格不入。

举例来说，在20世纪后半叶的"兰亭论辨"中，一些人延续了20世纪上半叶"古史辨"的学术传统，以"疑古"作为一种学术方法，这其实是一种现代学术方法在中国书法史研究上的实践。郭沫若提出，《兰亭序》的字出自智永手笔，而文亦是在魏晋时期《临河叙》的基础上篡改过的。这就是一种"大胆假设"。当然，由于郭沫若对现代学术方法的运用不够娴熟，在论述和文风方面还有许多过于武断之处，在论证过程上也有一些缺环，使得他的"大胆假设"并没有做到"小心求证"。再加上郭沫若本身的政治身份和其他场合所表现出来的学风，使得这场论辨加上了政治的恶名。而在这场论战中，作为书法家而非纯粹专业研究者的高二适，由于自身并无任何头衔却敢于向郭沫若挑战，这种身份自然给这场论战增添了许多学术之外的评判标准，进而被认为是郭沫若以权势压人，仿佛谁支持郭沫若，谁就是支持政治干预学术一样。

就学术本身而论，郭沫若所用的就是一种现代学术的方法。现代学术研究的起点就是推翻成说、大胆假设，是所谓做"翻案文章"。反之，如果出于信仰，坚定地认为《兰亭序》出自王羲之手笔是不容置疑的，那么这就与现代学术格格不入。换句话说，《兰亭序》是真也好，伪也罢，并不见得通过一场学术讨论就能够定论，学术研究本身并没有那么大的能力。但是，学术研究的价值，就在于质疑、辩难，并且通过史料和思辨的实证成自己的一家之言，能够自圆其说，进而形成学派、百家争鸣。今天在学术史上看"兰亭论辨"，也不应该以谁"对"谁"错"来简单判定其价值，只要是基于现代学术研究方法、有助于学术本身演进的讨论，就能促进现代学术的繁荣和进步。

广告史上也有一个类似的例子。众所周知，今收藏在中国国家博物馆（原中国历史博物馆）的"济南刘家功夫针铺"的铜版，被认为是早期中国广告史的重要物证，甚至有人说是中国广告史的开端。如孙孟英在2018年出版的《招贴画》一书中仍宣称："中国最早的印刷招贴画出现于宋朝，是济南刘家功夫针铺的一张印刷广告。广告的画面中有手绘的图和文字，它们是

"济南刘家功夫针铺"广告(或包装)青铜印版,约宋金元时期,中国国家博物馆藏(图片来源:作者拍摄)

通过雕刻铜版印刷工艺完成的。这张广告是世界上最早的图文并茂的印刷广告，是现代招贴画或海报的前身，比英国的印刷广告早400年左右。……这张'济南刘家功夫针铺'的招贴画，可以说是中国的第一张招贴画，……它说明那时的中国人已经有了超前的广告意识，是古人智慧的展现。"[1] 这段短短的论述由于建立在错误的事实基础上，不免以讹传讹。其实，今天保存下来的仅仅是这块铜版，我们看到的印刷品都是后来用它重印的，迄今为止尚未发现任何与其同一时期的印刷品留存。此外，这块铜版及其印刷实物也不见于任何传世文献著录——自然，由于重农抑商的传统，商业史料在中国历史上不受重视并不足为奇。不过更重要的是，关于这件铜版被认定为宋代的实物也是一件值得怀疑的事情。

据称，这块铜版的实物本来是上海博物馆入藏，入藏后并未受到重视。新中国成立后，老上海的广告人徐百益在博物馆的故纸堆中无意地发现了它，并将其指认为宋代的广告遗存。对于这一结论，很容易让人把它和《清明上河图》中所描绘的北宋都城东京汴梁的商业图景联系在一起。这一说法提出后，也受到文物界、广告界的高度重视，这块铜版后来入藏中国国家博物馆，现展示于"古代中国"展厅的宋代商业部分。20世纪90年代以来，也被收入各种中国广告史的教材，在广告史学界长期以来无人以学术的方式提出质疑。笔者虽曾意识到这块铜版更可能是用于印刷商品的包装而非广告招贴，但亦未对其断代提出怀疑，显然这样的"无罪推定"对于学术的发展演进并没有做出任何推进。

2018年3月13日，历史学家辛德勇在其个人微信公众号"辛德勇自述"中，发布《悬赏征集——请告知"济南刘家功夫针铺"铜版的断代依据》一文，向网友征集将此文物断定为北宋时期铜版的最初依据，提出了自己对这件铜版断代的随意性的质疑，进而在公众号评论中留言提出自己的"大胆假设"，即："若参照同一时代雕版印刷字体来判断，铜版制作于金元

---

[1] 孙孟英编著：《招贴画（影记沪上1843—1949）》，北京：生活·读书·新知三联书店，2018年，第2—4页。

时期的可能性较大。"尽管截至本书写作之际,距离作者的"悬赏征集"已经有很长时间,目前并未见到作者通过正式的学术文章向学术界提交这一假设,而且仅仅从字体风格的"目鉴"这一孤证来做出结论也还不够"小心求证"的要求。但对这件已经在教科书中成为常识的作品进行大胆假设,继而进行"有罪推定",且不论其结论是否正确,相比较众多人云亦云的广告史教科书,辛德勇的质疑本身就能推动学术研究的发展。

老一辈的学者,尤其是历史类学者,大多非常重视史料、原典和考据,这些当然都是很重要的做学问的基本功。但问题在于,基本功不等于学术研究本身。就像一个人有了唱念做打、说学逗唱等基本功之后,并不自然就是很好的戏剧和曲艺演员一样。相对于这些以往被认为是学术研究起点的基本功而言,笔者认为现代学术在入门阶段更应该强调的是"问题意识"。问题意识不是常识意义上的提问,也不是凭空就能产生的,必须建立在对学术史的熟悉和对于常识的反叛之上。很多好的问题意识,本身都是一种"有罪推定"。在任何时候都不加条件地讲求"无罪推定",是不能推动学术研究向前发展的。那种只讲史料、考据,而不讲问题、质疑的学术研究方式,就是很多平淡无奇的"回字有四样写法"的学问大行其道的根源。

当然,即便是大胆假设、推翻成说,也是有几种不同的形式和做法的。

第一种形式是"疑古"。这种做法在"五四"时期一度大行其道。以胡适、顾颉刚、钱玄同等人的提倡和实践最为甚嚣尘上。其中,顾颉刚开创了"古史辨派",钱玄同甚至给自己取了一个笔名叫作"疑古玄同"。但是,他们的做法在当时就是有争议的。不但钱玄同许多激进的主张在当时就被认为是不可接受的,就连新文化运动的同人鲁迅,也曾在《故事新编》中讽刺认为"禹是一条虫"的"鸟头先生"(寓指顾颉刚)。简单地说,这种疑古学派虽然很敏锐地指出了"怀疑与学问"之间的关系,但是,由于过分看重"怀疑"的创造性价值,把一切古代历史都看成"层累的"虚构的产物,以至于走向了"历史虚无主义"的极端,进而怀疑一切古史,这也是有些矫枉过正了。学术上提倡的"有罪推定",只是针对特定的"嫌疑人",而不是预设所有人都是有罪的。疑古学派的问题,就在于把"疑古"当成了一种信仰,空有"大胆假设",但在很多时候忽略了"小心求证",有过度阐释之嫌。这种做法在今天已经渐次沦为"民科"博人眼球的伎俩,甚至大有颠覆包括希腊、罗马在内的一切世界古史之势,从专业研究方法的角度已不值一提。

第二种形式是针对个案展开的研究,不进行观念预设。这一种做法没有宏观的理论框架,只是针对具体的问题发问。其中运用于艺术史研究领域,对作品真伪问题的个案讨论最为多见。尤其是一些海外的汉学家在这一点上给中国本土学者做出了值得参考和反思的案例。例如高居翰(James Cahill)等人围绕《溪岸图》问题的讨论,熊秉明对《古诗四帖》提出的质疑等,皆可参照。这一路研究的优点就在于推翻成说、大胆假设,把研究对象从信仰对象的层次降为平视的姿态,提供了许多颠覆性的思考和认识。但是,由于所针对的一些成说往往积累已久,文献资料众多,想要一一证伪殊为不易。所以从目前来看,这种个案研究往往停留在"大胆假设"的层面而无法切实做到"小心求证"。例如祁小春关于《兰亭序》中"揽"字提出的质疑,或是邱振中通过章法构成的分析对《兰亭序》与晋代其他作品章法风格异同的揭示等,都是很有方法论价值的个案研究,但即便指出了这些问题,仍不足以对《兰亭序》实现"一票否决"。一个真正严肃的学者,对简单的"下结论"式的研究往往都表现出审慎的姿态。

第三种是福柯式的知识考古学。这是一种彻底的"观念先行"的做法。毫无疑问,现代历史研究有一种与理论结合日趋紧密的趋势。由于艺术史研究者并不以建构理论见长,所以从其他学科那里借用现成的理论就成了一种必然的趋势。在这个过程中,一些艺术史研究者选择的是福柯。福柯与中国古史辨派的立场、预设与方法论的比较在学术界已经多有讨论,但在我看来最根本的区别却在于理论前设的不同。虽然都是解释学式的"观念先行"而不同于现象学的"从现象出发",但不同于古史辨派的"拆解虚构的历史",福柯显然对这种虚构的历史之所以得以建构出来的过程之中"权力"的运作法则和参与建构历史叙述的机制更感兴趣一些。有鉴于此,一些中国艺术史学者对此进行了修正,将其改造为"知识生成学",从而对收藏史、鉴藏史等学科做出了全新的阐释。这种研究本身也许并不能够直接对作品本身的风格问题等做出鉴定和判断,但从学术本体的演进来讲,却的确对中国美术史研究的方法论做出了贡献。

近年来,提供给学术界研究的新出土资料越来越多,伴随着各种检索数据库的大举建设,使得许多以往被忽视的资料重新进入学者的视野,学界渐渐出现了一种"以材料代替学术"的倾向。在这种趋势下,一些学者把"新材料"等同为"新学术",似乎找不到新材料就做不了新研究一样。其实学术研究推进的标志不在于材料是否新奇,而在于视角是否发前人之所未见。对此笔者的看法是,在过去很长一段时间对于学者的培养和训练方面,相对于"小心求证",国内本土学者对"大胆假设"的强调不是太多了,而是太少了。在这个意义上,对一切作为研究对象的"旧材料"放下"无罪推定"的信仰,进而将其还原为客观的研究对象,进行提问、怀疑甚至不惜做出"有罪推定",也许正蕴含着对学术范式做出根本性贡献和创新的契机。

三、广告史成果的学术评价

笔者曾连续十余年担任《美术观察》《广告研究》两种学术期刊的编辑,也参与过多种学术评审,因此对于学术成果的评价问题,如一篇论文是好文章还是坏文章,深感虽然常常是"见仁见智",但还是有相对明确的标准。对于学术期刊而言,这些标准就更加清晰。第一个标准是"创新"。一篇论文最重要的就是创新,学术期刊也会把"创新性"作为衡量文章的一个非常重要的标准。如果写了一篇文章,但其中的观点别人早就谈过了,那么文章考据得再好也没有用。提出一个新观点来,这个观点别人没谈过,这篇文章至少可以吸引人往下看。"创新性"不是赶时髦,而是指所谈的东西是别人没有谈过的,这是非常重要的第一评价标准。第二,有了"创新",还要有"论证"。不能说一个新观点是一拍脑门想出来的,而是要有论证,或通过实证研究,或通过批判、理论思辨,或通过史料考据的方法,来支持和论证观点。第三,文章要有一定的应用和推广价值。也就是说,文章要有人看。虽然研究题目很冷僻的文章可能也有价值,但杂志不是根据这个标准来选文章。好的杂志有一个读者范围,要有一定的读者量。就如研究当代广告设计的文章,写得再好也不太可能在《中国社会科学》上发表,因为读者面太窄了。但如果把广告现象(如新文学广告)作为一种史料来研究文学、文化等问题,就是一个很独特的视角。[1] 此外,学术期刊最反对常识堆砌性的论文,也就是"教材"式的论文。不是说教材没有价值,教材在教学和科普中很有价值,但是这种普及价值不是学术价值,学术论文和教材是两种文体。

对于广告史而言,理论意识也是评价一篇文章高下的重要指标。社会科学或人文学科的理论在广告史研究中的应用肯定要经过一番简化的过程。历史研究中的理论并不是把简单问题复杂化,而是把复杂问题提炼、简化为一种工具。比如费正清的"冲击-回应"模式就是这样一个理论。费正清不是研究西方近代以来怎样发展,中国又怎样发展,那样的话就平淡无奇了,而通过一个个研究,把他的研究对象概括为一种"冲击-回应"模式,在西方文化(自变量)和中国文化(因变量)之间概括出一种发生作用的路径,这就是理论了。其实,理论不一定是理论家想出来的多么宏大的建构,有时候针对自己的研究方法进行的提炼、总结、升华,就是理论。在广告史研究中,"发展广告学"就是一种研究当代广告史的原创性的理论。[2]

理论与问题意识紧密相关,不一定非要找一个现成的理论家来应用到文章里面,还是要从问题入手,有了明确的问题,理论也就自在其中了。举例来说,2019年是五四运动一百周年,有关五四的研究在各个学科里都形成小高潮。五四时期将整个中国传统文化都钉上耻辱柱,所谓"桐城谬种,选学妖孽",主张"废除汉文""废灭汉字"。但是有一个很有意思的现象,那就是钱玄同、刘半农这些人一方面说要废除汉文,另外一方面还在练习书法。刘半农写《泰山经石峪》味道很足,钱玄同则写敦煌写经体。这就是一个问题意识:为什么这些都要"废灭汉文"的人自己还酷爱临帖?这不是矛

---

[1] 彭林祥:《中国现代文学广告的价值》,《中国社会科学》,2016年第4期。
[2] 姚曦:《发展广告学——广告学研究视域的扩张》,《广告大观(理论版)》,2011年第2期;石晨旭:《发展广告学与广告史研究》,《广告大观(理论版)》,2018年第2期。

盾吗？他们都那么讨厌汉文了，应该改用蘸水笔写世界语才对，为什么还写书法？先有了问题，下一步就是带着问题去找材料。《钱玄同日记》有影印本，2014年底也出版了标点整理本。[1]但看影印本的《钱玄同日记》有比整理本更加直观的感受。钱玄同一开始用毛笔竖行写日记，到后来就改用钢笔写。为什么改呢？笔者发现，钱玄同在日记中写道，陈独秀说沈尹默和钱玄同俩人的字都写不好了，沈尹默的字是其俗在骨，钱玄同的字则是无药可医。钱玄同和沈尹默都被陈独秀批评，但是结果却截然相反：沈尹默被陈独秀批评以后回去发愤练字，越写越好，成为书法大家，而钱玄同则在日记里痛下决心告别书法。[2]

再如，学术界知道李叔同（弘一法师）在出家以前是一位著名的广告人，留学日本学习实用美术，回国后曾担任《太平洋报》的广告经理，提倡"新广告"。[3]但是，后来他离开了广告业。李叔同为什么离开广告业？广告与李叔同的艺术观、书法创作乃至宗教思想有什么深层关联？关于这些问题，在李叔同的书信中很可能有蛛丝马迹。我们在研究李叔同早年广告生涯的时候，也可以提出诸如李叔同为何在如日中天的时候离开广告业的问题。再通过他与其他人的通信来解答这一问题，就有可能很好地应用"交游"理论。对此，笔者很希望看到在不远的将来有更多类似的研究成果问世。

其实，这类研究就是使用了现在艺术史研究中常见的"交游"理论范式。现在有一些艺术史文章往往是从理论入手，往"交游"上套，然而谈的内容顶多能描述两个人的来往，而证明不了这种来往在多大程度上影响到了他们的艺术观念和艺术创作。反之，在还没有运用交游这个理论时，先找到问题，然后带着问题找材料，最后修正或者应用"交游"理论，则是顺理成章的事情。这种在艺术史研究中已经广泛使用的"交游"理论范式，相对于社会学理论本身来说已经大大简化了，但是引进来可以解决艺术史上的一些

---

[1] 杨天石主编：《钱玄同日记（整理本）》，北京：北京大学出版社，2014年。
[2] 祝帅：《"汉字革命"中的"书法情结"——以钱玄同"五四"时期的书法活动和书法思想为中心》，《美术观察》，2011年第8期。
[3] 郭长海、郭君兮编著：《李叔同美术广告作品集》，合肥：黄山书社，2011年。

问题，也有一定的应用性和推广价值。所以，写文章需要从问题入手，第一步提出问题，第二步带着问题找材料，第三步从材料中归纳、提炼理论，这样就有可能建构出有价值的成果。

在理论的借鉴方面，广告史研究需要"取法乎上"。这是因为作为一门交叉学科，广告史的发展有"综合"的优势，可以从各门成熟的学科之中借鉴。广告史研究者需要在完成本专业学术训练的基础上，广泛地吸纳、借鉴其他学科，特别是成熟的上级学科的研究进展与学术趋势。广告史学者关注其他学科的目的不是成为那个领域的专家，而是为了拓宽自己的眼界。同样研究广告史，是用广告业内自发的方法，还是借鉴历史学的理论前沿再回过来用历史学的方法和理论，是不一样的。像美籍华裔学者李欧梵用新文化史的方法研究上海月份牌画，卞历南用经济史的方法研究中国广告主企业制度变迁的逻辑，汉学家高家龙用历史地理学家施坚雅（G. William Skinner）的大区域模型研究中华药商的经营，还有一些艺术史学者用宋史研究中"制度史"的范式——"祖宗之法"去研究宋代书画与宫廷制度的关系，这些都是值得广告史研究者参照借鉴的优秀学术成果。设想，如果研究宋代书画史只看书法美术史界的成果，比如画论、考据一类著述的话，难免缺乏特色，但如果借鉴的是整个历史研究领域的前沿，所做出来的研究在艺术史界自然是鹤立鸡群的。

当然，广告史作为一门独立的学科怎样建立自己的边界，也是一个现实的问题。任何一门学科在建立之初，都脱离不了与其他学科的相关性。例如，很多学科都是从哲学中独立出来的，社会学是从哲学中独立出来的，心理学是从哲学中独立出来的，艺术史也不例外。当年欧文·潘诺夫斯基（Erwin Panofsky）这些艺术史家做了很重要的一个工作，那就是在方法论上发展出了只适用于艺术史的研究方法，即图像志和图像学。二者稍有不同的是图像志是描述性的，图像学是解释性的。因为它们处理的对象是图像，这是属于艺术史的独特的材料，这种材料不同于哲学、文学、史学和其他学科的研究对象，所以潘诺夫斯基这些人让艺术史从哲学中独立出来，成为一门独立的学科。

但是这个工作只做了一半。因为潘诺夫斯基这些人最终的目的还是通过图像去研究思想，而不是分析图像本身。后来虽然有鲁道夫·阿恩海姆（Rudolf Arnheim）、E. H. 贡布里希（E. H. Gombrich）这些人去研究图像的形式语言，但按照西方形式研究的方法路径，还是很难阐释书法等中国特有的材料，而且在美术史界，形式研究比起图像学来说，声音还是很微弱。但是，如果没有形式研究这个据点，用图像学的方法最后得出来的还是一些思想性的问题的话，那说到底其实还是在做哲学研究，美术史这个学科还是没有独立出来。问题在于，受过书法或者汉字字体设计训练的人解读一个图像，更关心形式本身的一些内容，这跟一个受过其他学科训练的人，甚至是美术史式"读图"训练的人所得出的东西应该是不一样的。当然"形式研究"本身还是西方的提法，纳入书法、汉字字体设计等之后还应该有更专业一些的表述。但至少这些领域是很多西方中国美术史家不敢碰的，高居翰就曾有个说法："只有极少数的西方学者对书法具有鉴赏能力，我们只是从门外来仰慕它。所以，如果我们知趣的话，就不会去区别它们的优劣以及对真伪做出肯定的判断"，[1] 事实上也的确如此。西方的中国美术史家看董其昌的画，往往关注的是空白、对比、张力等，但对空灵、意境、内涵等则很难领会。至于书法和汉字字体设计，如果连汉字都不认识，怎能开展研究？因此在海外中国研究中，关于书法、字体、广告文案的形式研究等，西方学者有天然的欠缺，这里也蕴含着广告史研究拓展新领域的契机。

以上这些例子并不仅仅限于广告史领域，笔者这样做，是希望通过艺术史、设计史等相关学科的例子为广告史提供参照。这些领域与广告史研究都有相通之处，值得借鉴。作为一名广告史专业的教师，笔者在教学中也经常遇到广告学专业的学生提问："广告专业学习历史有什么用？"毕竟，广告专业的学生，毕业以后选择以学术为业的可谓凤毛麟角，大部分毕业以后不会做学术，但是作为一个受过高等教育的人，应该知道"学术"是什么。其实，学术真的没什么"用"，但也正因为"没用"才有价值。若干年以后，

---

[1] 白谦慎：《中国书法在西方》，《中华读书报》2012年9月26日，第17版。

能够证明人之为人的存在的，可能就是看着没有用的"学术"。有句古话叫作"不为无益之事，何以遣有涯之生"，其实学术就是这样一种证明人之为人的东西。所以，"学术"虽是没有用的东西，但它的标准还不低。在某种意义上，广告史也是这样一种没有"用"的学问，但它有自身的评判标准和游戏规则，也是一门非常有前景的学科。选择广告史研究这条路，首先要求研究者有以学术为业的兴趣，其次要做好"坐冷板凳"、进行严格学术训练的准备，有了这样的准备再来体会"做学问"的思辨乐趣，将会是一件非常有意义的事情。

总的说来，尽管广告学是一门在市场经济背景中应运而生的应用学科，但无疑广告史研究又是一门基础理论学科。长远地看，以上所论述的还仅仅是广告史学科建设的一个起点。广告史学科欲想独立，也应该在摆脱对广告行业依附性的同时建立起自己独特的研究对象和方法，并逐渐与其他学科拉开距离。眼下，广告史学科在中国已经有了二十年以上的学术积累，在这样的关头，除了继续做好历史研究的本职工作以外，也需要及时开展对于本学科"元"理论、"元"问题的批判、反思与研究。本书所做的正是这样一种努力：跳出"广告"本体，从更加专业化和抽象的层面上通过专题研究的形式来建立新的研究框架，从而吸引学术界关注广告史这门学科建设的一些基本问题。

四、本书的主要内容与基本结构

本书以专题研究的形式，探讨广告史从一个研究领域到一门学科的发展过程中，在理论框架、问题方法、观念框架、学术批评等学科建设层面所遇到的诸多问题。换言之，本书不是研究广告的历史，而是从专业研究者的角度，检视"广告史"的写法及其作为一种学术形态自身的发展建设。与一般的广告史著作相比，本书可以说关注的是广告史现象之上的"元"问题，即广告史研究的历史与方法。本书没有采用"史学史"的学科体例，原因是本书不是一般意义上的历史研究,而是以共时性的"专题研究"取代历时性的"分期研究",意在以问题意识为导向,突出对于历史现象的批判与思辨。本书的研究对象不是广告,而是对有关于广告的历史研究成果的"再研究"。由于笔者也从事中外广告史的研究与教学,在这个意义上既是研究者,也是参与者,是在广告史教材编写(另著出版)之余对自身研究经历的回顾与反思。因此,区别于本科层次的广告史教学,作为硕博士研究生课堂教学的产物,本书潜在的对话对象是从事广告史及相关学科研究的专业读者。

作为一种专业性的研究,本书原则上不进行常识性的广告史叙述,而是突出若干在当前广告史研究中带有普遍性的问题意识,综合使用理论研究、历史研究和学术批评等研究方法,以"专题研究"的形式直接进入问题。相对而言,本书前四章主要围绕世界广告史研究中的宏观理论问题展开论述,包括广告史的"古今之变"、全球广告史观的建立、广告文化史及健康传播广告研究等;后四章则集中于中国广告史研究反思,包括广告史研究的本土化与主体性、海外中国广告史研究、民国广告教育思想史及当代广告史研究批评等。

第一章以思想史为方法,提出观照全球广告史"古今之变"的广告史观问题。对广告史研究者来说,广告史观的问题可谓是广告史的"元问题",是广告史研究的逻辑起点。一位广告史学者,首先需要明确和建立自己对于广告史发展的理论观照,但这个问题常常被忽视,以至于在广告史教学和研究中容易偏重史料,忽略史观作为问题意识存在的必要性。这使得广告史研究常常陷入一种"见木不见林"的状态,迷失于历史的细节,从而失去把握历史事实的主观能动性。将史学研究的"全球史"(global history)趋势引入对广告观念变迁的分析时,会从宏观上触及一些此前的国别史研究过程中未曾涉及的广告史观的问题。具体来说,就是为什么古代"广告"的存在形态和现代作为营销手段的"广告"观念会有如此大的差别?为什么广告史上会发生一场"古今之变",以至于整个颠覆了"广告"的定义?这些问题往往为以往按照国别写作的广告史所忽略。厘清这些问题,不仅是回答广告史的源流和走向问题时的必然要求,也是建立一种全球广告史研究范式的必由之路。

第二章以文化史的方法探讨以美国为代表的现代广告业的起源。在《丰裕的寓言——美国广告文化史》这部著作中，作者杰克逊·李尔斯创造性地将宗教与广告两个看似不相干事物联系在一起，提供了对于美国广告文化史滥觞期的一种新教伦理的阐释视角，这种学科关联和思想跨度很可能是一个纯粹广告学领域的研究者所不具备的。与其他西方历史学研究著作类似，李尔斯的著作也缘起于这样几个令他感到困惑的问题意识：现代广告文化为何能够在美国这样一个由清教徒建立的国家生根发芽？宗教文化在哪些层面潜移默化地渗透进了广告业？广告业又反过来在多大程度上影响了美国宗教的世俗化？对于这些问题的回答，既是对马克斯·韦伯（Max Weber）的逻辑的发展，又是对于广告史研究向着宗教文化的深层次的延伸。同时，李尔斯作为历史学者、文化史家对于广告研究的积极介入给我们提供了一种新的广告史研究框架，即广告文化史研究的方法及其可能性。

第三章通过对西方广告与文化研究（cultural studies）历程的梳理，探讨文化研究与广告史两个领域之间的关联与可能性。广告学作为一门后起的学科，在学科目录中属于传播学的下级学科，因此广告研究的发展必须借助于其他学科所提供的理论资源，与其他学科的学术视角进行交叉和整合。在广告学诞生之初的20世纪早期，广告研究的学科源头主要是心理学、经济学以及稍后的管理学与市场营销，这种现象直到中国当代广告恢复之初的20世纪80年代到90年代还非常突出。但与此同时，特别是20世纪中后期以来，西奥多·阿多诺（Theodor Adorno，一译阿道尔诺）、罗兰·巴特（Roland Barthes）、让·鲍德里亚（Jean Baudrillard）等许多其他学科的学者开始把研究视角对准广告这一新生事物，越来越多的哲学家、社会学家、历史学家和文化研究者开始介入广告研究，甚至借助于广告开辟了"文化史"等新史学的研究领域。作为文化史研究的一个分支，广告史与文化研究有着天然密切的血缘联系。如果广告学者忽视了这些研究成果，将是一个很大的遗憾。

第四章通过学术综述方式，对广告学与健康传播（health communication）及医学文化研究的结合部进行梳理，进而提炼健康传播对广告史研究提供的理论资源。本章认为，文化研究作为显学的时代正在远去，但在"后文化研究"时代也出现了许多新的趋势值得广告研究者借鉴。与之相联系,广告文化研究也已经成为整个广告学研究领域中的边缘学科。但是,这并不是说文化研究对于广告学而言已经失去思想的洞察力和批判力,相反,作为一种理论遗泽,这些学术趋势都可以在不同程度上与广告学发生交叉,丰富当前广告学的基础理论研究。从历史研究角度来看,早期医药广告、公益广告等本身就与医学有着密切的关系,作为传播学领域的前沿学科,健康传播的兴起已经在广告研究领域内有积极的学术反响,这种趋势在未来广告史研究领域中将会有更多体现。

第五章以理论研究、观念史等为切入点,论述"全球广告史"热潮中同样不应被忽视的另一面,即在全球广告史的理论框架内对"本土化"概念和研究实践进行梳理与界定。在一个全球化的时代,"全球史"的写作已然成为广告史研究领域的趋势。在西方,已经出现了一些题为"全球广告史"的著作,尽管其中关于"全球性"的建构还存在诸多的问题,但相信这一学术范式在未来会得到愈来愈多的响应,使之更加完善。[1] 不过,全球史也是一把双刃剑,至少它不应该成为一种垄断性的学术范式。在"全球化"的时代,一种立足于本土文化、社会和受众,倡导在地化的广告史研究范式也仍然在现实中有其用武之地。这一章初步探讨了广告史研究中"本土化"问题得以成立的理论基础,并在此基础上梳理"全球史"时代倡导中国广告史学自主性研究的现实意义。

第六章以史学史为手段,在对海外中国广告史研究格局、现状及代表性著作的综述的基础上,对其成败得失及其经验和启示的理论反思。海外中国研究(Chinese studies)无疑是当前国内学术界的热门话题,以至于有取代20世纪末的"文化研究"成为新的显学之趋势。这种情形在广告学领域也不例外。诸多海外中国广告研究的成果中,尤以史学的成果最为集中,成绩最为突出。对于广告史研究而言,其上级学科既可以说是广告学,也可以说是历史学。甚至在某种意义上,广告史与历史学之间的距离,要比它与广告学

---

[1] Mark Tungate, *Adland: A Global History of Advertising*, London: Kogan Page, 2013.

之间的距离更近些。而当前中国史学研究，受海外中国研究和社会科学的范式和方法很大的影响，海外学者的概念化和社会科学的实证化趋势，也在极大程度上影响了当今史学研究的走向，其成败得失值得中国广告史学者进行解析与反思。

第七章综合使用史料学、考据学等历史研究方法，对民国时期广告教育思想史进行专题研究，以此作为本土广告史研究的一个案例。广告教育史和广告思想史、广告学术史有密切联系，它也属于广告史研究的必要组成部分，但在以往没有受到学术界充分的重视。本章通过报刊文献、档案等一手材料，经过研究指出，民国时期的中国广告教育是在西学东渐的时代背景中，由国内大学、海外大学、社会教育和中等职业学校共同构建起来的，综合体现出西方教育观念的影响和中国传统的继承与改造。从整体情形来看，由这些类型所构成的民国广告教育对当下中国广告教育和产业发展构成必要的借鉴，与此相联系的民国广告研究也对当下中国广告史研究有积极的启示。

第八章是对中国广告史研究现状进行的学术批评。作为当代中国学者撰写的专著，本书关于广告史学科的研究最终还是要落脚于中国当代广告史。这一方面是因为广告学是一门应用学科，中国当代广告学者从事广告史研究当然需要回答中国当代广告产业发展中所面临的现实问题；另一方面，无论是主张"中国现代广告百年""新中国广告七十年"还是"改革开放四十年"的广告史研究范式，中国当代广告史眼下都可谓进入一个总结的年代，优秀的当代中国广告史研究的学者、成果辈出，现阶段的总结，为的是广告史、广告学乃至中国广告产业在下一个四十年、七十年和一百年的发展，对当下学术状况的批评也是通向学科自觉建设的重要环节。但是，由于当代的中国广告史研究还在进行之中，无法"盖棺定论"，因此通过学术批评的方法来关注研究现状和进展，对学科发展进行阶段性的批判和反思，也是为未来的学术史研究积累素材的一种行之有效的手段。

结 语

在某种意义上，本书内容是对笔者《中国广告学术史论》一书所提出的问题的补充与展开。[1] 与那本著作类似，本书的研究框架在具有针对性的同时，也有着开放性的特点，目的是提出问题，吸引学术界的共同参与。目前，与其他兄弟学科的史学研究风气相比，广告史研究对形而上的史学史、方法论等问题的关注还显得不足，对学科自觉的建设和反思也远远不够。但笔者相信随着学科的发展，广告史研究中一定会出现更多值得讨论的问题，得到学术界的关注与讨论。因此，本书体例也会随着研究和教学实践的发展而不断补充和更新，为此需要更多从事广告史研究的同人来共同建设。未来的广告史研究，不能仅仅为广告实务的发展提供持续的借鉴与支撑，更重要的是需要在更高层面上开展与文学史、艺术史、经济史、新闻史等其他兄弟学科的平等对话。本书的意义也正在于"发凡起例"，希望引起同行的关注与重视，通过学术界的共同努力让广告史在学科的意义上得到自觉的建设与提升。

---

[1] 祝帅:《中国广告学术史论》，北京：北京大学出版社，2013年。

第一章
广告史观的"古今之变"

这些年来,广告史研究在海内外都取得了长足的进展。一方面,这突出体现在广告史研究越来越多地开始突破"国别史"研究的范式,开始引入"全球史"的方法、视野与问题意识。另一方面,这种学术范式把传播现象看作透视社会变迁的一面镜子,以传播思想史取代了以往的传播媒介史。既然关注的是传播思想和现象,就突破了以往以媒介史为中心的传播史写作,把视角引向广告、设计、城市、市场等新文化史、社会史关心的研究领域。这也是越来越多的传播学史的著作开始把广告作为一个重要的研究对象的重要原因。阿芒·马特拉(Armand Mattelart)的《全球传播的起源》便是这样一部带有新范式意味的传播史著作。其中对于广告史和广告思想史的分析尤其引人入胜,在某种程度上,这部著作作为全球广告史研究开辟了一种新的范式,也为上述问题提供了一种思想史的进路。因此在本章中,笔者对上述问题在马特拉已有思路的基础上,尝试结合中国现代广告的视角展开分析和补充。

一、作为公益事业的初期广告代理业

笔者所谓广告史观的"古今之变",指的是全球广告业从古代自发的广告传播形态向现代代理制广告观念的转变历程。广告史上的这次"古今之变"至少经历了三个关键的历史步骤:第一,从古代自发的广告形态转为初期的代理服务;第二,在重商主义的背景下,西方广告业从公益代理转为商业代理；第三，从广告掮客发展到全案代理阶段，并随着新型广告公司的跨国扩张在全世界范围内传播。在这个过程中，广告业也经历了公益服务、广告掮客、媒介代理、全案代理等曲折的阶段，完成了从古代广告基本形态向现代广告理念的历史巨变，在国际范围内经过17—20世纪超过三个世纪的时间才最终完成。对于中国而言，这场"古今之变"的接受历史被压缩在了20世纪之内，中国广告业在短短的百年间完成了自身主体性的建设。中国的现代广告业既带有自身鲜明的特点，也反映出全球广告业的一般规律，成为我们思考全球广告史时的一个重要案例。

广告史的"古今之变"是客观的存在，然而其动因却每每为论者所忽视。在中国广告史的写作中，论者每每把中国广告形态从传统的"招幌""叫卖"转向现代的代理制归因为现代报刊观念的传入，这种思路背后暗含的是汉学家费正清的"冲击－回应"模式，而并未结合中国的主观能动性加以阐释。[1] 在外国广告史研究中，学者也往往容易局限于一个特定的国家（主要是美国）的广告变迁就事论事，而很难兼具一种全球视角。[2] 但无论如何，中外广告学者们都能够认识到的现实是，广告业在19世纪前后发生了一个重大的变革，这次变革既颠覆了传统社会中人们对于广告的观念和想象，也把全球广告业带入一个前所未有的发展繁荣的新时期。

然而现代"广告"的观念与这种古代广告却可谓有天渊之别。那么，现代"广告"的定义是什么？目前在广告学界普遍采用的，基本上都是在美国营销协会定义委员会（The Committee on Definitions of the American Marketing Association）于1948年确定的定义基础上进行修订的各种版本，如《当代广告学》一书所采纳的："广告是由已确定的出资人，通过各种媒介进行的有

---

[1] 如陈培爱《中外广告史新编》（高等教育出版社，2009年）和杨海军的同名著作（复旦大学出版社，2009年）中，都将"鸦片战争"看作中国古代广告和中国近代广告区分的重要标志。

[2] [法]杰克逊·李尔斯：《丰裕的寓言——美国广告文化史》，任海龙译，上海：上海人民出版社，2005年；Stephen Fox, *The mirror makers: A history of American advertising and its creators*, Urbana and Chicago: University of Illinois press, 1997; Julian Sivulka, John McDonough, et al, *History*, in the Advertising Age Encyclopedia of Advertising, Volume 2 F-O, Chicago: Fitzroy Dearborn, 2002, pp.745—806 等。

关产品（商品、服务和观点）的，通常是有偿的、有组织的、综合的、劝服性的非人员式的信息传播活动。"[1]

这个定义可以分解为四个要点：即（1）有可确认的广告主；（2）广告推销的客体是观念、商品或服务；（3）通过各种媒介进行，且通常是有偿的；（4）有组织的、综合的、劝服性的非人员式的信息传播活动。不难看出，其中（1）（2）两点，几乎是古代广告与现代广告都具备的共同特征。而（3）（4）两点则是现代广告才具备的。这两个要点一则说明了"代理制"是现代广告的核心特征之一，一则说明了广告区别于其他营销手段的根本特征。在具备这两种现代广告要素的基础上，广告人作为一个职业阶层才能出现。且不说在古代社会中是否存在"广告人"这个专业的阶层，即便有，他们的身份也是画家而不是营销专家。因此，现代意义上的这种"广告"观与古代"广告"的存在形态可谓大相迥异。

广告史上，发生一场影响深远的"古今之变"，也是经历了一番过程的。在这个过程中，作为公益事业的广告代理业的建立应该看作其中的一个关键环节。广告代理业建立的理论是先于实践发生的。为此有必要首先追溯一下西方思想史上关于广告研究的历程。后续叙述将依据马特拉在《全球传播的起源》一书中的广告思想史进路而展开。这是因为与其说该书是一部传播史，不如说是一部以传播变迁为视角的世界史。换言之，该书不是从历史看传播的传播史，而是从传播看历史的思想史。这就为广告的研究提供了许多新的可能。

尽管古典广告有着漫长的历史，但将这种现象作为观察甚至研究对象呈现在学术写作和思想史上，却是很晚才发生的事情。如果不把古希腊罗马的修辞术和说服学当作广告理论，也搁置中世纪关于宗教的传播思想，在某种意义上，西方自觉的广告思想和广告研究，是从文艺复兴期间的 16 世纪开始的。并且在西方广告学思想的滥觞阶段，就已经显示出对于古典广告形态传播力的不满，从而表达了对于一种新的建立在"代理"基础上的公共信息服务设施的吁求。对于广告思想史来说，法国文艺复兴时期作家米歇尔·德·蒙

---

[1]　[美] 威廉·阿伦斯：《当代广告学》，丁俊杰、程坪、钟静等译，北京：人民邮电出版社，2005 年，第 7 页。

田（Michel de Montaigne）是这个学术思想运动中的第一位关键人物。

蒙田是"随笔"（essay）这种文学体例的开创者，也是一位在政治上很有抱负和作为的官员——他和他的父亲都做过法国波尔多市的市长。从政的经历使得蒙田从小就对城市基础设施建设展开了一系列的思考，这种思考也集中体现在《蒙田随笔》之中。在其中第三十五章的《谈谈我们治理方面的一项缺陷》一文中，蒙田虽然没有使用"广告"这个词汇，但他描述了一种"每一个城市都应该有一个中介机构，来为人们办理各种启事，每个人都可以告诉邻人自己想要什么"的梦想。在蒙田的笔下，"广告"还并没有作为一个专业术语和词汇独立出场，但关于广告的理念已经呼之欲出。蒙田关于一个"指定的地方"和专门职员的设想，其实也正是后来广告代理机构的雏形：

蒙田（1533—1592）像（图片来源：维基百科）

> 我已故的父亲虽然只是凭经验和本性行事，他却是个有明白无误的判断力的人。从前他对我说过，他想做些安排，使城市里有个指定的地方，有人需要办什么事情，可以去那里让一位为此目的而设的官员记下他们要办的事，比如说有人想卖掉几颗珍珠，有人却在寻觅待售的珍珠；某人要找伴去巴黎；某某要找个有某种能耐的仆人，某某却在寻找主家；某人要找个工人；等等。人人都会根据自己的需要要这要那。看来，这个使我们互通消息的办法可以给公众在交往中带来不小的便利，因为人们互相间随时都有需要，互相间不能沟通会让人感到非常不便。[1]

---

[1] ［法］蒙田：《蒙田随笔全集（上卷）》，潘丽珍、王论跃、丁步洲译，南京：译林出版社，1996年，第251页。

蒙田的设想，在随后的半个世纪间的法国就变成了现实。根据马特拉在《全球传播的起源》一书中叙述：1630年，被称作"情报办公室"的早期广告代理机构（代办处）率先在法国设立，其创始人是法国医生泰奥夫拉斯特·勒诺多（Théophraste Renaudot）。学者之所以不把勒诺多的代办处当作一个广告（advertising）公司，是因为他不仅代办商业信息，还传达一些宗教和医学信息。但其实，勒诺多所代理的信息，正是当时被称作advertisement的广告。勒诺多所依据的，也正是蒙田在该文中的设想。唯一不同的是，蒙田设想的中介机构是由政府成立的，而勒诺多的代办处却是一种民间行为。但无论是蒙田的设想还是勒诺多的代办处，这时候的广告中介机构倡导的是一种人文主义的广告思想：广告是用来进行公共服务的。正如蒙田所看到的，如果没有相互沟通信息的条件，人们就会处于极端的不便之中。在这时候人们的心目中，"嵌入报纸中的'广告'（advertisement）必须承担一定的社会作用，隶属于慈善事业的延伸。"[1]

在马特拉看来，如果说蒙田作为一位政府管理者，还只是从实践中提出了增设一个作为政府部门的中介机构的必要性的话，那么把这种中介组织视作社会秩序建构过程中一个不可或缺的环节并加以理论上的阐述，是到了圣西门（Comte de Saint-Simon）这里才完成的事情。作为一位空想社会主义者，圣西门曾撰写了《论实业体系》一书来系统论述他对于实业体系的思考。该书原著出版于1821年，其中部分章节的中文选译本收入商务印书馆出版的《圣西门选集》（第一卷）。在该书中，圣西门主张通过理性的工具和手段重新统治和管理社会有机体，为杂乱无章的世界寻找一种秩序。他说："实业体系与泛泛的自由体系迥然不同"，"本书宗旨，是使王权的利益同实业家的利益接近，或者往好一点来说，是使双方的利益一致。……把这两种力量结合起来的想法，是我在著作本书时始终支配着我的头脑的主导思想。"[2]

---

[1] [法]阿芒·马特拉：《全球传播的起源》，朱振明译，北京：清华大学出版社，2015年，第336页。
[2] [法]圣西门：《圣西门选集》（第一卷），王燕生、徐仲年、徐基恩译，董果良校，北京：商务印书馆，2011年，第264—266页。

圣西门并没有论及广告，但圣西门有许多的追随者，这个群体被称作圣西门主义者，他们在圣西门倡导的"实业体系"中找到了广告这种协调各方利益的理性工具。"所谓圣西门主义者是指圣西门的学生及其学说的拥护者。……1825年，圣西门的逝世促进了圣西门主义者的团结和发展，开始了圣西门主义者独立活动的时期。"[1] 圣西门主义者中，后来成为实证主义者鼻祖的奥古斯特·孔德（Auguste Comte）就曾当过他的秘书。除此之外还有米歇尔·舍瓦利耶（Michel Chevalier），他把圣西门关于"社会秩序"的想法发扬光大。马特拉在转述舍瓦利耶1832年的观点时认为，最有能力来实践这种秩序的人，就是能够协调好各种利益阶级的中间人，而现代广告业恰好扮演了这种"中间人"的角色。这是因为广告人一方面可以协调各种媒体的秩序，对媒体实行集中化管理，又可以通过广告管理大众，来实践大众民主的诉求。一言以蔽之，在圣西门的追随者看来，广告就是协调消费者、媒体和企业之间秩序的一种行之有效的中介。舍瓦利耶的论述乃至马特拉的解读在多大程度上偏离了圣西门的本意不得而知，但把广告看作"圣西门思想的遗产"似乎就是顺理成章的事情了。[2]

从蒙田到圣西门主义的思想中，都把广告看作一种政府行为及社会公益，最符合这一定位的广告形式当然是价格低廉的分类广告。分类广告这种形式在今天仍然存在，约在1935年前后，中国报人曹志功还曾撰写了一本名为《广告与人生》的小册子，专门向大众宣传、介绍分类广告与人生的密切关系。[3] 只是分类广告的重要性在今天与19世纪已不可同日而语。马特拉指出，1845年，法国就出现了这种代理分类广告的"广告总公司"（SGA）。然而好景不长，SGA很快就被淹没于革命的浪潮中。但SGA的问世，让人们看到了一种建立在代理基础上的广告服务机构在现实中的必要性和可能性。

直到1865年，法国再一次出现了这样的广告代理公司。此时已经是把

---

[1] 王永江《译者序》，[法] 巴札尔、安凡罗、罗德里格：《圣西门学说释义》，王永江等译，北京：商务印书馆，2011年，第1页。
[2] [法] 阿芒·马特拉：《全球传播的起源》，朱振明译，北京：清华大学出版社，2015年，第119—120页。
[3] 曹志功：《广告与人生》，无出版者及出版时间，现藏上海图书馆，疑为申报馆出版，约1935年。

法国所有从事广告交易的代理人纳入同一麾下,作为哈瓦斯新闻社的支柱,把广告信息和新闻信息统合在一起管理。这种类似现代广告业中"媒介购买公司"的组织形式正是 SGA 的延续,事实上也正是由圣西门主义的广告思想逻辑发展而来的,即把广告看作协调企业和下层民众利益之间的润滑剂,使社会变得和谐,使对立变为和解。[1] 问题在于,这种组织以公益服务的名义对媒介资源进行了垄断,这与现代市场自由竞争的进程格格不入。尽管人们很快发现,广告经营权高度集中的后果,是限制了法国广告市场的自由发展,使法国广告业落后于英国甚至美国;但同样应该看到的是,广告从没有代理的观念到建立作为公益事业的"代办处",在"古今之变"的漫长的历史征程中迈出了关键的第一步。

二、从公益服务到商业竞争

任何事情的发展都不是一蹴而就的。从古典广告形态转换为以代理制为核心的现代广告理念,中间也经历了漫长而非突变的过程。如果说古代广告从没有代理的观念到导入"信息代理"的公益服务模式并非一蹴而就的话,那么,从这种公益服务的代理理念走向现代的商业代理制,仍然经过了一番转换。因此,在分析了古代广告走向公益型代理的这一关键的一步之后,接下来的问题,便是这种转换因何而发生?其起点滥觞于何时、何地?此后经历了怎样的运动过程?现代这种以代理制为核心、以营销为目的的广告理念又是如何在全世界广泛传播并进而为各国(尤其是中国)所普遍接受的?

本章的分析进路与马特拉对于传统广告的分析一脉相承,那就是,如果说从古代自发的广告形式到建立作为公益型代办机构是广告史"古今之变"的第一步的话,那么,这种代办机构从公益服务的性质转变为商业竞争的性质就是"古今之变"的又一个关键环节。在广告史的这个关键的转折时代

---

[1] [法]阿芒·马特拉:《全球传播的起源》,第122页。

中,第一步的"古今之变"主要发生在法国;而这第二步的"古今之变"则是由英国和美国来主导的。并且,最终由于美国在20世纪的海外扩张,使得这一步的"古今之变"所奠定的广告理念成为全球通行的广告理念和操作标准。

在这个阶段,广告从最初的社会援助的职能,逐渐演变成一种纯粹的商业工具。广告不再是一种公共服务,而变成一种利益间的冲突。关于广告的研究也不再是人文主义的了,取而代之的是一种关于消费者心理的营销研究。作为一位左派理论家,马特拉还特别指出这种商业性的广告最终诞生于议会制的民主国家中,而那种传统的旧式广告成为后来"公关"(public relation)的前身,最终被统治阶级的专制制度所收编。[1] 这里,马特拉对这两种广告类型进行区分的理论,来自法国历史学家热拉尔·拉尼奥(Gerard Lagneau)经典但却并不怎么厚重的《广告社会学》一书。显然,比马特拉更加了解广告业的拉尼奥,早已看到后来的"公关"不同于最初的公共服务:"它(公关——引者注)表面上摒弃一切唯利是图的打算,相反公开声称无私奉献……公关人员在实际上的买卖和表面上的馈赠之间高明地玩弄着广告辩证法,努力为商标、机构,以及成功与权力多少有赖于声望的要人们塑造、维护或改善集体形象。"[2]

而理解拉尼奥关于"旧式广告"和"新式广告"的区分,成为本章借鉴马特拉的思路来观照广告史的"古今之变"的关键。在《广告社会学》中,拉尼奥区分了两种意义上的广告:旧式广告和新式广告。在拉尼奥看来,旧式广告是法国式的:它是一种传统型的广告;其特征是炫耀、介绍自己的产品或服务;其目的是诉诸社会各阶层之间的和谐;这种广告是以产品或服务为中心的;关于这种广告的研究是文学修辞或者伦理等定性研究。而所谓新式广告,则是美国式的:它是一种现代型的广告;其特征是冲突性,即以突出和抬高自己的产品或服务的竞争力为中心;其目的是造成竞争对手之间

---

[1] [法]阿芒·马特拉:《全球传播的起源》,第337页。
[2] [法]热拉尔·拉尼奥:《广告社会学》,林文译,北京:商务印书馆,1998年,第27—28页。

的比较与对立；这种广告是以消费者的心理活动为中心的；关于这种广告的研究是消费者心理学、市场调查等定量研究。[1] 很明显，拉尼奥这里所说的"旧式广告"，并非本章所论述的"古今之变"中的"古代广告"，而是从"古"到"今"演变过程中的一个特殊的环节，一个"古今之变"发生之初的特定的阶段。在马特拉的笔下，这种新的理念被描述为盎格鲁－撒克逊人的广告（advertising）理念，它最终取代了法国人具有公共服务精神的代办处（publicity），成为现代广告的代名词。

圣西门主义的广告观带有理想主义的色彩。人们之所以把圣西门称作空想社会主义者，其原因也就在于他设想中的社会秩序及其管理只是一种理论，而无法付诸社会实践："他们（指三大空想社会主义者圣西门、傅立叶和欧文——引者注）的学说，总的说来是空想的、无法实现的，但是其中却包含着十分可贵的无数真理的天才预测，他们堪称为自己时代的'真正的文化英雄'（列宁）。"[2] 在马特拉看来，圣西门主义者通过广告管理企业、媒体与民众之间的秩序的思想和努力，试图和解社会对立的做法，结果却限制了法国广告和传媒业的发展。而且，他通过展现蒸汽和电力从而试图使前来参观世界博览会的观众与工业社会融为一体的做法，又实际上疏远了人们与这些被展示的日用品真正功能之间的距离。尽管这一切在瓦尔特·本雅明（Walter Benjamin）的时代才为人所觉察，但真正使广告的旧制度坍塌的事早在 1785 年成立《泰晤士报》时就发生了。在那里，人们开始"把资讯供给和商业信息结合起来……在这里商业意图和信息占据了支配地位。"[3]

只是马特拉在论述这古今之变的第二步时，仅仅将其归因于圣西门主义的空想色彩和垄断的后果，却多少有些忽视了 17 世纪以来随着启蒙运动在欧洲兴起的"重商主义"的社会背景。在彼得·盖伊（Peter Gay）的笔下，重商主义"始终认为各经济体之间互相敌对。重商主义政策其实就是通过其

---

[1] ［法］热拉尔·拉尼奥：《广告社会学》。
[2] 商务印书馆编辑部：《三大空想社会主义者选集总序》，［法］圣西门：《圣西门选集》（第一卷），王燕生、徐仲年、徐基恩译，董果良校，北京：商务印书馆，2011 年，第 1 页。
[3] ［法］阿芒·马特拉：《全球传播的起源》，第 336 页。

他方式延续的战争"。他还援引亚当·斯密（Adam Smith）的话说："国际通商，像个人通商一样，原来应该是团结与友谊的保证，现在却成为不和与仇恨的最大源泉。"[1] 此时，商业广告取代公益广告已是无法逆转的时代主潮，难怪广告评论家塞缪尔·约翰逊（Samuel Johnson）在1759年的一篇著名的评论里就宣称广告是一个"如今已臻完善且不易再有任何进展的行当"。[2]

此后的一个世纪中间，19世纪40—60年代，在费城、波士顿、芝加哥等地出现了美国最初的一批广告代理商。由此广告史上的"古今之变"完成了历史性的转换，现代广告的核心——代理制也最终在商业广告的体系中加以确立。尽管同样是代理服务，但在法国式的传统广告中这只是一种操作方式，而并没有引入营销的理念；而在美国式的新式广告中，"代理制"作为一种商业模式与其背后的专业服务一同得以确立。

在以美式广告建立起的广告学体系中，广告主、广告代理公司、广告媒体是现代广告业的三个主体，它们与消费者、监管者、教育与行业组织一同构成现代广告产业的主要力量。其中最重要的当然是广告代理公司，简称广告公司，它是连接广告主和广告媒体两端的中介。广告公司作为中介，不仅能够为广告媒体提供优质的广告客户资源，也能够为广告主提供专业的制作与发布服务。尽管广告主会额外付出媒体广告费用的一定比例（通常是15%）作为广告公司的代理费，但其实在这个过程中除了享受到广告公司的专业服务之外，还通过广告公司以批发的价格拿到了相对低廉的媒介费用。这与法国式的公益服务"代办处"有天壤之别。所谓"没有中间商赚差价"，在今日的广告行业中只能是天方夜谭。

既然是"专业化"的服务，那么关于广告的理论研究就不再是可有可无的摆设。拉尼奥说："而今，市场调查与预测使得广告宣传活动成为商业过程中的一个环节，广告掮客因而不得不反省自身存在的理由。……尤为重要的

---

[1] ［美］彼得·盖伊：《启蒙时代（下）：自由的科学》，王皖强译，上海：上海人民出版社，2016年，第321页。

[2] ［美］爱德华·纽顿：《最伟大的书》，陈建铭译，杭州：浙江大学出版社，2011年，第90页。

是转变了研究角度,即采取了广告的消费者角度。"[1] 在此之前,广告相关研究的数量极少,广告往往是作为艺术而被关注和研究的。19 世纪末、20 世纪初,出现了以瓦尔特·迪尔·斯科特(Walter Dill Scott)、雨果·闵斯特伯格(Hugo Münsterberg)等一批工业心理学家,他们以广告为研究对象,研究广告与消费之间的关系。广告界内部则是到了 20 世纪 20 年代,出现了广告史上第一批划时代、改变讨论范式的历史人物,正视广告中的商业问题并加以研究。其中,尤以克劳德·C. 霍普金斯(Claude C. Hopkins)、阿尔伯特·戴维斯·拉斯克(Albert Davis Lasker)、约翰·E. 肯尼迪(John E. Kennedy)等人的推销派广告理论为代表。推销派广告理论不仅是现代广告界内部关于消费研究的逻辑起点,也成为 20 世纪营销理论的一个渊薮。

二战后美国在全球政治、经济、文化领域的异军突起以及随之而来的大举扩张,使其成为新的世界霸主。而随着其广告业进入"创意革命"的黄金时期,也使得美国广告理念在全球范围内得到广泛而有效的传播。《国际传播与文化间传播研究手册》中对美国的跨国营销和国际广告状况进行了非常中肯的描述:"美国企业的跨国营销,使得广告公司的客户开始向海外扩张,并说服它们的广告公司业开始海外业务。起初,由于美国的广告公司大多没有海外的办事处,因此美国企业不得不与当地的广告公司合作,缺乏行业标准成为广告公司的重要问题。20 世纪 60—70 年代,美国企业开始迅速地海外扩张。而海外业务的高增长率、高利润和低成本,反过来又促进了美国广告业的国际扩张。美国广告公司的专业性、资源和技术成为其决定性优势。……同时,它制定了全球性消费者时代的广告活动的标准化模式。"[2] 至此,在全球的主要国家和地区,只要有美国的企业,美国式的广告理念就随之无孔不入。广告观念经法国式公共服务的代理走向美国式的商业代理制的运动过程也逐步确立下了一种适合全球化的新形态,随着跨国公司的发展和带动,得以在全球范围内广泛传播。

---

[1] [法] 热拉尔·拉尼奥:《广告社会学》,第 33—41 页。
[2] [美] 威廉·B. 古狄昆斯特、贝拉·莫迪主编:《国际传播与文化间传播研究手册》,陈纳等译,上海:复旦大学出版社,2016 年,第 332—333 页。

从今天一个全球化的视角来看，说今日之广告业宣告了美国的胜利恐怕并不为过。法国人的布告观念，在商业竞争的时代，逐渐转换为新闻和公共关系；而盎格鲁-撒克逊人的商业竞争理念却随着清教徒的移民，由英国传入美国，进而波及全球。

三、现代广告观念的东方之旅

那么，从传统广告转向现代广告过程中到底发生了什么，使得诉诸公益的旧式广告日薄西山，反而是诉诸冲突的新式广告为全球所接纳，以至于今天的广告代理制模式，从根源上说就是美国的广告理念？这并非一个从广告学内部就可以回答的问题，我们必须把视角转向广告的外部，尤其是美式广告理念随着美国的海外扩张在全球的传播。尽管19世纪中叶美国式的代理制已经显露，但它的大举扩张进而为全球广告业所普遍接受，还是20世纪中叶之后的事情。

在世界广告史上，从以招幌、公告为代表的古代广告形态转换到以代理制为基础的现代广告形态，经历了一个漫长的过程。如果把这样一个过程描述为"古今之变"，那么应该看到，在全球各主要国家和地区几乎都经历了这样一番与古代固有的广告形态"断裂"的过程，中国现代广告也并非本土萌生的原始广告观念自然而然发展的结果，只是中国对西方舶来的广告观念的接受有独特的路径。对此，以往的广告史往往停留在静态的词源考察阶段，还缺乏对这个过程动态的研究。本节即是对20世纪以来，西方现代广告观念及实务在中国的传播和发展的历史考察。

作为一种全球广告史的叙述，如果忽略了中国将是一个很大的缺憾，但显然马特拉没有资源做到这一点，能够在全球广告史的叙述中打通欧美，对他来说已经是难能可贵的事情了。中国研究的一个难点在于，在学术界，20世纪中国的历史可以划分为"近现代"和"当代"两个阶段。在20世纪上半叶，中国与国外的联系基本上是开放的；20世纪50—70年代，由于特殊的历史原因，中国一度处于相对封闭的状态。到改革开放以后国门重新打开时，国际传播和广告的环境又经历了新的变革。因此，20世纪现代广告观念在中国的旅行，应该说经历了20世纪上半叶以及80年代以来（即改革开放以后）两个不同的历史时期。这两个不同的历史时期，注定承担着不同的时代任务和历史使命，也有着不同的发展脉络和线索。因此接下来的问题是，这种美国式的现代广告理念是何时、何地、以何种方式传入中国的？研究这种现代广告观念在中国的接受，需要分别考察现代广告理念的传入和现代广告实践的开展这两个环节。

关于中国广告的起源，在民国时期就已经出现了不同的学说。在报人蒋裕泉撰写的中国第一部本版的广告学著作《实用广告学》中，第九章即为"中国之广告史"，并分为"广告之沿革"与"现代广告之趋势"两部分。蒋裕泉认为，广告伴随着经济活动的诞生而产生，并将广告的起源上溯到三代，还从《容斋随笔》等文献中辑出大量广告史料。[1] 无独有偶，1925年，商业教育家施督辉撰文也指出："神农氏定日中为市之制，于是有物出售之人，乃列物于市廛，以供众览，而谋出售。此即以商品之实体，列置于市场，而作铺张广告之滥觞也。故广告之原始极早。此不过就广义而言。如由严格之意义言之，广告之滥觞，不在于印刷物未精之前，而在于印刷物已精之后。"[2]

同年，李延春在《四明月刊》发表《广告的研究》一文，明确用一种"分期"的方式来区分古代广告与现代广告。他指出："广告底由来，不是最近的新发明，也不是专门的学识；自人类开始交易，一般小贩以及店铺都有广告所在，不过我们没有把它加以考察，到了欧美风雨东渡以来，我国人才把广告注意些了"，"广告可以分为二大时期：第一期是最简单的，也是我们平常所不承认的，然我国人不叫它是广告，它的性质却是广告。例如，1. 小贩的叫卖声。2. 铺面的布置。3. 街市上的旗子。4. 货物上的花纹。5. 商品上的印子。6. 招牌。……第二期因常见这样，所以叫它是广告，这比第一期进

---

[1] 蒋裕泉：《实用广告学》，上海：商务印书馆，1926年。
[2] 施督辉：《广告学之研究》，《钱业月报》，1925年第5期，第112—138页。

步了。"[1] 1928年,佚名发表的《广告浅说》一文,在论及"广告学的历史"时则似乎更加客观:"广告学原是一出老戏新做。因为广告学虽是商学中一种极新的科目,但是广告一物的历史,却很悠久了。从前的广告,不过用一种极简便的方法例如江北人卖糖,敲着一面小锣,敲锣便是一种广告。现在留兰香糖的广告,不用锣了。两方面用的方法虽是不同,但是用意却是一般。"[2]

可以看出,上述这些研究,尽管把古代广告纳入广告学的视野,但毕竟对于古代的广告研究,无论研究对象还是研究方法都与现代广告的研究格格不入。似乎也由此可以见出,由于缺乏蒙田、圣西门这样的思想家对于社会秩序问题的思考,著名的"李约瑟难题"在中国广告史上也仍然存在:中国古代辉煌的广告传统,何以并没有顺理成章地发展成为以代理制为基本形式的现代广告。

另一种观点,则绕过中国古代广告形态,直接以"广告"为一个现代性的概念。1920年,戚其章即在《复旦》月刊撰文指出:"广告在19世纪的前半叶已有了,到了19世纪的后半叶,这种科学觉得更加发达了,而又进步。"[3] 1924年,解绶伯撰《商业广告之研究》,也指出:"广告法之关于营业盛衰也,至为重要。欧美设有专科之学校,精研数寒暑而后毕业焉。乃吾国不为专研之者,寔无其人。即此类书籍,亦颇罕觏。无怪我国商人,不知广告法之重要矣。以言商战,其何能胜。"[4]

相对而言,论及"广告学"的著作,更是以广告为近代以来的新生事物。1927年,徐霄汉在著名的《广告学与术》一文中指出:"广告学有人说是新闻学之一部,有人说是商用文之一部,诚然新闻纸上登广告,广告亦有新闻性质,商用文学甚多……广告既以转移心理,普吸群众为目的,则与广告学有关之科学,如心理学,如美学等,不可不先述其应用于广告学之大概。"[5] 留美广告学硕士陆梅僧在《广告》一书中,也采取现代广告学的进路

---

[1] 李延春:《广告的研究》,《四明月刊》,1925年第1期,第37—39页。
[2] 佚名:《广告浅说》,《农工商周刊》,1928年6月19日,第21期。
[3] 戚其章:《广告的研究》,《复旦》,1920年第11期,第59—72页。
[4] 解绶伯:《商业广告之研究(上)》,《保险与储蓄》,1924年第1期,第24—28页。
[5] 徐霄汉:《广告学与术(待续)》,《新闻学刊》,1927年1月第3期,第14—18页。

对中国广告起源问题给出了全新的阐释。在该书第二章"广告的历史"中，陆梅僧直接跳过牌匾、招幌等原始广告形式的叙述，而是从一开始起就把广告和商业活动，特别是媒介发布的情况结合起来叙述。[1]

毫无疑问，这些作者接受了现代广告的理念，认为现代广告与古代广告相比，断裂性大于延续性，因而他们的广告史叙述，并不是中国古典文献中的广告史，而是作为一个现代行业的广告代理业的历史。

其实，如果把以"广告"取代沿用已久的"告白"一词看作现代广告观念在中国建立的一个标志，那么上述问题就会迎刃而解。要想说明中国广告史上这次古今变革之间的断裂性，必须首先来考察一下传统社会中古代广告的存在形态。广告现象当然古已有之，从古罗马庞贝古城遗址出土的商业信息的遗迹，到中国宋代《清明上河图》中的招牌、幌子，莫不如是。这种广告的特点是不需要广告公司和广告媒体，广告主自己就可以创作、发布广告。因此这种古代广告根本无需代理制。然而，古代广告形态的存在却是毋庸置疑的，只是其存世量远远无法与当时的普及相提并论。古代广告在今天存世量之小，主要原因是广告本身不像书籍、宗教印刷品那样受到人们的重视和保存。例如今天收藏在中国国家博物馆的济南刘家功夫针铺广告铜版。这块铜版当时印刷在怎样的介质上我们不得而知，其印版得以保存至今仅仅是因为这是一块金属版而非当时更多的雕版品种——木版。而之所以采用金属制作广告和包装的印版，很可能和广告主是一家具备金属加工制作条件的"功夫针铺"有关。而除了这些特别的例子之外，今天我们更多只能从绘画等图像中探寻古代广告的遗存。

现代广告观念与古代广告观念之间的"断裂"在中国广告史上当然是存在的。但问题在于，这个"断裂"的过程是怎样，经历了哪些以往不为人所注意的自觉或不自觉的环节，却是一个有待于深究的问题。关于这个问题，无论是民国时期的广告研究者，还是今天很多中国广告史的教材，或是有所回避，或是以讹传讹，有必要依据新发现的一些史料予以订正。如果把"广

---

[1] 陆梅僧：《广告》，上海：商务印书馆，1940年。

告"这个词汇的启用看作中国现代广告与传统的"告白"断裂的一个外在标志,那么,最早出现广告字样的中文报纸及其具体观念为何,便成为一个具有相当说服力的佐证。

关于"广告"一词在中国报章上的出现有多种说法。例如,说清政府的《政治官报》章程(1906年)中第一次使用"广告"一词者有之;说梁启超在日本横滨创办的《清议报》1899年4月30日第13期上率先使用了中文的"广告募集"和"广告料"(即广告费)者亦有之。前一种说法随着近年来近代报刊文献资料全文检索数据库的建立不攻而破,因为尽管《申报》的章程中彼时仍在使用"告白"一词,但1901年前后,《申报》上的商业广告中就已多有出现"广告"二字。而后一种说法尽管于史有征,但问题在于,《清议报》是一份创办于海外的华文报纸,且是在日文中出现了中文广告一词,因此其在中国本土商业领域的影响力终究有限。但不难看出,用"广告"一词来对应"advertising",既是日本外来语在现代汉语中之应用的又一例证,更重要的是,其背后接续起的是美式新型广告理念,而与描述广告物质性一面的"告白"一词拉开了距离。

这样看来,最早出现广告字样的中文报纸及其观念究竟为何,应该是现代广告观念传播史上的重大问题。关于这个问题,无论是民国时期的广告研究者,还是今天很多中国广告史的教材,或是有所回避,或是以讹传讹,有必要依据新发现的一些史料予以订正。根据笔者目前查找到的资料,在中国本土最早使用广告一词的中文报纸,当属1899年的《湖北商务报》。[1]该报作为湖北地区第一份官方创办的报纸,于1899年4月30日在武汉创刊,由张之洞创设,汉口商务局刊行。在该报1899年10月5日出版的第17期第34页即有"董事得前项承认之后,广告知贷借对照表于世间为要"字样;同时在1900年4月29日第35期所载《局发文牍:商务局照会商董报册准收广告文》中,从名词到表述都明确而系统地引入了现代广告的观念:

---

[1] 本章写于两年前,当时未单独发表;2019年11月,有学者率先撰文报告了这一发现。参见桂世河、汤梅《我国"广告"概念现代化及其机制研究——基于〈湖北商务报〉对"广告"概念现代化的首创之功》,《新闻与传播研究》2019年第11期,第111—125页。

以上共三十四處統由江漢關監督轉咨江漢關稅務司分別移送、此外如有新設之關隨時補送

商務局照會商董報冊准收廣告文

為照會事查東西洋商報皆收廣告蓋有商則農工各產皆得資其流通有廣告則商業各情皆得賴以傳布至於物品增一新貨製造創一良法尤倚廣告之力乃得行遠播眾速售暢銷商報許登廣告有利於商並有利於農工為益甚溥且設報之意專在啟發商智以振興商力許登廣告則商家之視報冊與有關繫可令輾轉樂觀愈藉以研究情形開通風氣暗中收效尤遠湖北商務報經 督憲遵旨奏設並即札派本省咨送各省一年以來各地官派民購及外洋售閱合計已至四千餘分商家許登廣告既足傳信又可久存現以便商之大業經、督憲准收為此合行咨會貴分總董請即傳布商家如有願登廣告者循照下開章程由貴分總董匯送來局轉送館中即可登報至以後隨臨時刊登

《湖北商務報》1900年第35期刊登的《局發文牘：商務局照會商董報冊准收廣告文》
(圖片來源：全國報刊檢索數據庫)

> 为照会事，查东西洋商报，皆收广告。盖有商则农工各产，皆得资其流通。有广告则商业各情，皆得赖以传布。至于物品增一新货，制造创一良法，尤倚广告之力，乃得行远播众，速售畅销。商报许登广告，有利于商，并有利于农工，为益甚溥。且设报之意，专在启发商智，以振兴商力。许登广告，则商家之视报册，与有关系，可令辗转乐观，愈借以研究情形，开通风气，暗中收效尤远。[1]

在随后刊出的《计开馆定略例十二则》中，即明确说明"广告即俗称之告白""凡关于农工商各业者皆登，余事不登"。这里，一个新词引进的背后，自然有广告理念革新的意义。并且可以作为例证的是，在这则章程中，似乎还特别注意到了美式"商业广告"与法式"分类信息"的区别，指出："其有长篇之行规、章程等，关于大众公益之件，刊资自可再减，或竟可不归广告之例，由馆送登。惟此项减资及送登之例，须临时由馆酌定可否，不能预指。"由此似乎可以看出，在现代广告观念传入中国之初，国人即意识到美式现代广告的"冲突"特征背后的商业特质，及其与"公益"的法式传统广告之间的差异。只是相对于中国古代广告而言，无论这里的公益广告还是商业广告，都属于一种"舶来品"而非中国传统的自然流变。

1948年，上海新文化社出版署名"如来生"的《中国广告事业史》这本小册子。该书开始在介绍"广告"概念时，称"凡是要使多数人知道，而含有宣传作用的举动，都是广告，譬如像从前酒肆门前挂了一方旗帘，衙门贴出告示，药铺，南货店招牌子上印着坐南朝北，认明'和合'为记的句子，以及各家商铺悬挂的市招，都是广告的行为，所以旗帜店的伙友，招牌店的漆匠，称为广告从业员，亦无不可"。但随后论及中国广告事业的"草创时期"时，如来生又以晚清为开端："推溯中国广告事业之发轫，远在逊清末年"。[2] 可以见出，至少到了40年代末期，民国晚期的广告史研究者，

---

[1] 《局发文牍：商务局照会商董报册准收广告文》，《湖北商务报》，1899年第35期，第12—14页。
[2] 如来生：《中国广告事业史》，上海：新文化社，1948年，第1—6页。

已经把旧式的"广告"和新式的"广告事业"看作两个截然不同的概念了。

由此看来,无论把它看作本土观念的自然发展,还是一个舶来的全新概念,现代广告与古代广告之间的"断裂"已是中国广告史上的既成事实。问题在于,这个"断裂"的过程是怎样,西方广告观念的传入过程中经历了哪些以往不为人所注意的自觉或不自觉的环节,却是一些有待于深究的问题。

现代广告代理实务出现的一个重要动因,是大众传媒的出现。众所周知,最早的中文报纸是传教士罗伯特·马礼逊(Robert Morrison)和威廉·米怜(William Milne)在马来西亚马六甲创办的《察世俗每月统记传》。这虽然是一份现代意义上的定期出版物,但在刊登新闻之余,除宗教教义的信息外并没有出现商业广告,当然也不可能承担起建立现代广告的观念的重任。相对而言,考察现代广告观念在中国的旅行,对《申报》无论如何不该避而不谈。《申报》引入现代广告的实践非常早,但该报长时间以来使用的

上海申报馆现址(图片来源:作者拍摄)

却是"告白"一词。在创刊号（1872）上即有"本馆条例"，广告史上一般认为，其中提到的"卖报人"，即是中国最早的"广告掮客"，也是后来媒介代理机构的前身，是则可以看作现代广告代理制在中国的起源。而《申报》"本馆条例"中的"告白"二字历史性地变为"广告"却是1918年10月1日的事情。大概是《申报》影响力太大的缘故，以至于李文权在1912年发表的《告白学》一文题目虽然是"告白学"，但内中却提及日本的"今日本亦研究广告术，以冀其商业之发达"。也正是在这个时期前后，"广告"一词在中国媒体上普及开来。此后，留美的广告人林振彬、陆梅僧、汪英宾等，也开始在中国建立"代理制"广告公司的同时，受邀在国内各大学、中学讲授"广告学"课程。[1] 至此，美式的现代广告理念在中国业界和学界已经形成"一统天下"的局面。

在这个过程中，广告专业在高等教育格局中的出现也为现代广告业在中国的正名和发展起到了推波助澜的作用。早在20世纪初，心理学的发展和商业性广告研究的出现为后来的广告专业教育铺设了道路，此后营销学在50年代以后的大发展又促进了广告学作为一门学科的形成，但无论是心理学还是营销学，都并没有使广告学在学科体系中获得一个定位。广告学学科的大举建立和独立发展，是20世纪50年代以后随着传播学的奠基而展开的。直到广告找到传播学的归属后，才使得它彻底摆脱了在商学和心理学边缘的附庸地位，成为一门独立的专业。

不过总的说来，尽管有多种广告学著作出现，无论是在中国的高校还是美国的高校中，20世纪上半叶都还没有出现正式的广告学学科名称。在中国整个民国时期，广告专业之所以没能建立的一个重要原因，正是无法确切获得自己在学科格局中的定位。在特殊的年代中，1956年中国成立的中央工艺美术学院（今清华大学美术学院）虽然设有装潢系，但该系的商业美术专业可谓与广告学失之交臂。改革开放后，中国开始接触到传播学这个新兴的概念。随着威尔伯·施拉姆（Wilbur Schramm，一译宣伟伯）的传播学理论

---

[1]　参见如来生：《中国广告事业史》，第22页。

在改革开放之初引介进中国,接下来的 1984 年,在施拉姆的弟子、香港传播学者余也鲁的帮助之下,中国内地的首个新闻传播系和首个广告学专业在厦门大学建立。有了传播学的学科归属,此后中国的广告学专业教育在短时间内快速成为显学,就是一件顺理成章的事情了。

四、美式代理制的中国实践

除了考察 19 世纪末至整个 20 世纪上半叶现代"广告"理念在中国的传布,还必须深究一下 20 世纪上半叶和改革开放以来,中国两次对西方现代广告理念,结合着 20 世纪后半叶广告实务进展的导入进程。简单地说,在国际范围内经过了公益服务、广告掮客、媒介代理、全案代理四个曲折的阶段,历时三个多世纪才最终完成的"古今之变",在中国的接受历史被压缩在了 20 世纪这短短的百年之内,进而完成了自身主体性的建设。在这一个世纪中间,中国古代广告形态最终退出历史舞台,由西方舶来的现代广告观念和实务经过民国时期的初步引入和改革开放后的再接受,使中国现代广告形成了独特的发展路径,进而在这种全球化的广告理念的基础上结合国情完成了自身的主体性建设,探索出了广告产业发展的中国模式,并开始为国际广告产业的发展做出贡献。对这个运动过程进行考察和反思,既是建立本土化的全球广告史观的必然要求,也不难从中发现当前广告产业发展过程中遇到新问题、新挑战之时可资参照的规律、经验和智慧。

时过境迁,今天回头重新思考广告史上的这次"古今之变",以及以美国为代表的现代广告理念征服全球的进程,对于观察广告史的源流来说,有许多的思考和启示。

在整个 20 世纪上半叶这种接受还仅仅停留在"观念先行"的思想启蒙阶段,在现实中无论是林振彬的"华商广告公司"还是陆梅僧的"联合广告公司",这种全案代理型的美式广告公司仅仅是星星之火,那种加工生产古代广告的月份牌画美术公司、美术工作室还占有很大的市场份额。民国时期老上海的广告代理业,主要由林振彬、陆梅僧等留美广告人建立,此外还有大名鼎鼎的荣昌祥广告公司等。但总的说来,这时候本土的广告主(如黄楚九的中法大药房)还是更加青睐于"月份牌画"这种前现代的广告形态。然而只要一与报纸这种现代传媒打交道,"代理"便是在所难免的事情了。

广告业在这段时期内出现了一个奇特的分工:实行代理制的新型广告公司只管"代理",不管设计制作;而各种本土的美术公司,如穉英画室、生生美术公司等,则虽以美术设计见长,却不从事媒介代理。以至于早期广告主通过代理公司发布在报纸上的广告,其创意设计竟然很多时候是由广告主自己完成,广告公司则只负责联系媒体发布事宜。而对于径自找上门来的"直客",媒体也常常是"来者不拒",只是创意设计仍须由广告主亲力亲为。

据如来生《中国广告事业史》记载:"因为广告代理商可从报馆方面获取折扣及回佣,客户直接到报馆送登广告,折扣是比较代理商为高。所以像以上几家的广告,为便利经济起见,后来都委托广告代理商代理的。"可以说在整个 20 世纪上半叶,中国广告界对于代理制的理解还仅限于"交易模式"而非"服务模式",这时候的"代理"还仅限于"媒介代理",这是旧式"广告掮客"规模化延伸的必然产物。尽管如来生宣称"凡献身广告事业的人,如仍以掮客自居,未免自己看轻自己",[1] 但必须承认这种观念在当时还很有市场,一种建立在市场营销基础上为广告主提供全面服务的"全案代理"观念还并没有真正形成。

这里以民国时期《农林新报》的广告代理情况为例。查南京中国第二历史档案馆所藏 1926—1927 年南京金陵大学农林科下辖之南京《农林新报》社档案,可以看到其与当时的一些主要广告主,如上海中华书局、慎昌洋行(Anderson & Meyers)等的往来书信、票据等。其中,既包括报社刊登广告后向广告公司的催款函,也包括广告公司对报社自行续登的广告"实难付款"的委婉说明。[2]

其中,慎昌洋行与广告公司往来票据、书信等都在中国第二历史档案

---

[1] 如来生:《中国广告事业史》,第3—6页。
[2] 中国第二历史档案馆藏 1926 年《金陵大学档案》,全宗号:六四九,案卷号:2116。

馆得到了完整的保存，内容详尽，是研究民国时期广告代理制的一个典型案例。根据丁馨伯在《广告学》一书中的记载，该企业还曾参与联合发起成立民国时期拟想中的第一家广告行业组织："至于我国广告之演进，各大商埠、私人组织之广告公司，固然不少，（如沪中商务联合、生生美术等）十余年前犹忆沪上万国函授学校美人 H. R. Harger 亦曾发起联络美孚油行、英美烟草公司、慎昌洋行以及吾国各广告公司拟组织一中国广告学会，借以与世界广告协会取得联络。"[1] 作为外商，其报纸广告系通过位于上海圆明园路 6 号的中国广告公司（The China Advertising Service, Inc.）来代理发布。这家公司虽并非沪上最大的新式广告代理公司之一，然因其服务国际客户，故尚能够严格执行代理制——为广告主制定媒体发布计划，并代替广告主向广告媒体定期付费结算。只是这种代理仅限于媒介代理，而广告内容系由广告主内设的部门自行提供。按照如来生的说法："美商慎昌洋行亦设立广告部，聘请王鹭、叶建柏、林秉枢等，亦一时上选之才……不过送登各报的广告，还是委托广告商代办的，其工作仅限于本公司一家的广告业务罢了。"[2]

关于此"中国广告公司"广告史上记载不多，就连如来生 1948 年《中国广告事业史》后附的"上海市广告同业公会会员名录"中，也仅有一家位于汉口路 263 号的"中国广告公司"（该书正文中称为"中国广告社"）。圆明园路上的这家公司虽并非沪上最大的三所新式广告代理公司之一，然因其服务国际客户，故尚能够严格执行代理制——为广告主制订媒体发布计划，并代替广告主向广告媒体定期付费结算。值得说明的是，这种对外商进行媒介代理的交易模式在新中国成立后的外贸广告业务中还得以保存，新中国率先成立的外贸广告公司——上海广告公司的业务形式，在一段时间内就与老上海的这家"中国广告公司"极其类似，而且上海广告公司的地址一度同样设在圆明园路。只是在 60—70 年代中国的对外贸易广告中，"出口广告"的数量要远远大于"进口广告"，故而新中国的外贸广告公司比之民国时期

---

[1] 丁馨伯：《广告学》，上海：立信会计图书用品社，1944 年，第 8—9 页。
[2] 如来生：《中国广告事业史》，第 8—9 页。

增加了一些设计的人力资源罢了。

而上海中华书局在该报刊登的农业、林业类书籍广告，却似因系中国本土企业，未经代理公司中介，由上海中华书局内设的"推广部"（Publicity Department）和事务所下属的"广告课"分别与报社联系。其中，推广部由陆费逵的三弟陆费叔辰负责，广告课则由沈鼎从负责。从字面上来看，这里的"推广部"和"广告课"的职能，恰似法式广告和美式广告的区分，但实际上二者并非同级部门，其"推广"有些类似于今天的"营销"，广告作为营销手段之一属于其下级部门，投放和设计业务均由推广部负责策略管理与计划，广告课来具体负责执行设计和发布。在该卷宗中，有1926年未署年月陆费叔辰、7月22日沈鼎从分别写给《农林新报》负责人李积新（字铭侯）的两封信札。这两封信札的重要性在于，广告主在与广告媒体提到广告费的同时，还都提到了广告的设计稿（广告底稿/铅版）。陆费叔辰的信中说："广告底稿兹据广告部云已于21日寄出，目下谅可收到。"而沈鼎从则写道："遵嘱将敝局广告刊登九期。附上农林书广告铅版一方，请连登三期，其余六期当再另换新版。"（中国第二历史档案馆，1926）可以看出，这种由广告主自行设置的"In-house"的广告创作部门，在某种程度上也正承担了本该由第三方代理公司承担的专业服务的工作。而这种交易制度在当时刚刚引入了"代理制"的理念，却仅把代理制理解为一种收费形式而非专业核心竞争力的当时中国广告界，应该说很普遍。

这段时期在国际范围内，广告学的研究也主要还是拉尼奥所说的那种心理学的研究，尚缺乏营销学、传播学理论的介入。广告研究存在的形式也只是俱乐部、期刊以及心理学和商业领域的研究，而缺乏高等院校中广告学专业的建置。[1] 但20世纪后半叶，西方广告世界获得了极大的进展，广告教育也发生了许多变化。只是由于50—70年代特殊的制度环境，使得国人一度对20世纪后半叶西方代理制和美国广告专业化的发展几无所知。50年代以

---

[1] Quentin J. Schultze, *"An Honorable Place": The Quest for Professional Advertising Education, 1900—1917*, Business History Review,（56），1982，pp.16—32.

后西方出现的许多在20世纪上半叶中国广告研究中闻所未闻的新术语、新理念，如"创意""营销""传播"等，对于中国大陆的广告界，无论学界还是业界，应该说也都是在70年代后期特别是改革开放以后才听到的。这种情形在中国一直要到20世纪80年代，随着国门的重新打开才发生改变。

在"营销"方面，尽管20世纪初期霍普金斯的"科学的广告"，20世纪中叶大卫·奥格威（David Ogilvy）等人的"创意革命"都可看作营销理论，但营销学真正作为一门学科的独立发展壮大，是20世纪50年代以后的事情。在中国，尽管50—70年代的国情使得美国大学广告学专业在建立的前三十年内无缘与中国接触，但一旦改革开放的号角吹响，营销类课程就率先在中国大学中设立。由于在70年代中后期就已经在一定范围内开展国际贸易，所以中国外贸系统的高校、广告公司和广告人在这个过程中首当其冲。1981年，上海对外经贸大学的章汝奭、黄燕，北京对外经贸大学的罗真嵩三人率先在大学课堂上讲当时还被称为"市场学"的营销课程。[1] 从此，"广告是营销传播的手段之一"这一界定，既成为中国广告人应有的常识，也成为中国广告界以世界现代广告观念取代"广泛宣告"这一表层理解的重要标志。

1980年11月，日本电通广告公司的专家玉木彻志来到北京，并与土桥纠夫、八木信人等一道用"以销售为目的，统一的、有计划的市场活动"来向中国外贸广告企业的广告人系统地讲解市场营销（marketing）这种让国人耳目一新的理论。曾任北京广告公司总经理的姜弘回忆说："马克丁（marketing）理论引入中国是中国广告从传统向现代转变的理论基础，也是中国广告从商品或服务的推销手段到市场营销重要组成部分的转折点。这也是我们这一代广告人与徐百益、丁浩等老一辈广告人广告经历上的根本不同。"[2] 应该说，尽管美国营销协会早在30年代就已经成立，但是用营销的理念来理解现代广告，的确是中国广告界到改革开放之后才完成的历史使命。

---

[1] 笔者2008年5月对章汝奭先生的访谈记录，未发表。
[2] 笔者2017年9月对姜弘先生的访谈记录，未发表。

在"创意"方面，中国大陆的接受也比西方至少晚了三十年。查民国广告学期刊文献，并没有发现"创意"的字样。20 世纪 50 年代在西方轰轰烈烈的创意革命，还是改革开放之后通过日本电通公司这个中介才为中国广告人所熟知的。1984 年，刚刚被任命为北京广告公司总经理的姜弘，在受到日本电通专家授课的启发后，在全公司第一次职工代表大会上提出了"以创意为中心，为客户提供全面服务"的经营和服务理念。1986 年在陕西咸阳召开的全国广告学术研讨会上，姜弘以同样的题目向大会发表了主题报告。姜弘的报告引发了中国广告联合总公司等其他内贸系统广告公司的积极响应和效仿，在很大程度上颠覆了改革开放之初中国大量内贸广告公司对自身只能"画广告牌"和"做霓虹灯"的业务定位。

时隔多年之后，时任中国广告协会学术委员会副主任兼秘书长的广告人唐忠朴回忆说，姜弘的理念在 80 年代的中国广告界掀起了一场"创意风暴"。[1] 不过令人遗憾的是，由于当时学术委员会还没有正式成立，这个讲话在当时并没有留下书面的讲话稿全文。但在姜弘先生在中信出版社出版的自传《广告人生》中，对这次讲话的内容有全面的回忆。时任北京广告公司副总经理的程春，也曾多次多方阐述北广这次改革的理念。这也让我们从一个侧面看出，中国广告界在 80 年代中叶就已经有了"创意"的观念，而广告学人在此过程中扮演了极其重要的角色。

需要说明的是，80 年代中国广告界的这场"创意风暴"，要比 1996 年中国广告代表团"兵败戛纳"之后内地掀起的"创意热"范围更广，含义更丰。1996 年之后中国广告界短暂兴起的设计热和创意热，说到底还是针对广告设计作品本身的"创意"，而在姜弘这里，"创意"却是用来与现代的"营销"理念相配合的执行工具。从此后北京广告公司在服务国内外企业的一系列有代表性的广告运动来看，其"创意"并不仅仅限于作品的创意，而是涵盖从市场调查到投放的整个广告策划过程的一种服务理念。

尽管设计并非一个新词汇，但民国时期在广告领域提到设计的还并

---

[1] 笔者 2017 年 9 月对唐忠朴先生的访谈记录，未发表。

不多。抗战时期，国民政府曾设有"中央设计局"，但这里的设计是"建设""计划"之意，并非现代设计。[1] 现代意义上的"设计"一词在民国时期，似乎更多时候仅为行政、规划等领域所采纳，例如在南京中国第二历史档案馆所藏国民政府教育部文件中，就保存着"聘请张道藩先生为第三次全国美术展览会设计委员会主任"的聘函。[2] 当时与"设计"这个词今天的意思比较接近的场合，常常为更加古老的"制作""图案""工艺""实用美术"等词汇代替。改革开放以后，率先运用"设计"这个词汇的场合，也或多或少地隐含着"现代设计"理念的启蒙含义在。然而，现代广告代理业要打破"广告掮客"的刻板印象，从媒介代理走向真正的全案服务，则"设计"就必然和"营销""创意""品牌""市场调查"等一道，成为体现广告公司专业价值和业务能力的重要组成部分。

除了概念的引入，现代广告理念迅速在中国的传播和普及，还要归功于美国广告公司在全球的跨国界营销。至此，在全球的主要国家和地区，只要有美国的企业，美国式的广告理念就随之无孔不入。广告观念经过了法国式公共服务的代理走向美国式的商业代理制的运动过程，也逐步确立下了一种适合全球化的新形态，随着跨国公司的发展和带动，得以在全球范围内广泛传播。这样看来，让美式现代广告理念在中国加速传播的，除了中国改革开放以后广告界和广告学界对于西方 20 世纪后半叶新兴广告理念的接纳，还有以 4A 公司为代表的美国跨国广告公司在中国的主动输出。这种输出的一个起点就在改革开放以后，跨国广告主开始进入中国拓展其海外市场。而在这个过程中，由于中国当时的广告公司并不能够满足外商来华企业"全案代理"的需要，跨国公司随身携带自己的 4A 公司进入的呼声也越来越高。许多 4A 公司也开始在政策允许的范围之内与中国的广告企业合作。[3] 随着中国改革开放的步伐不断加快，中国的广告业也逐渐向外资敞开怀抱，从 20 世纪 90 年代初期的允许国外广告公司与中国企业建立合资公司在华开展业务、

---

[1] 中国第二历史档案馆藏中央设计局档案。
[2] 中国第二历史档案馆藏档案，全宗号：五，案卷号：12042（5）。
[3] 陈刚主编：《当代中国广告史·1979—1991》，北京：北京大学出版社，2010 年，第 111—117 页。

允许设立私营广告公司,到加入世界贸易组织后广告业对外资的全面放开和大举进入,美式广告理念在中国的传播过程中尽管不乏误读和改造,但最终完成了对中国广告的征服与收编。

结　语

　　总的说来,广告史上的"古今之变"在全球范围内经过了一个历时三个世纪以上的漫长进程。尽管这一进程是由西方国家所主导的,在中国的传播经历了一个阶段,但最终成为一种稳定的广告操作模式在全球通行。时过境迁,今天重新思考这场"古今之变",有许多积极的思考和启示。随着媒介传播环境的剧烈变革,通行了一个多世纪的经典的广告理念开始越来越多地在互联网环境下体现出自身的滞后性。广告学者所熟知的许多经典的理念和方法,正在经受着釜底抽薪式的质疑和挑战。以至于笔者在撰写本章的同时也不住地意识到:当下,广告业正在经历一轮新的"古今之变"。在互联网时代,最新的广告理念似乎正在从美式广告转移到范围更大的"营销传播"。新的理念和模式是否对行业带来了根本性的革命?历史研究当然不是做预言,但"日光之下,并无新事"——历史研究的目的,正是寻索规律,并从中区分变与不变,发现应对未来的智慧。也许,这也正是这番追索的目的和使命。

第二章
美国广告文化起源的新教伦理阐释

在现代广告学的策源地美国,虽然新闻学院或传播学院中广告学的研究仍然坚持了早期广告心理学的研究进路,以实证研究为主体,但广告史学科也有了重要的积累,只不过这些从事广告史研究的学者往往来自历史学而不是广告学领域,他们发表研究成果的阵地也往往是历史而不是广告学类期刊,在这一点上与中国广告史学者的归属有所区别。20世纪80年代以来,美国职业历史学家斯蒂芬·罗素·福克斯(Stephen Russell Fox),曾任教于南加州大学、现早稻田大学教授朱利安·西沃卡(Juliann Sivulka)和罗格斯大学教授杰克逊·李尔斯等先后出版了自己关于美国广告史研究的著作,其中李尔斯和西沃卡的两种著作还出版了中译本。[1] 也许这一类著作并没有进入北美广告学者的学术视野,但它们却是美国历史研究的重要组成部分,即便是一些带有通俗读物性质的广告史著作,也能看出作者的写作方式、历史观及其对于广告的独特理解。这些著作不仅能够丰富我们对世界现代广告产业的起源与发展等相关议题的思考,对反思广告史学科自身的历史和研究方法,进而建设中国的广告史学科也是不无裨益的。

---

[1] Stephen Fox, *The Mirror Makers: A History of American Advertising and Its Creators*, New York: Marrow, 1984; Jackson Lears, *Fables of Abundance: A Cultural History of Advertising in America*, New York: Basic Books, 1995; Juliann Sivulka, *Soap, Sex, and Cigarettes: A Cultural History of American Advertising (2nd Edition)*, Independence: Cengage Learning, 2011, etc.

一、新教伦理与广告文化的碰撞

广告是一种贴近经营实务的行业，关于广告的研究，也常常是以应用性、依附性的理论为主体。但是，关于广告理论形而上的思考从广告业诞生至今从未停止过。这一类的研究虽然数量不多，但一再肯定了广告作为一种物质文化史料在人类形而上的思辨中所可能占有的位置。在作为现代广告滥觞地的美国，把广告作为一种文化现象进而对其历史及理论问题进行梳理的研究者也并不乏其人，其中许多影响深远的著作在国内都已经出版了中译本。20 世纪 90 年代以来先后为国人所熟知的此类著作中，《颠覆广告——麦迪逊大街美国广告业发家的历程》[1]《麦迪逊大道——不可思议的美国广告业和广告人》[2] 一类由记者撰写、内容大同小异的美国广告业历史及现状的著作，为广告学者提供了这个行业许多鲜活的素材；而在文化研究领域，由学者撰写的《肥皂剧、性和香烟——美国广告 200 年经典范例》[3] 和《丰裕的寓言——美国广告文化史》[4] 两部著作，则堪称美国广告文化研究中的双璧。只是相比较《肥皂剧、性和香烟——美国广告 200 年经典范例》中那种分期式对于美国广告文化各个时期经典作品的大事梳理，笔者更欣赏罗格斯大学历史学教授李尔斯在著于 1994 年的《丰裕的寓言——美国广告文化史》一书中以问题意识为主导的一种叙述方式。

李尔斯的这本美国广告史经典之作的副标题虽然叫作"美国广告文化史"，但并非国内读者所熟悉的文学史、美术史、广告史一类教科书式的读本，而是对于贯穿美国广告业二百年来历史进程中若干重大问题的理论思考。作者的问题意识，而非广告业发展史的主要事件构成了作者关注的中心

---

[1] [美] 威雅：《颠覆广告——麦迪逊大街美国广告业发家的历程》，夏慧言等译，呼和浩特：内蒙古人民出版社，1999 年。
[2] [美] 马丁·迈耶：《麦迪逊大道——不可思议的美国广告业和广告人》，刘会梁译，海口：海南出版社，1999 年。
[3] [美] 朱利安·西沃卡：《肥皂剧、性和香烟——美国广告 200 年经典范例》，周向民、田力男译，北京：光明日报出版社，1999 年。
[4] [美] 杰克逊·李尔斯：《丰裕的寓言——美国广告文化史》，任海龙译，上海：上海人民出版社，2005 年。

议题。正因此，如同作者在前言中所巧妙规避的那样，旨在通过该书一览美国广告历程的读者也许会感到失望——似乎有许多重要的广告公司、广告人、广告经典范例在书中被忽略了，甚至根本没有提及，取而代之的是作者对于有关现象背后问题的思考以及对于这些思考的理论阐释。但其实正是这些内容，才构成学术界重视这部著作的原因。尽管该书研究的是美国的广告，但一如美国麻省理工学院（MIT）学者王瑾的《品牌新中国：广告、媒介与商业文化》[1]、香港中文大学学者彭丽君的《哈哈镜：中国视觉现代性》[2]以及李欧梵的《上海摩登——一种新都市文化在中国（1930—1945）》[3]，是否有明确的问题意识，其实也已经成为近年来开始崭露头角的海外中国广告研究区别于本土学者"中国广告史"想象的重要标志。

在我看来，《丰裕的寓言——美国广告文化史》一书，始终想回答的是这样一个困惑作者和读者的问题：以刺激感官和引导消费为标志的现代广告业，为何诞生在一个由看似最保守、最禁欲的清教徒建立的美国？李尔斯创造性地把广告这种社会商业文化现象与宗教这种深层的意识形态联系在一起，他所提出的可以说正是现代广告史的一个基本问题。这个基本问题既与韦伯关于新教伦理的阐释、法兰克福学派的文化批判以及伯明翰学派文化研究者关于广告的理论想象一脉相承，又突出地具有广告业自身的问题意识与特色。套用古代教父神学家德尔图良（Tertullianus）在质疑希腊哲学与基督教信仰之间的相关性时所说的那句名言"雅典和耶路撒冷有何相干"，这个问题似也可描述为对于广告业的地标"麦迪逊大道"，与象征基督教思想的"耶路撒冷"之间深层关联的一种探寻。

从表象来看，现代广告文化诞生在一个由清教徒建立的美国这件事情，本身似乎是一个悖论。因为清教伦理似乎与广告这种消费社会的事物是互相抵牾的。并且这个矛盾并不是简单的和表层的，而是潜藏在表象背后的一组

---

[1] ［美］王瑾：《品牌新中国：广告、媒介与商业文化》，何朝阳、韦琳译，北京：北京大学出版社，2012年。
[2] 彭丽君：《哈哈镜：中国视觉现代性》，张春田、黄芷敏译，上海：上海书店出版社，2013年。
[3] ［美］李欧梵：《上海摩登——一种新都市文化在中国（1930—1945）》，毛尖译，北京：北京大学出版社，2001年。

复杂的、结构性的矛盾。第一个矛盾，是基督教本身有反对"贪恋"的教义，但的确是基督教（新教）的清教徒促成了资本的原始积累与物质生产的极大丰盛（这本身也是延续了社会学家韦伯在《新教伦理与资本主义精神》一书中提供的思路），并且广告又的确是诞生于新教世界中的；第二个矛盾，即清教伦理的特征是刻板、劳作与禁欲，但广告诉求的却是感性的狂欢、自由与解放；第三个矛盾：新教对于真实性、确定性的要求，使得人们形成了对于物质（商品）本身作为"所指"真实性和确定性的信任，但与此同时，也造成了人们对于作为"能指"的商品贩卖手段的不信任。对于这些基本矛盾的发现及其解决方案的论证，构成《丰裕的寓言——美国广告文化史》一书中最为精彩的思想片段。

二、禁欲的新教国家何以成为现代广告的渊薮

李尔斯指出的清教伦理与广告文化的第一个矛盾，可以说在思想上并没有原创性，但处理好这个矛盾，却是后面一系列矛盾得以梳理的一个必要前提。关于新教（主要指的是清教）禁欲主义的工作伦理与这种伦理所带来的物质生产极大丰富和资本原始积累的效果之间的矛盾，对于熟悉现代社会学理论的人来说都并不感到奇怪，因为人们会清晰地意识到这个提法与韦伯关于新教伦理与资本主义精神的论述一脉相承。而李尔斯的贡献则仅仅体现在把韦伯的这种思路导向对于广告文化兴起的思考，即资本的积累、生产生活资料的丰富必然带来一个由"产品"通向"商品"的环节，即对于不仅是如何生产，而是如何销售这些产品的思考，应该成为延续韦伯思路而来的一种必然的逻辑发展。

首先，暂时搁置李尔斯、韦伯甚至加尔文关于基督教新教伦理的创造性的阐释，而是回到基督教的经典文本（《新旧约全书》及教会史上的经典文献）自身，来看基督教究竟在何种程度上表达了对奢侈的排斥。在基督教与犹太教共同认可的《旧约·出埃及记》的"十诫"中，以色列人的领袖摩西

就在西奈山上从上帝处领受了关于"不可贪恋"的教义,包括不可贪恋别人的"房屋、财产、妻子和一切所有的"。由于"十诫"在以色列人的律法体系中扮演着"宪法"或曰"总纲"的角色,所以可以被看作犹太教乃至后来的基督教精神的一个重要渊薮。并且,在后来的《新约全书》中表达了与此类似的物质观。如《新约·马可福音》中就体现出耶稣对于奢侈的排斥,他表达了对于一位穷寡妇的奉献的认可——这位穷寡妇向教会奉献了"两个小钱",从数量上说并不为多,但耶稣肯定她的原因却是"她把一切养生的都奉献上了"。在《新约·路加福音》中,圣经作者又用了一个"财主与拉撒路"的例子作为比喻,表达了基督教拯救信仰上帝、有好行为的穷人拉撒路,而摈弃背离上帝、徒有钱财的财主的救赎观。并且不仅是耶稣本人,保罗、彼得、雅各、约翰等使徒的观点都与此一脉相承,他们纷纷表达了"贪财是万恶之根"一类的看法。直到中世纪以后信仰大复兴的时代,基督教的经典作家如约翰·班扬(John Bunyan)的《天路历程》中,还不忘批评一位追求享乐、离开正路的"虚幻夫人"。

然而,基督教的金钱观还并不足以体现出对于物质的全面排斥,为此必须回到"十诫"中的另外一条诫命,即反对偶像崇拜的有关论述。众所周知,不仅仅是"十诫",整部犹太教《旧约》中都充斥着反对拜偶像的教义。但犹太教之"反对拜偶像"的教义,起初不是针对反对其他宗教而设立的,而是反对一种被犹太教认为是错误的信仰方式和信仰渠道。制定这种教义的起因是,在出埃及的路上,摩西在去西奈山领受上帝律法的同时,祭司亚伦带领山下的以色列民用金银器打造了一个金牛犊并敬拜,称之为"这就是带领我们出埃及地的耶和华"。后来,分裂王国初期的北国国君耶罗波安也曾在以色列的伯特利铸造了类似的金牛犊,并用以宗教活动,而这种把无所不在的创造主局限为可见的偶像的行为,正是以色列的这位忌邪的上帝所极端厌恶的。即便是后来基督教会史上发生的多次"圣像破坏运动",并非针对其他异教的偶像崇拜,而是基督教内部为圣父子、圣母及圣徒塑像的行为。

但是,犹太教"十诫"在反对偶像崇拜的同时也规定了一神论的信仰,这毕竟使得后人难以把"反对偶像崇拜"与"反对异教神祇"二者做出严格的区分。对于基督教而言，关于反对偶像崇拜的教义，最初只针对犹太人和基督徒内部，但后来逐渐扩展到对于异教的抵制（如《旧约》中的巴力、大衮，以及《新约》中的亚底米、希腊诸神，甚至由一概反对偶像发展到反对一切与信仰有关的具象物品，如圣像绘画、圣像雕塑。因而西方艺术逐渐走向人文主义绘画、建筑，将表现人的形象而非神的形象作为艺术的存在目的，这种对于物质和形象的反对直接导致了20世纪以来的新教国家对于抽象艺术的情有独钟。与之形成鲜明对比的，是领袖崇拜的统治者们往往偏爱具象艺术。对此，西方马克思主义者弗雷德里克·杰姆逊（Fredric Jameson，一译詹明信）曾经做出这样的评论："新教因此对文化和语言产生了巨大的冲击。新教带来了美学观念上的简朴化倾向，如贵格派就主张服饰朴素，建筑的房子也是尽量简单。新教终于有了自己的信念：精神不能相信任何形象。……文化带来了各种各样的形象，而新教和商业界认为这种东西是微不足道、可憎可弃的。对这个社会来说，工作和赚钱发财是最重要的。"[1] 但需要稍加补充的是，新教对形象的厌弃尽管可以描述为一种"去形象化"，但并非终结了视觉艺术，而是把视觉艺术的定义从"形象"导向"抽象"，取而代之的是一种符合现代设计工业化大生产导致的机械审美的"形式感"。20世纪许多教堂建筑的设计，如安藤忠雄的"光的教堂"、勒·柯布西耶（Le Corbusier）的"朗香教堂"都被认为是现代建筑和现代艺术史上的典范。

李尔斯认为，后世的基督教从反对偶像崇拜逐渐延伸到反对物质崇拜的领域，宗教改革时期，以加尔文宗为代表的新教徒各教派由反对具象事物，逐步发展到反对一切对物质的迷恋。[2] 对此，李尔斯的表述似乎在逻辑上省略了很多论证的环节。为了更好地理解、论证和阐述其观点，必须回到马克斯·韦伯关于新教伦理的有关论述。韦伯在论新教伦理时有这样一段出名的论断：

---

[1] [美] 弗雷德里克·杰姆逊：《后现代主义与文化理论》，唐小兵译，北京：北京大学出版社，1997年，第57页。

[2] [美] 杰克逊·李尔斯：《丰裕的寓言——美国广告文化史》，第17页。

> 闲谈、奢侈品、自负的炫耀，所有这些观念都是无客观目的的非理性的表现，因而也就不符合禁欲主义的要求，尤其是它们并非为了上帝的荣耀，而是为人服务的。然而这些观念随时都在起作用，随时都在帮助人们做出有节制的注重实用的决定，以反对任何艺术的倾向。这在个人修饰方面，比如穿着上，尤其如此。……而这种倾向直至今天仍然极大地增强着资本主义对于生产标准化的兴趣。[1]

韦伯的观点是，新教伦理促成一种勤奋、忠诚、敬业的新教精神，这种新教精神视获取财富为确认自己是上帝选民的标志。正是这种精神促使资本主义发生在新教（主要指清教徒）的美国而非天主教的欧洲国家。这种伦理的根源，一方面当然是基督教固有的财富观，但另一方面，则主要来自宗教改革时期在清教徒中间占主导思想的加尔文主义（主要是天职观与预定论）对于基督教思想所进行的创造性阐释。

德文版《新教伦理与资本主义精神》封面
（图片来源：维基百科）

---

[1] [德] 马克斯·韦伯：《新教伦理与资本主义精神》，于晓、陈维纲等译，西安：陕西师范大学出版社，2006年，第97页。

在此有必要清理一下"新教徒""清教徒""加尔文主义"几个关键概念。今天所说的"新教徒",主要是泛指宗教改革之后,所有脱离天主教的基督徒,在中国也被称之为"基督徒"(狭义)。新教也即狭义的基督教所涵纳的主要教派,包括路德宗(信义会)、加尔文宗(改革宗)、安立甘宗(圣公会)等。与之形成鲜明对照的是,"清教"本身则并不是一种独立的宗教。所谓"清教徒",是特指17世纪英国部分基督徒所倡导的"清教运动"中,对英国国教——圣公会的宗教改革不彻底及英王詹姆士一世(James I)保留君主制的做法不满,而反对甚至脱离国教会(即圣公会、安立甘宗)、转而信奉加尔文主义、要求清除一切旧教礼仪残留、提倡勤俭价值观的新教徒。清教徒所归属的主要宗派,有长老会、公理会、浸礼会等,也有一些比较保守的清教徒并没有脱离圣公会的组织形式,他们名义上仍然可能是圣公会的信徒。1620年在清教徒的历史上可谓一个重要的年份,这一年,由于反对詹姆士一世所颁布的《文体活动规定》中对清教徒宗教活动的限制,一批清教徒乘坐"五月花号"离开英国赴美,在美洲建立起一个远离欧洲本土的"上帝之国"。

对于清教徒来说,他们所接受的信仰,主要来源于加尔文主义。约翰·加尔文(John Calvin)神学可以说是宗教改革时期新教神学的集大成者,加尔文所撰写的《基督教要义》建立起了马丁·路德(Martin Luther)所没有完成的基督教神学体系,可说是新教神学和宗教改革的纲领性文献。一般认为,加尔文的神学诠释在《圣经》诠释所容许的边界之内,并且奥古斯丁主义对加尔文神学的形成也产生了重要的影响,是对马丁·路德宗教改革思想的合力的发展。作为一部系统神学集大成的体系性作品,《基督教要义》可谓包罗万象,甚至涉及预定论的章节在皇皇三大卷的著作中只有薄薄几页的篇幅,但无论是从宗教改革时期人们对于加尔文神学的"主动误取",还是从其所导致的社会效果来看,加尔文神学对当时和后世影响最大,以至于被人们认知最深的,还是"五要素""预定论"和"天职观"。

加尔文神学中,涉及预定论(pre-destination)的五要素(TULIP)原则,指的是:total inability(信徒对自己能够得救与否全然无能为力)、

加尔文（1509—1564）像
（图片来源：维基百科）

unconditional election（上帝对人的拯救是一种无条件的拣选）、limited atonement（只有有限的人能够得到上帝的救赎）、irresistible grace（上帝对于蒙恩者施予的是一种不可抗拒的恩典）以及 perseverance of the Saints（被拣选的圣徒永蒙上帝保守）。[1] 尽管这种"上帝预知一切"的观点在使徒保罗的时代就已经初露端倪，当然也可以被认为是基督教中"政治正确"的，但必须承认在加尔文之前人们并没有如此突出和清晰地强调这一点。按照这种"二元预定论"，一个人是否能够得到上帝的救赎，并不是自己的行为甚至信心换来的，而是在你付出行为与信心之前，上帝就已经预定好了的。你的信心或行为，都只是对上帝拣选的一种回应。反之，对另外一些人，上帝并没有拣选他们，那么他们在后天无论如何努力都无法改变上帝的决定。面对有关"上帝为什么不拣选所有的人"这样的诘问，加尔文主义者通常以"这是一个假问题"或者"人不可测度上帝的旨意"这样的神学原则来加以规避。[2]

---

[1] 参见 [法] 加尔文：《基督教要义》，钱曜诚译，北京：生活·读书·新知三联书店，2010 年。
[2] [美] 詹姆士·史密斯：《致青年加尔文主义者的信——改革宗思想之旅》，李晋、马丽译，上海：上海三联书店，2014 年，第 36—37 页。

与预定论紧密联系,甚至构成不可或缺的一部分的重要概念是加尔文的天职(calling,或译为"圣职""呼召")观。天职是上帝赋予人的荣耀的职分,也是人对于上帝拣选的一种回应。这与马丁·路德宗教改革时期提出的重要口号"唯独信仰,唯独圣经,唯独基督"密不可分,无论是路德还是加尔文,他们所共同反对的都是天主教在历史发展过程中所逐渐赋予神职人员的那种权威性,认为神职人员其实是和你我一样的"罪人"(sinner),只有耶稣基督才是上帝与人类中间唯一的"中保"。简单说,加尔文主义认为,一切合法的工作都是"天职",只要人在自己的工作中积极、敬业、勤奋、服侍人,就是服侍上帝。而由于人对于自己是否被上帝拣选并无法确知,所以,人类如果能够通过工作所获得效果、得到报偿、积累财富,就可以是获得上帝救恩、被上帝预定及拣选的标志。如同著名的清教徒牧师理查德·巴克斯特(Richard Baxter)所说的那样:"通过合法方式所取得的财富,乃是上帝对勤奋工作者的祝福。"[1] 于是,为了证明自己得到了上帝的拣选和救恩,加尔文主义的基督徒(主要是清教徒)在各种职业中劳苦做工,在荣耀上帝的同时纷纷试图证明自己是被上帝所拣选的,因而这种行为客观上促进了资本的原始积累。

1648 年 7 月在威斯敏斯德会议结束后不久产生的《威斯敏斯德大教理问答》,是欧陆改革宗教会的一份重要文献。这份文献与《威斯敏斯德小教理问答》一道,规定了新教伦理从教会组织到家庭生活方方面面的信条。其中指出:"合乎上帝律法的职业要持守,并要殷勤从事","努力运用一切公义的、合乎上帝律法的手段,获取、保守、增加他人以及我们自身的财富和外部产业"。[2] 至此,新教的"资本原始积累"获得了制度的保障,而基督教"反对恋物"与"促成资本原始积累"之间的矛盾,也就在实用主义的层面上得到了一个完美的解决,但这种解决方案毕竟是以(至少是表面上的)偏离教义为代价的。这个矛盾要如何解决?这似乎是一个韦伯和李尔斯都没有涉及的

---

[1] [美] 钟马田等:《清教徒的脚踪》,梁素雅、王国显等译,北京:华夏出版社,2011 年,第 322 页。
[2] 王志勇译注:《清教徒之约——威斯敏斯德准则》,上海:上海三联书店,2012 年,第 175 页。

问题。其实，只要深入基督教教义就会发现，基督教教义并不是像后来的逻辑语言所规定的那样没有歧义的科学语言，而是充满内在的张力和解释空间，并不能够化约为一些直白的口号。简单地说，细致研读《圣经》不难发现，基督教排斥的是"恋物"，而非"物"本身。正如基督教反对纵欲，但不反对性欲；反对酗酒，但不反对饮酒；反对享乐，但不反对物质财富的积累。

在犹太-基督教传统中，本来也没有像中国这么浓郁的"重农抑商"的思想包袱。相反，犹太人常常被认为是世界上最善于经商的民族，除了犹太人天生精明的头脑，很有可能也在他们被放逐巴比伦时期（约前586—前536）从巴比伦人那里学会了经商的技巧，以至于一度因为经营活动而荒废了归国后第二圣殿的建设和献祭生活，对此在《旧约圣经》的《哈该书》《撒迦利亚书》和《玛拉基书》中都曾有过指责。但毕竟经商作为一种合于犹太律法的生活实践，在犹太的《塔木德》中不乏大量关于经商的论述，并且由于宗教信仰的制衡，在促进商品流动与恪守商业伦理之间犹太人也设立了良好的榜样。一个有意思的参照系是中国的温州，这个被认为是最擅长经商的中国沿海城市常常被评论者称为"中国的耶路撒冷"。这不仅仅指温州的商人都像犹太人一样有着几乎是作为天赋（gift，即上帝的恩赐）的经商头脑，更重要的是，由于历史的原因，温州基督徒的数量和基督徒在城市生活中的影响力即便在整个中国东部发达地区都是首屈一指的。新约圣经时代，即便是受罗马帝国殖民统治的以色列人仍然具有这种经商的才能。在《马太福音》第25章14—30节，那里就有著名的"按才受托的比喻"以及由此触发并成为今天经济学中重要范畴的"马太效应"：

> 天国又好比一个人要往外国去，就叫了仆人来，把他的家业交给他们。按着各人的才干给他们银子。一个给了五千，一个给了二千，一个给了一千，就往外国去了。那领五千的随即拿去做买卖，另外赚了五千。那领二千的也照样另赚了二千。但那领一千的，去掘开地，把主人的银子埋藏了。过了许久，那些仆人的主人来了，和他们算账。那领五千银子的，又带着那另外的五千来，说："主啊，你交给我五千银子，请看，我又赚了五千。"主人说：

"好,你这又良善又忠心的仆人,你在不多的事上有忠心,我要把许多事派你管理,可以进来享受你主人的快乐。"那领二千的也来说:"主啊,你交给我二千银子,请看,我又赚了二千。"主人说:"好,你这又良善又忠心的仆人,你在不多的事上有忠心,我要把许多事派你管理,可以进来享受你主人的快乐。"那领一千的也来说:"主啊,我知道你是忍心的人,没有种的地方要收割,没有散的地方要聚敛。我就害怕,去把你的一千银子埋藏在地里。请看,你的原银子在这里。"主人回答说:"你这又恶又懒的仆人!你既知道我没有种的地方要收割,没有散的地方要聚敛,就当把我的银子放给兑换银钱的人,到我来的时候,可以连本带利收回。夺过他这一千来,给那有一万的。因为凡有的,还要加给他,叫他有余。没有的,连他所有的也要夺过来。"

"马太效应"的精神实质并非像一些批评者所说的那样缺乏公正和平等,而是揭示了财富增长的必然原因在于劳动与勤奋。穷人之所以贫穷的原因是因为他们缺乏积累财富的智慧和努力,而不是上帝注定要让他们贫穷;相反,公义的上帝乐意给那些有商业头脑和努力工作的人以回报。正因为富者继续积极创造财富,贫者愈发消极怨天尤人,"富者愈富,贫者愈贫"才由于"按劳分配"的原因变成现实。也正因此,如同尼尔·弗格森(Nall Ferguson)发表在《纽约时报》上的评论所指出的那样,作为一个只有两百多年历史的新兴国家,美国经济快速发展与财富增长的原因,正在于信仰的复兴以及一种由信仰复兴带来的职业精神。[1] 而在其中,广告作为一种推销手段,是经济发展、财富增长过程中必然出现的一种社会文化现象,作为一种经济行为的广告自身并无所谓价值判断,只要是恪守商业伦理和职业道德的广告,当然也是基督教信仰所包容和接纳的。至此,李尔斯所提出的广告业的起源与清教精神之间不但不构成矛盾,相反,广告文化的诞生作为商业发达的一种反映,还是基督教新教(主要是加尔文主义)信仰在一个资本主义国家中发展兴旺的"题中应有之义"了。

---

[1] [德]马克斯·韦伯:《新教伦理与资本主义精神》,封底。

三、古板的工作伦理何以导致广告消费的狂欢

一面是禁欲、古板、工作狂；另一面则是感性、自由和解放——与其说，这是基督教新教伦理与广告文化的内在矛盾，毋宁说，这本身是新教伦理自身所包含的某种两面性。从教义来看，基督教是倡导自由的宗教，早年中国的教会学校燕京大学取自《圣经》的校训，即是"因真理、得自由、以服务"。只是这种宗教把人类思想行为的边界限定在上帝所容许的范围之内，在这个范围内信徒享有充分的自由。这是一种有限的自由观，但必须承认在绝对的自由并不可能真正得到实践的前提下，这种"从心所欲而不逾矩"的自由观，才是一种实用主义意义上所能达到的充分自由。在《新约·约翰福音》中，耶稣说："你们必晓得真理，真理必叫你们得自由"，"我来是要叫羊得生命，并且得的更丰盛。"所以，应该说通过基督教经典所加以保证的自由，而非人们为中世纪直到后来的新教伦理所贴上的"禁欲"的标签，才更加接近原始基督教的精神实质。

人们与上帝合一的精神追求自然也体现为敬拜形式的自由，而这种自由则必然带来情感上的兴奋。而也正是这种兴奋，使得宗教（敬拜的解放）和商业（购物的狂欢）联系在了一起。李尔斯把这种追求解放的思想看作新教的题中应有之义，即社会学家柯林·坎贝尔（Colin Campbell）所宣称的"另一种新教伦理"（中译本译为"另一种新教道德观"）："它宣扬道，人们皈依基督教时，灵魂会超越肉体的极限，同上帝融为一体，飘飘欲仙的快感会让人神魂颠倒。换句话说，这种道德观希望通过培养人们内心的体验来缩小天堂与人间的距离。"[1] 这里所说的"神魂颠倒"当然是一种宗教体验，既然是宗教体验，就是一种不可重复、不可度量的非科学化行为，而且并不一定所有的新教信徒都能够体验到这"另一种新教伦理"，它只适用于美国部分福音派的基督徒。对于对美国基督教比较陌生的中国读者来说，无论这是"两种新教伦理"还是同一个新教伦理的两个表现方面，都需要加以进一步

---

[1] [美] 杰克逊·李尔斯：《丰裕的寓言——美国广告文化史》，第26页。

的阐释。

历史上美国基督教福音派的发展,往往伴随着以"重新认罪悔改"为标志的信仰大奋兴和"灵恩运动",这些正被"另一种新教伦理"认为是基督教自由观在宗教信仰层面的一种体现。受灵恩运动影响的现代基督教会,在敬拜形式上与古典的圣乐崇拜截然不同,取而代之的是现代流行音乐甚至爵士风格的赞美诗、会众与带领者的激情互动、手舞足蹈的身体表演等,基督徒的情感在这种氛围中得到最大限度的释放。反应在理论领域,则是"解放神学"作为一种号召信徒介入社会的主张,从拉丁美洲兴起并在欧美起到了意想不到的世俗化扩散。这似乎也从一个侧面证明,即便是在宗教仪式中,浪漫主义而非禁欲主义,才符合人们对于一个基督教理想天国的想象。当然,在自诩为主流、正统的基要派(原教旨主义)基督徒看来,这种敬拜形式是现代社会对于传统信仰的异化,或曰宗教的世俗化。但不可否认的是,暂且搁置神学的表述和价值判断,在 20 世纪的美国基督教史上,正是福音派而不是基要派吸引了大批的美国青年,也正是这种信仰类型开始在中国的青年基督徒中间受到了广泛的欢迎,从而在全世界范围内维持了基督教的时代活力。

无论是对于基督教还是其他古老的宗教而言,20 世纪以降正在经历的这种所谓"宗教的世俗化"当然有许多方面的表征,例如宗教产业化、宗教集团化、宗教媒体的兴起、宗教广告作为一种传播手段的出现和广泛应用、敬拜形式与现代表演的结合、宗教人士的明星化与偶像化等,但不难发现有一条商业的线索贯穿其中。在李尔斯看来,宗教与商业结合的后果,必然是宗教情感转向物质情感:"煽情主义散播了对情感的崇拜,重新构建了消费的模式,将人们的注意力从占有的满足转移到了对购物的兴奋期盼上。……美国式新教对丰裕的定义既包含精神方面,又包含肉体方面,既供人观赏,又能让人亲身参与。"[1] 换言之,宗教的世俗化在使得宗教团体越来越富有商业特征的同时,也使得人们对物质本身的迷恋附着了一层宗教崇拜的色彩,

---

[1] [美] 杰克逊·李尔斯:《丰裕的寓言——美国广告文化史》,第 29 页。

以至于一种现代性的"商品拜物教"作为一种新兴宗教（cult），与同时期兴起的摩门教、安息日会、耶和华见证人会等，一并构成美国 19 世纪新兴宗教运动中的众多景观之一。并且，关于物质的崇拜显然不是对于商品使用价值的开发，而是对于其符号价值的迷恋，甚至——至少在李尔斯的笔下——将其当作一种偶像来崇拜。

唯美主义在这一时期登上历史舞台。唯美主义的兴起与商品拜物教相伴相生，可以说，他们正是商品拜物教的推波助澜者。奥斯卡·王尔德（Oscar Wilde）、奥布雷·比亚兹莱（Aubrey Beardsley）、约翰·拉斯金（John Ruskin）、威廉·莫里斯（William Morris）……这些不同艺术门类中的唯美主义者，也是商品拜物教的最忠实的信徒。唯美主义在提倡为艺术而艺术的同时，导向对精致生活的追求。在王尔德的剧本《莎乐美》中，不但为《圣经·约翰福音》中福音书作者约翰在记载施洗约翰之死时所提到的希罗底那个长袖善舞但却头脑蠢笨的女儿，赋予了"莎乐美"（Salomé）这个带有象征色彩的名字，而且把她和希罗底描述为希律处死施洗约翰案件中的主人公，甚至不乏西格蒙德·弗洛伊德（Sigmund Freud）所说的泛性欲主义式的场景片段。而英年早逝的比亚兹莱更是对王尔德完成了一种创造性的阐释，并且让王尔德笔下的人物不是通过文本，而是黑白插图而更加为人所熟知。在比亚兹莱笔下，舞者莎乐美穿着孔雀毛织成的羽衣，施洗约翰的血水下滴而形成的河流中生长出极具暗示的百合花等形象，以及王后希罗底骄横淫逸的装束，这些《圣经》里面被一笔带过的人物在形象的塑造中都被叠加进了 19 世纪唯美主义者的审美趣味，把他们对于物质的迷恋表现得登峰造极。

在我看来，王尔德和比亚兹莱的"世纪大合作"，推动了唯美主义从一种"为艺术而艺术"的自律向"为生活而艺术"的他律转换。唯美主义者当然在标榜"艺术"至高无上的独立审美价值，它拒绝向一切现实妥协；但吊诡的是，他们在尊崇和提倡艺术价值的同时，必然伴随着生活的艺术化实践，以至于在服饰、用具、建筑、居住环境等一系列方面都体现出了唯美主义者对实用艺术的审美偏好。除非唯美主义者在生活实践中也体现出他们的艺术品位，否则他们就根本无法将自己"为艺术而艺术"的主张"一以贯

比亚兹莱为王尔德《莎乐美》所作插图（图片来源：网络）

比亚兹莱（1872—1898）像（图片来源：维基百科）

之"。如同周小仪所看到的那样："他（王尔德——引者注）是唯美主义运动的主将，倡导纯艺术以抗衡维多利亚时期中产阶级的道德体系、小市民习气和物质主义。但实际上他比任何人都热衷于追随时代的风尚，显示出强烈的商品崇拜的倾向。……他的种种生活艺术化的努力也是一种渴望吸引公众，树立自我形象的广告式行为。"[1]

唯美主义理想从"纯艺术"向"实用艺术"过渡，从而在实际上已经背离了古典美学家伊曼努尔·康德（Immanuel Kant）在《判断力批判》中所提出的"审美无功利"的原则。这就造成了现代美学的一个悖论——如果审美真的是"无功利""无目的"的，那么当审美介入生活实践领域中时就一定丧失了其价值，但事实上美学与生活的结合非但没有丧失自身的价值，相反还提升了生活质量与生活品位。在这个意义上，可以说正是19世

---

[1] 周小仪：《唯美主义与消费文化》，北京大学出版社，2002年，第92页。

纪末的这批倡导生活艺术化的唯美主义者,而不是 20 世纪倡导艺术与大工业流水线相结合的"包豪斯"(Bauhaus),才是现代设计(当然也包括广告)运动的先驱。在论述现代设计起源的时候,阿德里安·富兰克林(Adrian Franklin)这样表述道:"设计在现代性中的出现方式,向我们显示了它在很大程度上卷入了消费的问题。具体地说,有两方面的历史转换是需要学者着重考量的。其一,18 世纪工业设计的兴起,在很大程度上是工业制造所产生的新需求以及消费市场扩张的后果。其二,本土和国际设计运动的出现,把艺术学院式的工业设计训练和政治导向的社会理想主义结合在一起。"[1]

只是对现代设计这种使日常生活实践泛审美化、泛艺术化的理论批判,直到 20 世纪的法兰克福学派才开始出现端倪。这方面代表性的理论家当然

包豪斯被认为是现代主义建筑和平面设计的渊薮。图为德国包豪斯校舍。(图片来源:网络)

---

[1] Steven Miles, Alison Anderson and Kevin Meethan, eds., *The Changing Consumer*, London: Routledge, 2002, p.94.

是西奥多·阿多诺，他和马克斯·霍克海默（Max Horkheimer）合著的《启蒙辩证法：哲学断片》，鲜明地揭示出唯美主义者恰恰是自己所倡导的"为艺术而艺术"理念的掘墓人。阿多诺的逻辑当然是唯美主义者在当时所无法设想的：因为他们所倡导的"艺术与手工艺运动"的理念，在20世纪迅速与现代机械化大生产的生产方式结合在一起。物化的现实使得文化生产成为工业的流水线，艺术品失去"灵韵"（aura），"美"变成一种可以大量复制和重复的东西，审美从一种独一无二的个人体验退化成一种平均值，以至于"为艺术而艺术"所倡导的高雅艺术在20世纪所导致的逻辑后果，其实正是它当初想遮蔽的反面——艺术的通俗化和民粹化。换言之，在批判学派学者的理论视野中，启蒙的初衷是通过知识启蒙获得身体解放，但科学知识与工具理性却造成一种新的社会控制，人类处于物化的现实世界中而无法自拔。当现代人居住在由各种预制件组合而成的高楼大厦，徜徉于各种琳琅满目的快用消费品的海洋之中，不难发现其实现代社会中人们的"选择"都已经是被预先"设计"好了的。这时候，以"包豪斯"等为代表的现代设计各学派所倡导的"为平民而设计""设计为人民服务"等带有民粹主义色彩的口号，其实已经不是一种真正的民众意识的觉醒，而是将现代工具理性千人一面的审美模式和所谓"形式感"强加给民众，迫使民众接受现代工业生产所塑造的流水线上的"平均审美"。在作为"西方马克思主义者"的批判学派的成员看来，"情感的表达被纳入商业运作之后，审美与艺术所具有的革命性也就丧失殆尽了"[1]。

　　阿多诺和霍克海默认为："广告可以形成最理想的流行品味，美也是在商品中形成的。具有讽刺意味的是，苏格拉底（Socrates）所说的'美是有用的'命题，今天终于实现了。"在面对商品美的有用性和审美无功利之间巨大的矛盾时，阿多诺这样写道："唯心主义美学的原则就是无目的的目的性……为了满足娱乐和轻松的需要，目的也就接纳了无目的性。……在竞争社会里，人们把艺术作品当成了有用，这在很大程度上说明，有用是无所

---

[1]　周小仪：《唯美主义与消费文化》，第15页。

不包的，而无用却被抛在了一边。"由此，20 世纪的审美原则发生了改变，即不再是精英启蒙大众，而是大众反过来以一种新的美学原则完成了对于包括精英人士在内的全社会的启蒙。因而在《启蒙辩证法：哲学断片》中还有另外一个著名的论断："广告变成了纯粹的艺术。"[1] 广告成为一个新的时代的艺术，既意味着古典美学原则（审美无功利）的彻底破产，也意味着广告成为新的美学原则的代表，在接下来即将到来的时光中将要受到人们宗教性的崇拜。

把广告看作一种宗教的思想，看作卡尔·马克思（Karl Marx）所说的"商品拜物教"的高级形态，在阿多诺和霍克海默这两位西方马克思主义者的理论视野中已然形成。广告作为 20 世纪的一种新兴宗教，不但符合马克思所说的"商品拜物教"的许多特征，而且还契合了 20 世纪宗教在世俗化方面所作出的一些改变。这突出体现在以下两个方面。

一方面是广告的"泛宗教化"，即广告和大众传媒借鉴了宗教的营销手段。宗教传教的模式被应用于商品的推销之中。名牌商品、时尚等受到人们的顶礼膜拜。正是在这个意义上，广告成为一种"新兴宗教"。传统的基督徒坚持的是每天读经、祷告，但现在的广告拜物教信徒坚持的则是每天购物。在家庭中，电视机取代了宗教性的祭坛占据了居室的中心地位，对于工作一族来说，"每个星期天去购物广场"也取代了"每个星期天去教堂"。台湾知名广告创意人许舜英所在的"意识形态广告"（这是一个广告公司的名称，其命名带有左派的某些色彩，但其创作的广告创意与左派毫无瓜葛，甚至可以说是对于左派所坚持的某些信仰的颠覆，因此其实更接近于一种文学艺术流派——"意识流"）为台湾的中兴百货拍摄过一个著名的广告片，其中流传甚广的广告语，竟是"三日不购衣，便觉面目可憎；三日不购物，便觉灵魂可憎"。整个广告语不但解构了传统意识形态代表人物黄庭坚所说的"士大夫三日不读书，则义理不交于胸中，对镜觉面目可憎，向人亦语言无

---

[1] ［德］霍克海默、阿多诺：《启蒙辩证法：哲学断片》，渠敬东、曹卫东译，上海：上海人民出版社，2003 年，第 182 页。

味"这一掌故，而且还颠覆了传统宗教观所诉求的"灵魂"这一底线，真可谓广告这一新兴宗教给信徒们提出的新时代"诫命"。

另一方面的表现则是宗教的"泛广告化"，即广告和媒介文化反过来对20世纪宗教的组织形式产生了影响。宗教团体开始利用广告和现代传媒，完成自身的世俗化转型。一时间，大众传媒在塑造了许多青春偶像的同时，也打造出一系列"电视牧师"；"空中主日学"作为一种"在家看电视等同于去教堂做礼拜"的宗教运动，从美国一直弥漫到中国的香港、台湾等地区。在20世纪著名的广告营销著作《广告攻心战略——品牌定位》中，两位作者阿尔·里斯（Al Ries）和杰克·特劳特（Jack Trout），甚至开始直言不讳地对当时在美国年轻一代中已经逐渐失去影响力的天主教会进行"营销诊断"。[1] 当时在"梵二"会议之后，整个国际公教界都在进行传教策略的调整。尽管美国的公教会依然保守、滞后，甚至最后也没有采纳这两位广告界大名鼎鼎的"定位"理论提出者的建议——将高高在上"道德教师"的身份定位转换为更具亲和力的"福音教师"，但至少广告营销业者对于公教会的指手画脚已经不再像中世纪那样被"异端裁判所"视作冒犯。在营销学界，市场营销理论不仅适用于商业公司管理，也适用于教会管理。宗教团体利用广告来传教的一个经典案例来自新加坡奥美广告，该公司2004年为新加坡基督教会所作的一系列平面宗教广告在广告界、宗教界都获得很好的反响，在广告界获奖无数，其中"尼采已死"篇至今仍是广告创意课堂上写进教科书的经典案例。

与20世纪上半叶现代主义的思想家不同，后现代主义阵营中，大概除了尤尔根·哈贝马斯（Jürgen Habermas）等少数人之外，继续秉持启蒙理想的主流思想家已经寥寥无几。其中，让·鲍德里亚论消费社会的观点是尤其值得注意的。鲍德里亚并不属于批判学派的思想家，他对于消费社会的观点也并不是批判，可以说是价值中立的，但却极有洞见，对我们思考广告文

---

[1] [美]阿尔·里斯、杰克·特劳特：《广告攻心战略——品牌定位》，刘毅志译，北京：中国友谊出版公司，1991年，第183—188页。

化的起源问题也极富启发。鲍德里亚的主要观点可以概括为:"我们消费的不是商品,而是商品附加的文化意义;商品消费不是一种经济行为,而是自我对于某个社会集团或某种意识形态表达价值认同的方式;商品的符号价值架空了商品的交换价值;商品的文化意义是更深层的社会结构的象征。"[1] 鲍德里亚笔下的消费社会,是一个"炫耀性消费"的社会,它与"商品拜物教"的发展一脉相承,但又彻底丧失了批判性,消费社会成为一种没有精英、启蒙等包袱的大众文化。从唯美主义的精英意识发展到20世纪后半叶的消费社会,可以说唯美主义以反抗中产阶级为初衷,但最终无法逃离消费社会的最终归宿。

在某种程度上可以说,唯美主义正是消费社会的始作俑者,因为从第一届世博会的"水晶宫"开始,唯美主义的理念已经开始落实在日用商品上了,只是唯美主义者从主观上并不愿意接受自己的倡导所导致的这样一个逻辑上的后果。"世博会现象"是几乎所有工业设计史教科书中都会提到的,

伦敦世博会举办地"水晶宫"(图片来源:网络)

---

[1] 周小仪:《唯美主义与消费文化》,第16页。

在1851年伦敦海德公园，举办了第一次世博会，其展馆名为"水晶宫"，这座后来被大火焚毁的建筑曾经令威廉·莫里斯大惊失色。但笔者所关注的与其说是这座由古典迈向现代之过渡期出现的建筑怪胎本身，不如说是"世博会"作为一种现象对于鲍德里亚所描绘的消费社会的一次预演。如周小仪所说的那样，在"水晶宫"中，"它展览的不仅仅是物品，而且是物品的表象。商品在摆设和展示的过程中，其审美的价值、符号的价值取代了它们的实用价值"[1]。

直到今天，在全世界上演的"世博会"仍然只是这样一次"能指的狂欢"——恰恰是商品最重要的日常应用功能，在世博会的展柜之中陈列的时候被搁置了。观众无法与产品进行互动，只能观看其外观和造型，甚至无法像在商场购物一样来试用这些产品。"产品设计"在这种展示和陈列的空间中丧失了其应用性的一面，变成了一种"纯艺术"，却与唯美主义所倡导的"为艺术而艺术"不谋而合，甚至让唯美主义的主张在整个社会中广泛传播。如此，把世博会看作马克思所说的"商品拜物教"的表征是再恰当不过的了。而19世纪末广告业的兴起，也在极大程度上迎合了人们对于商品形象价值的追求。当商品出现在广告形象上的时候，所展示的必然也只是产品的外观而不是其功能，或者说，广告业这种擅长展示形象的行业并不能够在产品的研发方面带给人以信任感，广告只能够通过视觉和听觉的冲击力来吸引人的注意力，这其实与"世博会"的诉求是一致的。正如亨利·亚当斯（Henry Adams）所敏锐地注意到的那样："世博会为不爱去教堂的青年人提供了一个绝好的教育场所，它已经取代了宗教意义上的朝圣活动……滋长了人们对于商品的崇拜心理。"[2] 而广告作为一种新兴宗教也正在其中为商品拜物教推波助澜，广告文化也就在这些信仰新教的资本主义国家之中诞生了。

---

[1] 周小仪：《唯美主义与消费文化》，第96页。
[2] 同上书，第97页。

四、对物品真实性的追求何以达成对商品广告的信任

李尔斯认为:"新教对于真实性的要求加深了人们对消费商品与贩卖手段的不信任感"。[1] 在他看来,有关图像真实性的讨论,反映了新教国家一种"反对偶像崇拜"的集体无意识和心理遗存。由于犹太-基督教传统对于偶像崇拜如此禁忌,关于偶像崇拜的惩罚如此严厉,以至于后来的人们一看到形象化的东西就有一种天然的抵触和抗拒。但广告作为一种视觉传播手段又常常必然体现为物质的形态,广告中的形象化因素的确在商品拜物教中扮演一种受崇拜者的角色。在《旧约》中,犹太的律法严格规定,不可制作偶像来模拟宇宙和现实生活中的万象,包括不可为耶和华神塑像。这也是现代广告在新教国家诞生之初所面临的诘难——人们首先担心的不是广告带来的奢侈消费等社会后果,而是广告作为一种商品的形象究竟是否真实?广告中大量出现的女性形象又是否是一种新的偶像崇拜?换言之,如果说商品是真实存在的,那么商品及其所建构出的理想生活方式的表象——广告,其存在究竟是否有宗教和道德意义上的双重合法性?

可以说,这是一个现代广告业诞生之初面临的一个生死攸关的理论问题。广告业者如果不能论证广告存在的合理性以及广告作为一种贩卖手段的真实性的话,那么新教国家的人们有足够的理由从根本上否定广告的存在价值。因为,无论是根据新教的伦理原则还是《圣经》自身所表述的教义,人们要做的只是物质生产,而对产品的销售——"叫卖",大可无动于衷。从《圣经》本身来看,支持勤劳工作促进物质生产是可以根据经文推导出的一层教义,但关于商品的销售手段似乎却并没有直接的教义加以支持。相反,在很多时候《圣经》经文似乎还包含一种否定自我推销的意味。《圣经》中多次明确表示这样的意思:一个人给自己做见证不足以定论,两三个人同时做见证方可。《次经·苏撒拿传》中,就记录了两个心术不正的长老奸淫美女苏撒拿未遂,反过来联合做假见证试图陷害苏撒拿的劣迹,因为这样的检举

---

[1] [美] 杰克逊·李尔斯:《丰裕的寓言——美国广告文化史》,第31页。

至少是符合"两个人的见证是真的"这一"程序正确"的。广告恰恰就是一种"自己给自己做见证"的推销手段。

一种在各种《广告概论》教材中流传甚广的说法,是"广告"一词来源于《圣经》。但显然这个由拉丁文构成的词汇与《圣经》的原始语言——无论是《旧约》的希伯来文、亚兰文还是《新约》的希腊文——都并没有直接的关系。《旧约》中的《传道书》的标题在希腊文七十士译本（LXX）中为"ekklēsiazo",有"举行公民大会,在大会上辩论"及"召集去开大会"的含义,其词根为"教会"（ekklēsia）,似乎与广告无甚瓜葛。而《新约》中与"广告"含义最接近的使用至少有两次,一次出现在《使徒行传》17 章 21 节,这里写的是使徒保罗在雅典传道时,与伊壁鸠鲁（Epicurus）和斯多葛（Stoicism）两派哲学家辩论后,被人带到亚略巴古的议会上,之所以把保罗带到这个地方,是因为"雅典人和住在那里的客人都不顾别的事,只将新闻说说听听"（中文《圣经》和合本译文）。查希腊文原文,这句话的意思是"打听一些新奇的事"（akouein ti kainoteron）。原文中"kainoteron"一词是"kainotes"一词的名词形式,后者的意思是"新奇、奇特",后缀"–ron"为构成表示"工具等"名词的尾缀。[1] 和合本直接将之翻译成"新闻",与英文"news"的构词法异曲同工。这里虽然谈的是新闻而非广告,但仍然能够看出"新闻"在《圣经》作者心目中的地位并不高。另一次出现在《哥林多后书》2 章 17 节,这里中文和合本《圣经》翻译为"我们不像那许多人,为利混乱神的道……"但这种说法显然没有把原文中"kapēleōntes"一词的意思翻译出来。在希腊文中,"kapēleuōntes"是"kapēleuō"一词表人的名词形式,后者在字典上有"做小商贩、零售","叫卖、兜售"的意思,因此,英文《圣经》新修订标准版（NRSV）将其翻译为"For we are not peddlers of God's word like so many…"直译为"我们不像那许多叫卖的小贩一样兜售神的道……"似更贴切些。但无论是"为利"还是"叫卖的小贩",看得出

---

[1] 罗念生、水建馥编:《古希腊语汉语词典》,北京:商务印书馆,2004 年,第 1073 页,"前缀后缀含义一览表"。

使徒保罗对于这种推销的形式所持的负面的评价。

广告为自身在新教国家的存在寻找合法性的这最后一步非常关键，但却必须通过《圣经》以外的非基督教教义途径来完成。那么，早先广告业是如何完成这种应对的呢？

一方面，体现在广告自身的物化。由于"叫卖"也是原始广告的一种形式，但这种形式无法给人建构在场和存在感，所以很快被"传单广告"的形式所取代。而现代石印术则进一步保证了广告自身从一种"巫术"成为一种"物品"，甚至是一种由艺术家来创作、可以被收藏的艺术品。李尔斯将这样一个过程描绘为"巫术的稳定化"。巫术稳定化的同时也意味着自身要不断掩盖、消解其巫术的本质属性。广告从来不会宣称自己是一种建构虚假生活认同的巫术或者商品拜物教，而是宣称自己是一门艺术。广告和唯美主义联合的后果，就是使得广告得以通过艺术的形式得到大众的广泛接纳与认可。对于艺术，当然就和偶像崇拜拉开了距离。这样，广告形象就有了"双重属性"：一方面，广告仍然在塑造着形象（不管是模拟商品的形象还是美女的形象）、传播着欲望；但另一方面，这种形象的塑造和欲望的传播同时具有了"艺术品"的合法性。

《丰裕的寓言——美国广告文化史》第九章"新教文化中的商业艺术问题"中，试图厘清新教、文化、商业、艺术四者之间的关联，提出随着广告的职业化，作家和画家有了施展自己才能的职业舞台。李尔斯的观点是，相对于新教的不重外表、更重内涵（比如受难的弥赛亚、骑着驴驹子进入圣城的耶稣形象）的教义，商品与图像经过广告手段的联合，已经使外表和内涵连接成一个整体，即既要求人们的崇拜（产生欲望，完成购买），又要求自身的美化。为了强调自身的艺术性，广告不惜重金去模仿纯文学、纯艺术，进而开创专属于广告的新的艺术形式（如比亚兹莱的装饰画、戏剧招贴、月份牌画等）、艺术运动（新艺术运动、艺术与手工艺运动）、艺术门类（现代广告设计成为一门独立的专业），来提升和确立广告的艺术价值和艺术定位。李尔斯指出，19 世纪 50—60 年代，在费城、波士顿、芝加哥等地出现了最初的一批广告代理商；几乎是与此同时，就出现了巴纳姆、王尔德、拉斯金、威廉·莫里斯等倡导"审美文化"和"日常生活审美化"的文学家、艺术家、批评家和先驱者。在现代广告业诞生不久，早期广告业正是通过与唯美主义结合的"广告艺术"的方式完成了对自身的"正名"，以至于这个时期的人们为了避免让商业与艺术混为一谈，不得不发明了另外一个新词"fine arts"来指代广告和设计之外的种种"纯艺术"。[1]

另一方面，则体现在专业广告队伍的加速形成。现代广告的"正名"毕竟是一种"观念先行"，行业的发展毕竟还取决于"正名"之后的工作实效。广告必须迅速通过职业化与专业化来提升自己的社会认同。这体现在广告业的高度理性化，即科学推销、心理学的研究、市场调查等渐次成为广告业的技术手段，从而为广告行业设立了准入门槛，使之与其他社会行业相独立。广告心理学的专业研究，甚至先于整个广告学学科体系的建立而首先得到发展。在威廉·冯特（Wilhelm Wundt）建立第一个现代意义上实验心理学的实验室不久，心理学家就把广告当作了一个专门的研究领域。20世纪初，已经有斯科特、闵斯特伯格等许多工业心理学家把广告作为自己应用心理学实验室的研究对象。[2] 李尔斯也指出，19世纪末以来，美国社会经历了实证哲学兴起和宗教大复兴，这些"现代性"事件的后果是使得整个社会告别浮华，日趋理性化。广告业成为狂欢痕迹仅存的社会行业，实际上也成为一种新的巫术和时代的宗教，其后果一方面使得广告自身难免不受到理性和职业化的推动，另一方面也反过来加速了宗教的世俗化。[3]

在20世纪早期，广告心理学的研究几乎与广告伦理学泾渭分明。广告心理学家自然可以研究广告如何干预消费者的心理活动，如何促成消费者的购买行为。这种研究既不讨论广告所宣传的商品或者服务的自身价值，也不探讨这种干预对于消费者来说是否是"道德"的。但广告业要想在一个讲求诚实和诚信的新教国家长久立足，还必须在伦理学上对自身的合法性进行论证。一时间，广告与道德问题、广告伦理问题的讨论甚嚣尘上，广告心理学

---

[1] ［美］杰克逊·李尔斯：《丰裕的寓言——美国广告文化史》，第195页。
[2] 祝帅：《心理学、经济学与早期中国广告学的发生》，《广告大观（理论版）》，2010年第5期。
[3] ［美］杰克逊·李尔斯：《丰裕的寓言——美国广告文化史》，第109页。

与广告伦理学，成为早期美国广告研究数量最集中、成果最突出的两个领域。这从早期中国对于美国广告研究的译介中也能看出一二：在被视为民国大百科全书和各学科新知交汇的平台的《东方杂志》上，在1918年前后出现得最早的两篇有关广告的文章，竟然都属于广告伦理学的范畴。一是程景灏的译文《广告与商业道德之关系》，另一篇则是署名"科学"的作者原创的文章《广告与道德》。无独有偶，留学美国的孙中山哲嗣孙科，1919年在乃父创办的《建设》月刊上发表了《广告心理学概论》这篇长文。而整个20世纪上半叶中国编译出版的广告学著作中，除了一般介绍性的《广告须知》（甘永龙编译，商务印书馆出版）和刘葆儒、吴铁声、朱胜愉等汇编自多种著作的《广告学》一类教科书，余下仅有的两部译作的题目均是《广告心理学》（原著者分别为美国人斯科特和日本人井开十二郎）。而在当时大量出现的《广告学》教科书中，许多也设置了"广告与道德"的章节。[1] 如此，广告心理学与广告伦理学的著作在20世纪上半叶的相伴相生、相互制衡，也成为"前广告学"时期的一道亮丽的景观。

这种论证在早期不可能体现为规范成熟的法律体系和社会监督对于广告的"他律"，而只能体现于广告行业的"自律"。在追溯这一行业根源的时候，李尔斯提出，美国广告业从一开始就完成了行业自律，与基督教"后千禧年主义"在当时的广泛传播有密切的关系。"同信仰千禧年后论（译著原文如此——引者注）的新教徒一样，广告职业人也坚信，在经济增长和道德进步的机械过程中，他们扮演着至关重要的润滑作用。"[2] 基督教"后千禧年主义"是一种关于末世的论调，由于《圣经》本身涉及末日论述的几卷经书——无论是《旧约》中的《但以理书》，还是《新约》中的《马太福音》《帖撒罗尼迦后书》《启示录》——都没有清晰交代"千禧年"与"基督再来"的前后顺序问题。以至于有的神学家主张"前千禧年主义"，认为基督再来设立审判台审判信徒之后，千禧年才会到来，千禧年之后还有一次更大范围

---

[1] 祝帅：《中国广告学术史论》，北京：北京大学出版社，2013年，第155—158页。
[2] ［美］杰克逊·李尔斯：《丰裕的寓言——美国广告文化史》，第115页。

的"白色大宝座"的审判；有的则主张"后千禧年主义"，认为千禧年过后基督才会再来设立审判台；还有的神学家主张"无千禧年主义"，认为当下的教会所经历的就是一种比喻意义上的"千禧年"。李尔斯指出，20世纪在美国基督教中流行的是"后千禧年主义"，持这种思想的人们认为只有在经济增长、道德进步之后，基督才会再来。换言之，如果社会道德没有伴随着商品的极大丰盛而得到提升，那么耶稣基督的再来还会再无限推延下去，这显然是包括广告人在内的忠诚的清教徒们所不愿意看到的。

不宁唯是。广告业要发展，仅仅靠"艺术"的归属与"伦理"的制衡似乎还是有局限的，广告只有归入商业范畴才能确立自身在经济格局中的重要地位，对此李尔斯似乎有所忽视。其实，广告与艺术之间的这种互相纠葛要一直到20世纪20年代，才出现了广告史上第一批划时代、改变讨论范式的历史人物，他们开始正视广告中的商业问题并加以研究，使广告在通过"艺术"正名之后迅速摆脱掉这根拐杖从而得以进入商业领域，做出了无比重要的历史性贡献。其中，以霍普金斯为代表。广告史之所以把霍普金斯称作"划时代的广告人"，并不仅仅是因为他写出了《我的广告生涯》《科学的广告》两部经典的著作，且后者是大卫·奥格威最为推崇的书，将其列为自己为奥美员工开列的书单的第一位，称"任何人只有读这本书7遍才能开始做广告"；更重要的是，霍普金斯在目睹了广告艺术化潮流之后提出"广告只是推销术"。霍普金斯的主张，丝毫不回避广告是一种推销，而不是艺术，宣称艺术只能为推销目的提供服务，而不是突出自身。他所强调的广告的科学性，指的就是利用心理学、市场调查等技术手段来达到广告推销、说服的目的。这在极大程度上扭转了此前相当长一个时期内人们关于广告是一种艺术的看法，加速了广告人和广告行业的独立进程。

霍普金斯隶属于罗德托马斯（Lord & Thomas）广告公司（今FCB），先后与他在这所广告史早期最重要的广告公司中共事的人还有阿尔伯特·拉斯克（Albert Lasker，一译拉斯克尔，著有《拉斯克尔的广告历程》，他也是著名医学奖项"拉斯克奖"的创办人）和肯尼迪（提出"广告是印在纸上

拉斯克（1880—1952）像
（图片来源：维基百科）

的推销术"），他们三人共同被称为广告史上的"理性推销派"。与霍普金斯同时的，还有主张情感氛围的"感性推销派"，但无论是哪一派，都是基于生产者本位，强调以产品为中心。两派主张虽然没有明显的对立，但一直要到大卫·奥格威的时代才真正调和在一起。奥格威一方面坚持广告的作用是推销商品，否则就不是做广告；另外一方面又有着出色的人格魅力和艺术品位，为广告创意的专业化进程做出无可替代的推动。但奥格威所处的60年代注定扮演的是一种集大成者的角色，而不似早期广告人那种筚路蓝缕般的在合法性的边缘生存。无论如何，霍普金斯和他同时代的人树立了这样一座路标，那就是把广告视作艺术的附庸的时代已经一去不复返了，广告从此得以一种真正独立的姿态，登上了20世纪的商业乃至学术的大舞台。

结　语

从表面来看，广告与宗教似乎是两种格格不入的东西。一个急功近利，另一个却教导人远离世俗。但是，李尔斯在《丰裕的寓言——美国广告文化史》中却创造性地将宗教与广告两个事物联系在一起，提供了关于对于美国广告文化史滥觞期的一种宗教视角的阐释。现代广告文化为何能够在美国这样一个由清教徒建立的国家生根发芽？宗教文化在哪些层面潜移默化地渗透进了广告业？广告业又反过来在多大程度上影响了美国宗教的世俗化？对于这些问题的回答，既是对韦伯《新教伦理与资本主义精神》一书中的问题的逻辑的发展，又是对于广告史研究向着宗教文化的深层次的延伸。尤其难能可贵的是，李尔斯作为历史学者、文化史家对于广告研究的积极介入给我们提供了一种新的广告史研究框架，即广告文化史研究的方法及其可能性。这个框架既不同于以往就广告谈论广告的陈旧的广告史研究进路，也不同于以往的文化研究脱离广告业本体谈论广告符号，或者仅仅把广告当作一种历史研究的史料的误区。当然，李尔斯并不是广告专业领域的研究者，《丰裕的寓言——美国广告文化史》一书叙述时间段过长，大量冗余的细节反而使得该书对最精彩的主题和观点的论述反而不够集中，在广告史本体叙述方面还有许多重大的遗漏，在论述美国广告文化起源的时候也还存在着许多缺环，本章即是对其相关思路的一种延伸和补正。

已经有研究者指出消费文化研究正在变得越来越历史化的趋势。李尔斯作为历史学家介入广告研究，只是这一大的潮流的具体体现。"有越来越多的历史学家和社会科学家将他们的关注点转向消费文化的历史"，斯蒂芬·密尔斯（Steven Miles）这样写道，"尤其是研究者们已经注意到百货商店、大型购物商场、广告、商品展架、游手好闲和看而不买者、收藏、休闲海滩、化妆品、时尚服饰、汽车、鞋以及商品拜物教其他方面的兴起"。[1]

---

[1] Steven Miles, Alison Anderson and Kevin Meethan, eds., *The Changing Consumer*, London: Routledge, 2002, p.153.

李尔斯对于美国广告文化史的研究当然也在斯蒂芬·密尔斯所列举的参考文献之列,他也许契合了"新史学"特别是"新文化史"关注日常生活的范式转型,反映出一部分文化史学者在当今学术潮流中转向物质文化研究的某种共同趋势。与此同时,对于广告学而言,李尔斯为广告史研究提供了一种新文化史的方法并加以积极的示范。长期以来,广告史作为广告研究中的重要组成部分并没有在学术界得到大规模的实践,有关广告史的研究方法的提炼和总结也往往囿于文学史和艺术史的一般方法,而缺乏介入广告实务的有效渠道。难能可贵的是,作为一种"广告文化史"研究进路范式开创者,李尔斯及其学术思路的原创性毫无疑问能够给广告研究者以多方面的启发与思考,也能在很大程度上在整个人文社会科学领域中证明广告作为一种研究对象所蕴藏着的巨大的学术潜力。

第三章
从广告文化研究到广告文化史

在本章中,笔者拟以综论的方式对 20 世纪广告文化研究理论基础与研究范式进行归纳与评介。需要说明的是,本章不可能涵盖全部的广告文化研究著述,但同时又把一些并非直接针对广告的一般文化研究成果纳入论述之中。这是因为如同斯坦因·U. 拉尔森(Stein Ugelvik Larsen)所看到的那样:"在社会科学中,就像在所有科学领域一样,关于各学科理论地位的不同方面常产生分歧。……即便如此,总是存在着广泛赞同的看法,即理论在课程中应占有显著的位置。若不牢固地掌握理论,方法论的其他方面就可能显得相当浅薄。"[1] 本章的目的,正是基于广告学作为一种社会科学的定位,从更加宏阔的学科视角中提炼并总结广告学的基本理论问题及其与文化研究交叉的理论进路。

一、法兰克福学派与伯明翰学派

法兰克福学派起源于法兰克福大学社会学研究所,该所于 1923 年在德国法兰克福建立。1931 年,此后流亡瑞士和美国的霍克海默出任研究所所长。1933 年,以写作反对现代性和工具理性的名著《单向度的人》的马尔

---

[1] [挪威]斯坦因·U. 拉尔森主编:《社会科学理论与方法》,任晓等译,上海:上海人民出版社,2002 年,第 1 页。

库塞加入。1938年，阿多诺加盟，至此，法兰克福学派形成"三驾马车"之势。至于本雅明，虽然被看作法兰克福学派的先驱，与研究所成员保持着亦师亦友的关系，但其本人并不是研究所成员。法兰克福大学社会学研究所成立于两次世界大战之间。在战时，其主要成员都流亡美国，远离德国本土战场，他们仍然可以进行思考与写作。而同时期在德国成立、在建筑史与设计史上同样形成学派的包豪斯学院没有迁到美国，无论其校址在魏玛还是迁至德绍、柏林，最终都难以避免被希特勒纳粹政府于1933年关闭的命运。这样看来，法兰克福大学社会学研究所又还是幸运的。

论及法兰克福学派与广告研究之间的关联，不可能不追溯到法兰克福学派的先驱本雅明。本雅明在《机械复制时代的艺术作品》中提出了"灵韵"的概念，并对"在机械复制时代凋萎的东西正是艺术作品的灵韵"而忧心忡忡。[1] 作为本雅明的弟子，阿多诺则在《启蒙辩证法：哲学断片》中把这一批评应用于更广阔的艺术门类。《启蒙辩证法：哲学断片》是阿多诺与霍克海默的合作成果，但其中关于美学和文化工业的部分无疑出自阿多诺。广告即是这样一种艺术作品：广告作为现代社会中的重要艺术门类，其实是以消解艺术作品的灵韵为代价的。人们接受、欣赏着这样一种扁平化的艺术，不啻一种倒退。在阿多诺看来，现代工业的启蒙的本意是让人们获得解放，结果变成了一种新的控制，即丧失了审美的批判性和革命性，从而迎合一种现代社会的平均美："不管是在权威国家，还是在其他地方，装潢精美的工业管理建筑和展览中心到处都是一模一样。"[2] 这是启蒙的悖论，也是启蒙的阴谋。只有寻求真正的理性（真理），用以取代已经被异化的工具理性，人类才能迎来真正的进步和解放。

法兰克福学派建立在马克思主义的理论基础之上。但与经典的马克思主义不同，法兰克福学派常常被划入"新马克思主义"或者东欧、亚洲学者所

---

[1] [美]汉娜·阿伦特编：《启迪：本雅明文选》，张旭东、王斑译，北京：生活·读书·新知三联书店，2008年，第236页。

[2] [德]马克斯·霍克海默、西奥多·阿道尔诺：《启蒙辩证法：哲学断片》，渠敬东、曹卫东译，上海：上海人民出版社，2003年，第134页。

说的"西方马克思主义"阵营。正如同国家社会主义不能等同于社会主义，把新马克思主义等同于马克思主义也是一种危险的"望文生义"。在正统马克思主义看来，新马克思主义不啻一种异端，但这个异端毕竟与正统学说有共同点。除了共同重视经济基础对文化、艺术等上层建筑的决定性作用之外，在批判资本主义社会这一点上也可谓异曲同工，但也存在着诸多对立与差异，而这些都是法兰克福学派广告文化研究的重要背景。

其一，马克思主义带有鲜明的历史目的论色彩，尽管这一点曾受到弗里德里希·哈耶克（Friedrich Hayek）等人的诟病，即认为历史发展是有规律可循的，资本主义是历史发展的必然社会阶段；而新马克思主义则旗帜鲜明地反对现代性。因此，尽管马克思主义和新马克思主义都承认现代性（启蒙）是不断发展的运动进程中的一个必然阶段，甚至认为启蒙是一项未竟之业（如哈贝马斯），但显然新马克思主义所处的时代背景让他们更加警惕于启蒙的阴谋——通过启蒙实现的并不是人类的解放，而是工具理性（这个词是社会学家韦伯所使用的概念）对人性的重新禁锢。在法兰克福学派的代表人物（如马尔库塞）看来，启蒙导致了启蒙的反面，文化被异化为工业生产流水线上的"文化工业"，而人类也已经被异化为"单向度的人"。需要说明的是，在法兰克福学派这里，"文化工业"（culture industry）绝对是一个负面的批评性概念，它的含义与今天一些国家和政府所提倡的"文化产业"（cultural industries）风马牛不相及，可谓差之毫厘，谬以千里。[1]

其二，在研究方法方面，新马克思主义者也面临着与自从孔德以来兴起的实证主义方法对话的语境，从而不同于马克思主义的纯粹理性思辨。在马克思的时代，社会学尚未从哲学中独立出来，因而还没有形成实证主义的研究方法论体系。但是在新马克思主义者这里，实证主义作为一种时代思潮已经出现于社会学甚至哲学的研究之中。作为哲学家的彼得·温奇（Peter Winch）批判过这种社会科学家的自诩："曾经有一度，在哲学和自然科学之间并不存在明显的界限，但由于17世纪自然科学取得的长足进步，这种

---

[1] 祝帅：《"创意产业"的形成与建构》，《广告大观（理论版）》，2008年第1期，第54—59页。

局面已经改变。……如果我们想要取得某些显著的进步,那么首先我们就必须要遵循自然科学的方法而不是哲学的方法。"[1] 与之相类似,以法兰克福学派为代表的西方马克思主义者,也与逻辑实证主义和科学哲学的代表人物展开了争论——前有霍克海默与维也纳学派、阿多诺与卡尔·波普的对话,后有哈贝马斯对于实证主义方法论的批判。[2] 总体说来,法兰克福学派对于实证主义的机械决定论和技术异化论,对经验事实和价值情感之间的对立的夸大,以及对实证主义的假设——可以像研究自然科学和机械一样来研究活生生的人和社会——有严厉的批判,而这种批判最终在某种程度上为社会科学所接纳。在作为社会科学的广告研究中,批判研究方法得以与定量、定性的实证研究方法并存,就得益于法兰克福学派的贡献。

其三,与马克思时代的社会语境不同,新马克思主义诞生在两次世界大战之间、纳粹政府执行反犹主义的法西斯统治之时,当时也是自然科学取得极大进展、逻辑实证主义哲学登上历史舞台之际。在实证主义赋魅的背景中,人们把自然科学的方法和范式当作普遍真理和人类认识社会的唯一方式,自然科学处于至高无上的本体论地位,其价值不容置疑。然而在批判学派看来,自然科学宣称自己是站在事物之外进行一种"客观性"的观察和研究,但对于身处其中的自身与社会,这种"客观"的观察永远是不存在的,无论是 20 世纪的量子力学还是马丁·布伯(Martin Buber)的对话哲学都揭示了这一点。自然科学声称的"信度"是建立在一般性的基础上的普遍的观察,但人文学者的依据是世界上不存在两片完全相同的树叶,每一个个体的价值都是独特的,所谓普遍性很可能只是美好的逻辑假设。如同社会科学家詹姆斯·B.鲁尔所说:"我们的认识太缺乏确定性、太受环境的制约,而又有太多的其他因素干扰我们对事物的认识。我们的研究工作所最能确切地干的事是:尽量缩小在社会实践问题上的不无道理的

---

[1] [英]彼得·温奇:《社会科学的观念及其与哲学的关系》,张庆熊、张缨等译,上海:上海人民出版社,2004 年,第 1 页。
[2] [英]迈克尔·H.莱斯诺夫:《二十世纪的政治哲学家》,冯克利译,北京:商务印书馆,2001 年,第 56—58 页。

分歧。"[1] 这样看来，当时以法兰克福学派为代表的一批先知先觉者，作为对这种"启蒙"的欺骗性的掘墓人，也必然需要花费大量精力批判自然科学的方法论基础和价值观自身。

法兰克福学派以批判理论闻名于世，因此法兰克福学派常常被等同于"批判学派"。一般来说，人文学科和社会科学是两种不同的范式，其理论具有比较明晰的学科边界，尤其在 20 世纪上半叶更是如此。但批判学派却是整个 20 世纪中为数不多的在人文学科和社会科学学术史上都具有一席之地的流派。它的理论和方法兼及哲学与社会学。不但在社会科学的实证研究范式看来，批判理论是一种可以与定性、定量等实证研究方法并列的独特的社会科学研究方法；就连在人文学科这种非实证性的思辨研究范式看来，法兰克福学派也被视作一个和其他哲学学派并列的现代哲学史流派。[2] 批判理论作为一种兼顾了理论高度和研究方法可操作性的学派，在 20 世纪学术史上难能可贵，也为广告文化研究开辟了新的可能。

当然，法兰克福学派对于作为文化工业典型表现形式的广告，其态度总体上还是负面的、批判的，真正以一种平视的姿态来关注广告则肇始于英国伯明翰学派的文化研究（cultural studies）。与法兰克福学派基本上等同于批判学派不同，伯明翰大学当代文化研究中心（CCCS）虽然是文化研究的策源地，但无论就该中心的规模还是影响力来看，都还不能直接与文化研究画等号。客观地说，伯明翰学派是文化研究的开创者，但这一学派的影响力却借着世界各地（其中不乏大量第三世界国家）的学者的实践而发扬光大。即便如此，这一学派的开创之功仍应归于伯明翰大学当代文化研究中心及其早期主要代表人物理查德·霍加特（Richard Hoggart）、斯图尔特·霍尔（Stuart Hall）和雷蒙·威廉斯（Raymond Williams）等人。

法兰克福学派与伯明翰学派，在重视大众文化特别是广告、传媒这一点

---

[1] ［美］詹姆斯·B.鲁尔：《社会科学理论及其发展进步》，郝名玮、章士嵘译，沈阳：辽宁教育出版社，2004 年，第 282—283 页。

[2] ［法］居伊·珀蒂德芒热：《20 世纪的哲学与哲学家》，刘成富等译，南京：江苏教育出版社，2007 年，第 121—252 页。

上有很多的共性，但作为不同背景下诞生的两个不同的学派，其中的差别更大。法兰克福学派秉持一种精英主义式的启蒙的立场，面对文化工业时是一种俯视的姿态，而伯明翰学派则（至少在表面上）以一种不涉及价值判断的大众视角，对大众文化采取一种平视的姿态。在法兰克福学派那里，"文化工业"之"文化"是名词性的、作为研究对象的文化现象；而在伯明翰学派那里，"文化研究"之"文化"则是作为研究方法和视角的形容词词性。究其原因，这是因为两个学派分处两个不同的时代：前者诞生于20世纪上半叶的现代主义时期；后者则光大于20世纪下半叶的后现代主义时期。指出这一点，应该说有至关重要的意义。

关于"现代"和"后现代"是否有清晰的划分这个问题，在不同的领域内有不同的判断标准。其中，在视觉艺术、视觉文化研究领域，比较倾向于以时间作为划分两个时代的节点。对此有最清晰表述的是建筑界，建筑界把1972年7月15日日本建筑师山崎实设计的国际主义公寓被炸毁视作现代主义死亡、后现代主义诞生的标志。美术和设计界也约定俗成地把60年代观念艺术和波普艺术的诞生看作后现代的开端。[1] 不管怎样，后现代文化在60年代之后兴起也是一个不争的事实，随着"垮掉的一代"的出现，电子文化和广告、电影、摄影等新艺术形式开始在大众中间普及，并出现了一些艺术史上的经典作品、代表人物。这些文化从早年受批判的状态，转而对人民的日常生活产生影响。而这也应该看作文化研究学派兴起的重要学术背景。

与法兰克福学派一样，伯明翰学派代表的文化研究起初并不是作为传播学、广告学理论而建立的，但受这些领域中的学者所看重，对日后的传播学和广告学研究产生了深远的影响。不仅如此，伯明翰学派比法兰克福学派拥有更多的拥趸。尤其是在中国，文化研究自从20世纪90年代被当作当代西方学术主流引介到中国以后，很快就取代了80年代美学的显学地位。面对文化研究的热潮，有一些学者保持了清醒的头脑，怀疑这样一种"超级学

---

[1] [英] 斯蒂芬·利特尔：《流派·艺术卷》，祝帅译，北京：生活·读书·新知三联书店，2008年，第132页。

科"是否真的是一门学术。无论如何，时过境迁，今天重新审视文化研究，应该有许多新的定位。

然而，应该说，文化研究本身不算是一门独立的学科，而只是一个宽泛的研究领域。它首先指代的是一类研究对象。这类对象区别于传统人文学科所研究的经典文本，而是以往被认为通俗的、大众的文化现象，对这类文化现象的研究也不仅仅局限于某个特定的学科，而是从文学、史学、哲学、政治学、经济学、社会学、人类学、传播学等多种既有的学科出发，都可以形成不同角度的阐释。其次，文化研究也是指一种学术谱系，它上接法兰克福学派对于文化工业的批判，下启关于手机、互联网等新媒体文化及其产业的研究，左右又沟通起上述其他学科，在这样的时空坐标中形成了被称作"伯明翰学派"的独特学术脉络和所谓"跨学科"的特质。最后，文化研究还指向某种特定的思想立场和思维方式。当然，这种立场和方式并非人们所想象的那样是一成不变的，相反经过了复杂的发展阶段。尤其是对于各种被称作"亚文化"的文化现象的态度并非从一开始就完全采取一种介入的姿态，而是经历了一个从革命、批判到开放、接受的过程，只是在不同人物那里还有不同体现罢了。

需要指出的是，伯明翰学派的文化研究诞生有其独特的西方社会与学术的背景。和法兰克福学派一样，伯明翰学派最初的成员也都是马克思主义者。整个60年代，社会主义革命的思潮在各国蔓延，作为左派阵营中的精英，文化研究者充当着狂热青年们的导师。文化研究者研究底层民众的生活状态和文化形式，源于对以往的历史学、社会学、人类学研究忽视了底层民众的日常生活的不满。与此同时，在学术界，20世纪上半叶那种逻辑实证主义哲学和"语言学的转向"已经成为明日黄花。社会科学在日常生活中显示出越来越大的重要性，如同安东尼·吉登斯（Anthony Giddens）所看到的那样："尽管在20世纪后期有关知识性和实践性的问题可能会令人退缩，但它们无疑会在性质上超越所有的组织或机构。也就是说，他们都具有社会学的基本意义。现在，社会学视野对于整个社会科学和当代知识文化比以往任何时候都更为重要了。"[1] 相应地，传统意义上的文学批评和文学研究也开始从内部研究转向外部研究，亟待寻找新的理论资源。

以人类学为例，在研究对象方面，人类学和文化研究所面对和解读的，都是对于学院知识分子来说的"他者"或"异文化"，只不过人类学所处理的他者，往往是远在千里之外的另外一民族，而文化研究的对象则往往与研究者身处在同一城市之中。也正是由于在研究对象方面的共通性，使得在"人种志"或曰"民族志"这一共有的研究方法的汇聚点上，文化研究和人类学从最初各自为政的敌对状态走向融合，进而把人种志从一种研究古老的民间文化的特定方法引向对当代通俗文化和社群的研究中来。

就与哲学的关系来看，20 世纪以降，哲学从皇冠上的明珠退化为一个与其他学科并列的普通的学科门类。后现代哲学标榜"无中心""去权威"，"启蒙"更是被推下了神坛，福柯等思想家的工作就是在解构启蒙的权力。随着安东尼奥·葛兰西（Antonio Gramsci）提出的"霸权"，为瓦解统治阶级所塑造的精英文化、重视底层的亚文化建立了合法性的理论基础。而"意识形态"，这个被称作"意底牢结"（Ideology）的代表统治阶级利益的东西，到了路易·阿尔都塞（Louis Althusser）那里被用于"意识形态国家机器"这一提法。"对阿尔杜塞而言，意识形态既不是资产阶级社会的特定产物，也不是扭曲的交往，而是现存所有社会形态中必需的功能性特征。"[2] 这就意味着，在阿尔都塞看来，"国家机器"已经不再只是监狱、军队等暴力机关，而是包括政党制定的文化、传媒、宗教等在内的一整套社会制度和社会体系。文化力量，而不是军事力量，成了今天国与国之间竞争的核心竞争力。

同在左派阵营之中的文化研究者，对于新马克思主义者的这些叙述自然是有所继承的。所不同的是，与法兰克福学派的激进批判相比，伯明翰学派显得更温和并侧重说理，更加注重于"呈现"而不是"表态"。究其原因，

---

[1] [英] 安东尼·吉登斯：《社会理论与现代社会学》，文军、赵勇译，北京：社会科学文献出版社，2003 年，第 18 页。

[2] [英] 安东尼·吉登斯：《社会理论的核心问题——社会分析中的行动、结构与矛盾》，郭忠华、徐法寅译，上海：上海译文出版社，2015 年，191 页。

伯明翰学派在哲学理论的基础上又参酌了政治学、社会学、经济学、心理学的学术资源。其中尤其起到决定性作用的是文化人类学的研究。人类学的研究对象是作为"他者"的异文化，其研究方法是"田野调查"，这就要求研究者不能事先设定研究假设，尤其是不能抱持一种"上级文化"对于"下级文化"的优越感。事实上，文化人类学所从事的是一种更乡土的文化研究，而伯明翰学派式的文化研究者，只不过是把这种"田野"的经验对准身边的一些以往自己并不熟悉的"亚文化"群体。在这种研究过程之中，在"参与认同"和"间离效果"间保持张力，从而要求研究者保持一种中立的姿态。

相对于20世纪上半叶的法兰克福学派，20世纪下半叶的伯明翰学派式的文化研究，更加关心群体、经济等问题，在"效率"和"公平"之间建立联系，从而在后来的研究实践中演化出文化研究的各种流派。在关注弱势民族和弱势阶层的同时，"左"派的一些诉求，比如底层、劳工、人民等概念渐渐被偷换为商业、消费、大众。至此，文化研究也就真正包容并超越了左右之争。所以，今天仅凭一个学者从事的是广告文化研究，你已经很难把"左派""右派""民族""女权"这些标签贴在他身上了。无疑，这也为广告文化研究开辟了更广阔的天地。

伯明翰学派式的文化研究并没有穷尽广告文化研究的一切可能，在伯明翰学派之外，也还存在着其他意义上的"广告文化研究"。尤其是，在伯明翰学派终结之后，广告文化研究何去何从，这是一个性命攸关的理论问题。对于广告文化研究者来说，寻找和依附于一种怎样的理论基础，显然比阐释了哪些具体的广告文化现象更加重要。消费文化和日常生活审美化研究随之兴起。如果说法兰克福学派是一种现代主义的哲学流派，而伯明翰学派则可以被划入后现代阵营的话，那么应该说消费文化与日常生活审美化的研究在广告研究领域的兴起，则代表了后现代主义的时代过去之后，一种超越了现代主义和后现代主义之争的新的广告文化研究立场。

在中国，日常生活审美化的研究是一个带有某种本土化特色的学术范式。它起源于美学这个在中国80年代红极一时的领域。但随着80年代和90年代之交的社会巨变，美学热最终昙花一现。在这种背景中，美学学者追溯其源头，则要谈到 1985 年杰姆逊在北京大学的著名演讲"后现代主义与文化理论"。根据演讲整理而成的这本同名书，也是中国当时众多青年学子接触"后现代"的第一本读物。然而，杰姆逊本人却并非后现代主义者，而是马克思主义者，他的一篇长文《后现代主义，或曰晚期资本主义的文化逻辑》的书名清晰地显示出了这一点，把他作为后现代的代表人物可以说是一个历史性的误会。不过，杰姆逊也不辱使命，在演讲中他尽力掩饰了自己对于后现代主义的批判，以中立和客观的姿态对后现代主义文化理论进行了概论式的讲述，从而弱化了他的基本立场——后现代主义是晚期资本主义阶段的必然文化表征。

在书中，杰姆逊反复强调的一个主题，就是后现代文化作为对于结构主义的一种反动。因此，若想要了解后现代主义的文化，就必须首先了解什么是结构主义。结构主义作为一种文化理论，最初发源于语言学家费尔迪南·德·索绪尔（Ferdinand de Saussure）。索绪尔在《普通语言学教程》中曾经建构出三组对立的概念，"共时/历时""言语/语言""能指/所指"，其中，后面的一组词汇（历时、语言、所指）是对于现象的描述，而前面的一组词汇就是对内在本质即"结构"的一种揭示。索绪尔虽然不是一位哲学家，但在当时哲学正在经历着"语言学的转向"，所以他用来描述语言的理论，便上升为一种哲学中带有普遍性的理论，结构主义哲学、结构主义神学、结构主义语言学、结构主义人类学等也就应运而生。

然而，所谓"结构主义广告学"的提法鲜有耳闻。因此，结构主义必须经过一种简化才能应用于广告研究之中。索绪尔之后，在阿尔吉达斯·朱利安·格雷马斯（Algirdas Julien Greimas）等人的阐释实践中，结构主义发展为符号学，成为一种分析文本的普遍方法，自然也适用于广告。因此杰姆逊在演讲中说："人们都在探索这种广告形象是如何起作用的，广告符号学于是应运而生。……这是新近出现的一种研究领域，是很有发展潜力的，它与文化研究密切相关。"[1] 显然在杰姆逊的叙述中，"广告符号学"属于后现代主

---

[1] ［美］弗雷德里克·杰姆逊：《后现代主义与文化理论》，唐小兵译，北京：北京大学出版社，1997 年，第 222 页。

义而不是现代主义。不过从方法论上来说，广告符号学的方法论基础——符号学——却来源于现代哲学的代表性思潮结构主义；从研究的目的来看，广告符号学不是为了解读广告文本的修辞以达到审美的目的，而是通过广告获得解放，这一立场就是后结构主义，也是后现代主义的。因此，广告符号学显然不是一种遵循广告文本自身理路的亦步亦趋的解读，而是一种带有颠覆性的思想呈现方式，在某种意义上已超越了现代与后现代之争。

与此相联系的还有视觉文化研究。视觉文化研究既是伯明翰学派之文化研究的"题中应有之义"，也从另一个角度接续起了美学乃至艺术史学的学术传统。但从当今西方视觉文化和图像研究的范式来看，它并非艺术史的代名词，而是形成了比视觉艺术更宽泛的观照对象与方法。这方面的代表性著述还有迈克·费瑟斯通（Mike Featherstone）的《消费文化与后现代主义》一书。该书所倡导的消费文化和"日常生活的审美呈现"研究尽管贴上了后现代主义的标签，但在实际论述中同样摆脱了"现代还是后现代"的禁锢。这从费瑟斯通这本书中总是绕不开对杰姆逊的引用甚或批判中就可见一斑。作为一位社会学者，费瑟斯通却对日常生活审美化这个美学理论命题倾注了研究的兴趣和精力，这本身就是耐人寻味的打破学科边界的"后-后现代"（post-postmodern）立场。

其实，在费瑟斯通写作《消费文化与后现代主义》一书的时候（1990），后现代主义的高峰行将终结："在 10 多年以前的 1975 年 8 月，一家报纸则宣称，'后现代主义已经死了'，并且说'现在已经是后-后现代主义的时代了'。"[1] 并且，费瑟斯通对于后现代之弱点的独特观察，很可能就揭露出后现代理论和逻辑自身的一个致命弱点。在费瑟斯通看来，现代主义标榜"断裂性"和"反思性"（吉登斯语），从而与前现代文化分道扬镳；而后现代主义宣称的"现代主义已死"其实与现代主义对古典主义的反驳在方法论上并无二致。也就是说，后现代主义在理论上标榜的是现代主义的反面，即现代主义强调的结构被后现代主义者彻底否定，但同时在思想方式和思维方法

---

[1] ［英］迈克·费瑟斯通：《消费文化与后现代主义》，刘精明译，南京：译林出版社，2000 年，第 1 页。

方面却仍然继承了现代主义,即要求与前一个时代的"断裂"。换句话说,后现代主义之"后",很可能根本就是一次不彻底的量变而非质变,它反对了现代主义主张的具体内容,却沿袭了现代主义的"断裂性"这种思维方式本身。因此费瑟斯通看到,"事实上,那只是权威化的宏大叙事,戏谑性地解构它们的时期已经成熟"[1]。

  费瑟斯通并不认为现代主义和后现代主义,或曰艺术和日常生活的划分是本质性以及可以清晰界定的,他所提倡的消费文化研究,也就在这个意义上超越了理论论争的阶段。费瑟斯通的主张为基于后现代主义的广告文化研究建立了合法性,即人们对于日常生活的审美呈现本身的兴趣,远远超过了对这种研究属于"现代主义"还是"后现代主义"的关注,进而把视角汇聚于理论思想的穿透力和原创性本身。同样为广告文化研究提供了精神支持的还有法国思想家鲍德里亚的消费社会研究。在名著《消费社会》中,鲍德里亚综合使用了现代主义的批判和后现代主义的结构等方法,对包括广告在内的消费文化现象进行了"超越真伪"的后现代诡辩:"真相是广告并不欺骗我们:它是超越真和伪的,正如时尚是超越丑和美的,正如当代物品就其符号功能而言是超越有用与无用的一样。"[2] 这种论述在架空了现代主义价值判断标准的同时,也把广告文化研究进一步提升到形而上的层面。

二、媒介、影像与广告文化研究

  媒介的出现改变了历史,有关媒介与影像的研究也在近一个世纪以来到了一个高峰。尤其是近年来出现的新现象、新问题,既对研究者的知识结构提出了新的挑战,又使广告文化研究面临着难得的历史机遇。本节即是对近年来媒介与影像研究学术源头的历史回溯,对其当前存在的问题展开理论反

---

[1] [英]迈克·费瑟斯通:《消费文化与后现代主义》,刘精明译,南京:译林出版社,2000年,第13页。
[2] [法]让·波德里亚:《消费社会》,刘成富、全志钢译,南京:南京大学出版社,2001年,第137页。

思，并在此基础上提出学科未来发展的前瞻性建议。

20世纪末以来，"文化研究"曾一度以"后现代主义之后""当代西方学术的主潮"等名义被介绍到中国，并一度引发了文化研究的热潮。但时过境迁，今天在学术界谈论文化研究即便不算是明日黄花，但至少已经不复当年的热度。此后，人文学科领域的热点一度逐渐转向史学，对于中国来说，海外中国史学研究尤有一家独大的趋势。受此影响，在文化研究分出的诸领域中，文化史研究、文化人类学研究等却可谓热度未减，反而在当代学术背景中展现出新的生命力，而其中关于媒介与影像的研究在当代学术格局中的发展尤其引人注目。

不可否认，媒介的出现改变了历史，有关媒介与影像的研究也在近一个世纪以来到了一个高峰。媒介研究与影像研究均以文化研究为基本的学术范式。因此，要了解媒介与影像研究的学术源流，首先有必要从更加宏阔的学科视角中梳理、总结作为一种社会科学的媒介与影像研究的基本理论问题及其和文化研究交叉的理论进路，以及这种进路在中国的接受史。

媒介与影像研究的第一个源头是现代主义和后现代主义哲学。众所周知，文化研究是一个"超级学科"，其原因就在于它是在综合了现代主义和后现代主义两种学术资源之上诞生的。受其影响，当代的媒介与影像研究也具备这一学科资源方面的特征。从历史来看，在20世纪的西方，属于现代主义阵营的法兰克福学派、罗兰·巴特符号学、格式塔心理学，以及属于后现代主义阵营的文化研究、文化产业研究等，都奠定并形成了当代媒介与影像研究的学术范式和流派。从学科分布来看，历史研究的新文化史、人类学中的文化人类学、传播学当中的视觉传播和麦克卢汉学派的批判研究，美学中的日常生活审美化研究乃至自然科学和社会科学其他领域的进展等，也都为媒介与影像研究累积了方法和理论资源。

在文化研究中，现代主义和后现代主义的理论渊源，远非法兰克福学派到伯明翰学派关于文化问题的关注与传承这样简单。以传播学为例，众所周知，在西方，传播学专业在美国高校中正式建立之前，就已经有了施拉姆所谓的"四大学术源头"，而与此同时，密苏里大学、哥伦比亚大学等的新闻学专业也已经建立了起来。传播学学科正式建立之后，随着对不同学术源头的认可与接受，逐渐形成"芝加哥学派"和"哥伦比亚学派"两大主流学术范式，一个原因就是芝加哥大学有传播理论研究的学术传统，而哥伦比亚大学则有新闻实务研究的学术传统。芝加哥学派以研究象征互动论闻名，学术旨趣包括传播理论、修辞学，所使用的方法包括符号学、现象学等，更接近于人文学科；而哥伦比亚大学则主要研究大众媒体，特别是20世纪50年代之后广泛出现的电视媒体，学术旨趣涵盖新闻效果、公关、广告等，所使用的方法也是实证主义，更近似于应用学科。这就造成在北美学术界往往将"传播学"（communication）和"媒体研究"（media studies）划分为不同的领域，例如西北大学就同时设有"传播学系"和"Medill新闻学院"——前者研究语言修辞，后者侧重通过实证的方法研究新闻实务。两个领域、两种研究取向很难融合在一起，但都对媒介与影像研究形成有益的借鉴。

伯明翰学派的文化研究则是当代媒介与影像研究第二方面的学术资源。与法兰克福学派一样，伯明翰学派代表的文化研究起初并不是作为一种媒介文化、影像文化理论而建立的，但极其为这些领域中的学者所看重，对日后的媒介与影像研究产生了深远的影响。文化研究在这种背景中应运而生。应该说，起初文化研究是作为一个研究领域诞生于社会科学之中的。说文化研究是一个"超级学科"，既是因为伯明翰大学的当代文化研究中心起初是一个独立的研究所，后变为系，不隶属于任何上级院系，也是因为它所研究对象的复杂性。文化研究吸收了哲学、社会学、政治学等学科的资源，但最终又落脚于文学系、艺术系或者传播学院。因此，文化研究不单从属于任何一个学科，但又与很多学科有密切的联系。面对文化研究的热潮，有一些学者保持了清醒的头脑，怀疑这样一种"超级学科"是否真的是一门学术。

无论如何，文化研究并没有中国学者渲染得那么重要，也没有另外一些人贬低得那么廉价。时过境迁，今天重新审视文化研究，应该有许多新的定位。比如广告文化研究。长期以来，"广告学"成了以广告活动为对象，以实证方法为手段的营销传播效果研究的代名词,历史和文化研究一直为广告学所轻视,而文学、美学等领域的广告文化研究成果又往往很难进入广告学的视野。但文化研究的兴起让我们确信,对于广告现象进行批判是广告研究的"题中应有之义"。我们甚至有必要将文化研究、历史研究与营销效果等研究并列,作为广告学学科体系的重要组成部分和分支学科。这不仅是因为广告学专业视角的介入能够对广告媒介与影像及其背后的生产机制和传播方式提供更有针对性的分析,更是因为文化研究批判的视角和方法能够为应用导向的广告学研究提供自我反思的契机,以广告的社会效果对其营销效果提供一种必要的制衡,并促成广告学与其他人文学科的对话创新。这就是文化研究的用武之地了。因此,文化研究也成为后世媒介与影像研究的重要学术源头。

此外,当代媒介与影像研究的勃兴,还不应该遗忘由历史学提供的另一方面的学术资源。由于自然科学和社会应用学科的强势冲击,当今人文学科显示出某种衰落的景象。相对而言,史学研究领域特别活跃。这固然有新史料层出不穷这一可见的原因之外,更重要的是通过与学术前沿的对话,史学在不断地进行着自身的知识更新。当前史学研究还正在受到社会科学学术前沿的范式和方法的影响,史学研究的概念化和社会科学的实证化趋势,也在极大程度上影响了当今媒介与影像研究的走向。

传统意义上,包括史学在内的人文学科都是做文本研究的,只有人类学才从事文化研究。可以说人类学是文化研究的一个重要学术源头。这是因为人类学式的田野研究并不和文本打交道,其研究对象本身往往不能生产文本,所以只能通过参与观察的方法将其作为文化现象来研究。传统社会中文本的地位最高,只有精英才能生产。至于文化(包括视觉文化),则普罗大众都可以。例如,唐卡可以让没有文化的人看懂,而汉传佛教经典则必须有文化才能阅读。其实,早期很多的图像都是匠人创造的,从青铜器、石雕到墓室壁画都是如此,文人参与图像的创作是后来的事情。但现在,人们在当代社会中只看文字已感觉单调,进而才发生"图像转向"。

所幸的是,文化史的兴起,为当代史学前沿和文化研究两种资源在媒介与影像研究中的合流提供了土壤。特别是有关当代史的研究兴起后，文化史、文化研究在很多时候成为可以互相替换的代名词。文化研究/文化批评在某种程度上可以为文化史的研究积累素材和史料，甚至在学科特点上也受到了文化人类学、历史学的极大的影响。文化人类学、历史学的研究对象都是"他者"，如果说历史学是在时间上的他者，人类学就是在空间中的他者，只不过历史研究的提法和结论往往要比文化批评更加严谨罢了。这样看来，文化人类学和历史学的进展，也是今天媒介与影像研究的新兴的学术资源。

从媒介与影像研究在中国的发展情形来看，主要还是西方舶来的理论框架与中国现实问题相结合的产物，并没有产生和形成新的学术资源。20世纪90年代，文化研究之所以迅速风靡中国学术界，一个重要原因是90年代中国大众文化的迅速崛起与80年代的精英文化形成鲜明的对照，对此学术界亟需寻找阐释当代文化的新的范式和理论资源，这也使得伯明翰学派在当时比法兰克福学派拥有更多的拥趸和模仿者。文化研究自从20世纪90年代被当作西方学术主流引介到中国以后，很快就取代了80年代美学的显学地位，直到今天虽然仍有不少研究者，但至少退下了90年代那样的神坛。相对而言，其中"日常生活审美化"的研究是一个带有某种本土化特色的学术范式。它源于美学这个在中国80年代红极一时的领域。文化研究和日常生活审美化研究既有联系，也有区别。简单说，消费文化研究源自社会学学者，而日常生活审美化研究则源自美学学者。但这种区分在媒介与影像的研究那里并非十分明显，而且二者很快汇流，从而为20世纪末21世纪之初的文化研究提供了新的视角。

然而，从伯明翰学派开始，文化研究在中国的接受，就有把这门学科理想化、简单化、庸俗化的倾向。应该说，尽管文化研究的确是一个新生事物，但它在西方并不像很多中国学者所描述的那样，是"后现代主义之后"的"主流"和"显学"，至少没有形成垄断性的研究范式，吸引全部的文学、史学、哲学、社会学、传播学的学者都来加入它。一些中国学者并不了解这一理论学派的来龙去脉，仅仅认为它是一种研究亚文化、批判高雅文化的代名词，其背后学科诞生的语境和自身的理论构成也都被简化了。以至于在中国学术界出现了这样有意思的现象：只要研究对象不是高雅文化的，比如研究的领域是影视、广告、传媒、出版等，都敢于宣称自己是文化研究者，以至于在各种文化艺术的研究领域中都出现了一批"文化研究者"。这就给人一个误解，以为所谓的"文化研究"就是领域导向。其实，"文化研究"并不是在通俗的意义上使用"文化"一词，其理论有复杂的政治和社会背景，它与冷战密切相关，最初反映的也是某个特定阶级的利益诉求，而在很多中国学者的心目中这一切统统都被简化了。也正因此，以文化研究作为学科方法论基础的当代中国媒介与影像研究，在经过一番令人耳目一新的小高潮后，目前阶段也逐渐显现出一些"瓶颈"的景象。

首先，问题意识和理论视角高度重复。当前中国媒介与影像文化研究的著作，尽管研究对象多是民国这样的本土资源，但其主要理论和方法都是来自西方，缺乏原创性。

当代西方的学术研究，特别是历史研究，让中国当代学术界越来越认可了作为一个学术评价指标的"问题意识"。所谓问题意识，指的是学术研究不能停步于史料考据，而必须从史料中发现以往被人们忽视了的一些缺环，并在这些缺环中间建立因果联系。有些时候，这种问题意识来自研究者面对材料时的疑问和思考，但另外一些时候，也可以来自学术界某种现成的理论。有无问题意识现在越来越多地成为学术研究的一个重要评价范畴，然而这种问题意识是否具有原创性却常常为人所忽略。所以在媒介与影像研究中，有许多著作虽然有问题意识，但这些问题意识却缺乏原创性。也就是说，这些问题意识与既有的著作大同小异，只是作为研究对象的案例不同罢了。例如，很多媒介与影像的研究，都是套用了"民族国家观念的生成""视觉现代性的建构"等问题意识；有许多关于上海各种传媒、建筑、服装、广告的研究，都不外李欧梵《上海摩登》的考察视角。[1] 此时不管作者罗列的是什么材料，

---

[1]［美］李欧梵：《上海摩登——一种新都市文化在中国1930—1945》，毛尖译，北京：北京大学出版社，2001年。

这种研究的结论都已经先入为主，读来也缺少一种审美期待。

其次，在研究对象方面有高度的重合性，视角比较单一和局限。关注视角高度集中于印刷媒介和电影，对一些新兴的艺术门类本体，比如互联网、工业设计等，则缺乏足够的关注。然而，细细思考这些学科与当代文化的关系却是颇可值得玩味的。

在文化研究视角中，最不可忽视的领域似乎是文学。无疑，在文学作品中极容易呈现现代人的生存状况。这使以小说为代表的一类文学作品具有了较客观的纪录性，学术界近年来的"晚清情结""上海摩登（现代性）"以及通俗文学热等，都印证了小说作为史料的重要文献意义。但是必须指出，小说一类文体对于文化最重要的意义恐怕就在于上述这种文化史价值，它并不能够代表大众文化特别是当代文化的全貌。影视的情况和文学略有不同，然而仅有电影研究还是不够。以电影为视角进入文化研究的危险也正在于重新使大众文化退回到一个小众的圈子里，从而形成一种带有调侃意味的"解释学循环"。相反，比如互联网、工业设计等与日常生活关系更密切的媒介或影像的研究领域，或许由于其专业性太强，反而没有得到文化研究者的充分关注。

再次，在当代媒介与影像文化研究中，一种停留在作品、文本层面的静态研究的现象比较突出，而对影像背后的生产机制和生态环境缺乏揭示，没有体现出媒介和影像运行的生态。

以媒介和广告文化研究为例。当前的媒介文化研究，更多集中在各种媒体的不同特点，广告文化研究则侧重于分析广告中的性别、文化、身份认同等。但事实上，现代传播媒介的出现对广告行业的最大影响，却是广告代理制的出现，以及以代理制为标志的现代广告产业的诞生。[1] 对此媒介与影像研究领域的探讨却非常少。有关影视的研究也是如此。对于电影的镜头语言、美学风格、叙事结构等的分析和研究非常多，但是对于电影生产机制和传播方式等研究却相对被忽视。至于文化创意产业的研究，如果停留在静态的分析层面，不去引入经济学的思维和方法，更将造成负面的后果。近年

---

[1] ［法］热拉尔·拉尼奥：《广告社会学》，林文译，北京：商务印书馆，1998年。

来，随着各高校纷纷建立新闻传播学院，一些院校的影视、广告等专业从艺术类转入新成立的新闻传播学院，希冀随着学科归属和研究范式的转换，这一情况能够有所改观。

最后，在海外著作的选择、译介等方面缺乏严格的学术标准。

其实，在引进很多西方的著作时也缺乏时间和认识的经验，盲目翻译。目前出版的很多译自英文的文化研究的著作，如果是中国学者原创的作品，在没有出版资助的情况下，很难在中国获得出版的机会。理想地看，国内出版社在翻译出版海外文化研究著作时，应该选择那些重要作者堪称经典的重要作品加以引介才对，但结果是，很多英文世界的年轻学者新出版的专著在缺乏历史检验的前提下就被翻译了过来。其实，其中有很多著作学术上并无新见，甚至史料方面还有硬伤，但很多出版社在面对学术著作的出版时，针对中国本土学者的著作和外国学者的著作译本，有意无意地执行了一套"双重标准"，这背后很难说不是一种崇洋媚外的心态使然。

可以说，在文化研究热潮有所降温之后，媒介与影像研究在国内的文化研究和传播学领域中都形成了新的热点。但现有的成果还不足以穷尽媒介与影像研究的全部可能。对于中国学者而言，这个研究领域无论是在文化研究还是传播学界，都还有很大的空间。具体来说，对应于以上所提出的四个问题，目前学术界的媒介与影像研究已经初步展现出一些变革的趋势与可能。这主要体现为以下四方面。

第一，针对问题意识高度重复，缺乏原创性这个问题，应该把对媒介和影像研究的关怀角度从作为整体方法的"文化研究"转向具体的专业视角。

我们看到，以往的媒介文化研究和影像研究，主要来自文学界特别是文化研究领域的学者。他们关注的中心当然是把媒介和影像作为自己立论的一个重要论据，来反思媒介和影像的文化问题。但是近年来，媒介研究和影像研究渐渐形成了新的学科，这些学科逐渐从文学研究中独立出来，具有了自己独立的学术共同体和研究方法。就媒介研究而言，新兴的传播学科为它提供了许多新的理论、视角和研究方法，只是目前西方（尤其是北美）以实证研究为主流的传播学界也还没有充分注意到文化研究领域，媒介环境生态学、传播政治经济学这样的批判研究还显得比较边缘。[1] 就影像研究而言，美术史、考古学和设计学、影视学的学科建设与发展也提供了许多新兴的研究素材，这些专业的研究领域在建立起自己的学术理论范式的同时，也亟待与传媒、艺术等业界有深入的对话。如果此时传统人文式的文化研究不能落地于具体的现象阐释，就显得有些泛泛和外围了。

以广告研究为例。从全球范围来看，当代广告研究处在两种基本的对话语境之中：一种是广告研究与广告业界实务的对话，另一种则是广告学与其他人文社会科学的对话。如果说前一种广告研究主要由广告学界内部的专业人士来进行的话，那么后一种广告研究实践则主要是由把广告作为其观察和思考对象之一的其他学科学者来完成的。近年来，随着广告研究对于广告实务的解释力和主体性不断提升，广告学人也开始留意广告学作为一门学科在整个人文社会科学领域之中的地位。与此同时，广告学与业界的对话，也为广告的文化研究提供了许多前所未有的新视角。在这种对话的过程中，就有可能让文化研究突破那种传统的问题意识，提出具有原创性的理论问题。

第二，针对研究对象高度局限在影视和文学等领域，应该积极回应新技术、新问题，将各种新兴的技术和视觉现象纳入研究者的关注范围。

传统的文化研究，特别是媒介与影像的研究，与文学、影视等学科有天然的血缘关系，在一定历史时期内，这些学科和领域作为当时社会大众文化的典型代表，的确也凝聚了文化研究最辉煌时期的成就。不过，随着人类社会从工业社会迈入信息化社会，传媒环境也发生了剧烈的变化。我们的媒介环境从传统媒介到电子媒介，从大众媒介到互联网，再从个人计算机到移动互联，也给媒介和影像研究提供了许多新机遇、新挑战。这就要求突破传统的媒介和影像文化研究的对象，把研究对象和这些新现象、新问题结合在一起。

做到这一点，要求研究者突破自身的知识结构。传统的人文研究，不能适用于对当下现象的分析。例如关于媒介的研究，如果不了解一些媒介

---

[1] 祝帅：《"学术前沿"还是"理论旅行"——关于"传播政治经济学"介入设计研究的思考》，《新美术》，2017年第4期。

的技术、数据等，很可能在面对新现象和新问题时无所适从。再如医疗与健康产业的问题，如果不加上经济学、管理学甚至技术科学的维度，仅仅从外围进行反思，很可能无法切入问题的本质，失去文化研究作为一种思想理论的穿透力。未来的媒介与影像研究者，既要综合掌握文化史、文化人类学等人文学科以及传播学等社会科学的综合的研究方法，也要熟悉一些可能与媒介与影像研究交叉的新技术、新领域，这就对研究者的知识结构提出了很大的挑战。

第三，针对静态研究比较突出，没有体现出媒介与视觉现象背后的生产机制与传播方式的问题，应该加强研究方法的社会科学化，将实证研究的方法更多地引入对媒介、影像问题的关注与研究中来。

传统的媒介与影像研究，在研究方法方面，主要使用的是人文学科历史、理论、批评、思辨等自发的方法。这种研究方法在研究静态的影像、媒介事件和影视作品时是有效的，但面对产业、营销、传播、技术等问题时就显出局限性来。不同的研究对象对应不同的研究方法。以电影研究为例，在二十年前，人文研究方法对于影视研究来说是奏效的，但在今天，则必须引入实证研究方法。尤其是在互联网上有大量的数据，很多事实性的结论是需要数据的统计分析得来的，这时思辨的研究方法就不能够胜任研究的需要。

在当今国际范围内的媒介与影像研究中，实证研究越来越多地体现在传统的人文研究领域中。就媒介史研究而言，计量史学和事件史的方法开始得到越来越多的应用，而这些方法都是传统人文学者所不具备的，必须通过专业的学习才能够掌握应用的方法。在视觉影像研究方面，也有越来越多的医学仪器和医学影像学研究方法的介入。尽管从目前情况来看，种种新兴的、实证的研究方法还仅仅是一种补充而不是替代，但从学科发展的趋势而言，今后实证研究在媒介与影像研究成果中所占的比重将会越来越高。这种趋势已经在我国经济史等传统文科领域初步显现。

第四，针对海外译作翻译出版缺乏标准，过多过滥的现象，呼吁加强中国原创学术著作的出版，特别是提倡对本土问题、历史问题的研究，从历史中寻索未来发展的规律和智慧。

当前，媒介与影像的研究对象也体现出从全球化到地方化、本土化的趋势。有越来越多的汉学家开始关注东方文化现象，中国、日本等以往在学科格局中不占据主流的国家和地区的学者也开始发出自己的声音。近年来，中国的发展为全世界所瞩目，中国的独特问题和历史也开始得到研究者的青睐。就现实研究而言，传媒产业发展的中国模式、中国当代艺术现象等研究都为传媒与影像研究提供了新的可能性。就历史研究而言，中国新闻史、艺术史等也成为海外汉学热门的研究领域，有关中国书法的政治、外销瓷国际关系等现象，针对石涛、李叔同等艺术家的个案研究都一度形成研究的热潮。

与这种潮流相对应，史学研究当前也正在视觉与影像研究领域有所复兴，尤其是在海外汉学中，历史研究已经显示出一种优先性。受海外汉学的这种趋势影响，以往的文化研究多是理论建构，尤其是用一些已有的理论范畴和模式套用在视觉与影像的案例身上，但现在的趋势则是越来越务实，从文化批评走向了文化史的新阶段。这里的"实"既可以指向数据、定量的实证研究方法，也可以指历史研究的"无信不征"。因此，讲求理论落实于史料，回过头去向后寻找个案来探索媒介和影像的"古今之变"，也是未来媒介与视觉研究领域的另一个重要方向。在这个过程中，一些文化人类学的方法和理论，如民族志、普遍主义与特殊主义等自然也会得到越来越多的应用，一些中国本土、传统的媒介与影像研究对象和资源，也将成为未来新的学术增长点。

文化研究作为一个学科在整体上已经过了学术高峰期，但也正因此，此时来反思媒介和影像研究的进展与问题，恰好是一个合适的时机。具体来说，以伯明翰学派为代表的文化研究对媒介文化与影像文化的关注目前已经有消退的趋势，但关于媒介和影像的文化反思却将永远存在。只是对于追求创新的学术研究而言，这种关注的视角正在发生悄然而深刻的转变。面对当下现实中传媒与视觉环境的巨变，文化研究的学者也能够在及时更新自己的知识结构与研究方法的基础上做出积极的思想贡献。研究新现象、新问题，固然对研究者的知识结构提出了新的挑战，但是也有很难得的历史机遇。那就是新媒体、互联网等现象作为研究对象，在全世界范围内都属于新生事物，而且中国在相关领域的实践很可能是全球领先的。在这方面的研究，中国广告学者和全世界处在同一起跑线上，未来将有可能发出自己原创的声音。

三、文化经济研究与文化史

从全世界范围来看，当前广告文化研究仍然以广告文化经济研究和广告文化史两个领域为前沿不断开拓新的学术领地，从而试图与北美的经验研究、实证研究分庭抗礼。这里所说的广告文化经济研究，并不是指国内广告学领域目前方兴未艾的广告产业研究，而是文化研究的一种当代延伸。其源头要追溯到20世纪后半叶以来，来自英国伯明翰的"文化研究"一度占据学术界的主流，大有盖过后现代理论的势头。文化研究的学者从一开始就对广告、设计等问题表现出极大的兴趣，斯图尔特·霍尔等代表人物甚至还出版过关于索尼产品设计研究的专著[1]（然而令人不解的是，设计研究领域的学者对文化研究的热潮反应却出奇冷淡，似乎甘愿放弃这一难能可贵的学术资源以及与其他学科对话的机会）。这方面的代表人物之一，便是盖伊·朱利耶（Guy Julier）。

作为赫尔辛基阿尔托大学的设计领导力教授（Professor of Design Leadership）和前英国V&A博物馆当代设计研究员，朱利耶参与写作和编辑了很多当代设计学术史上带有范式性意义的著作。他曾是著名学术出版社Thames & Hudson"艺术世界"丛书"Thames & Hudson词典"中《1900年以来的设计》（*The Thames & Hudson Dictionary of Design since 1900*）一册的作者，其个人代表作《设计的文化》一书还曾于2016年由译林出版社出版中译本。虽然是象牙塔里的教授，但是朱利耶并不是一位古板的学者，他的写作风格也并不像很多西方学者写的实证研究论文那样干涩而八股

---

[1]　[英]保罗·杜盖伊、斯图尔特·霍尔等：《做文化研究——索尼随身听的故事》，霍炜译，北京：商务印书馆，2003年。

（cut and dry），相反，就像他从事研究的对象——设计本身那样，既保持了学院派的正统，又非常适合大众的阅读口味。因此，他的系列著作无论在设计圈内还是圈外都吸引了大批的读者。朱利耶在广告和设计学术史上的价值当然不仅仅体现在其行文的风格，更重要的是，他是一位连接起广告、设计和现代学术的重要沟通者。对于学术界来说，朱利耶所研究的对象当然是和大众生活紧密相关、在以往的学院内部乏人问津的设计，但对于设计界来说，朱利耶的学术范式和研究方法，却又体现出整个学术界的主流和前沿进展。有鉴于此，朱利耶通过《设计的文化》一书，既整合了文化研究领域的学者关于广告、设计等问题的研究框架和研究兴趣，又通过文化研究的理论和方法对广告和设计史上重要的作品和案例提供全新的解释，其引导设计学科范式转型的意义也就显明了出来。

这些年来，包括广告、设计等在内的整个艺术学科受到经济学的强势冲击，艺术院校纷纷建立新兴的专业或者学术机构，通过设计管理、艺术管理、文化产业、创意产业、广告产业、艺术营销、艺术经济等名目接入艺术、设计与经济的结合领域，从而力图回应业界的现实需求，也力图让文化研究通过自身的经济学转向而获得新生。学术界主流学科与学术风气的迭代并不是令人惊奇的事情，重要的是，作为交叉综合学科的广告和设计研究也应该及时更新自身，从而保持与学术界主流的同步与持续对话。

正因此，朱利耶于 2017 年推出了自己的新作《设计经济》，并将由北京大学出版社引进中文版权在中文世界中出版。[1] 与《设计的文化》一书所采用的设计案例分析的研究方法不同，《设计经济》一书把对于设计案例的呈现置身于世界经济史变化的大潮之中，力图让读者看到，设计风格的变迁本身也是其背后整个经济模式转换的一种呈现方式。朱利耶所谈不仅仅停留在设计管理、创意产业等操作层面，而是建立起经济学的宏大视野和全新范式。这种全新的阐释把已有的设计文化研究和设计管理研究融合在一起，包容并超越了这些具体的学科，提出了对讨论设计文化、设计管理等问题颇具启发

---

[1] Guy Julier, *Economies of Design*, London: SAGE Pulications Ltd., 2017.

的设计文化经济的研究视角。这种全新的阐释，与其说是经济学对设计学的改造，不如说把本来就是一个整体的经济学与设计史、设计文化等问题重新紧密联系在了一起。《设计经济》保持了朱利耶一以贯之的文风，让不懂经济学术语和模型的非专业读者也能轻松进入设计经济的世界。而对于专业的设计史论研究者，也可以从本书所使用的研究方法上获益。

从学术范式来看，朱利耶可以在研究方法上被划入批判研究的阵营。这是一个带有典型的欧洲色彩的学派。不同于北美实证式的经验研究，批判研究的主要研究方法来自于西方马克思主义的学术传统。这种研究方法对于数据、统计等技术性手段有所排斥，似乎与现阶段所流行的"云计算""大数据"等时髦话题格格不入，但在某种程度上，也正是这种思辨性的理论研究，才能穿透种种纷繁复杂的现象，洞察现象背后的发展规律和趋势。尽管朱利耶不是经济学家，他的著作还无法提出新的经济学理论从而在经济学领域中呼风唤雨，而相比较文学、传播学等批判研究领域的政治经济学研究，设计领域中的朱利耶也还显得孤掌难鸣，难以形成"学派"（school），[1] 但我们也不得不承认，正是这种突破了微观和个案层面的理论建构，才有可能把设计和历史、现实以及未来议题联系在一起，这让我们在对设计问题展开宏观的思考，形成清醒的判断与思想的同时，也看到了一种设计史和设计文化研究的新范式及其与整个人文社科的前沿领域开展平等交流与对话的可能性。

除了文化经济研究之外，文化史研究也在近年悄然兴起。

在中国，由于自然科学和社会应用学科的强势冲击，当今人文学科显示出某种"下世"的景象来。相对而言，史学研究领域特别活跃。除了新出土实物与文献层出不穷这一可见的原因之外，当前中国史学研究还正在受到国际汉学（海外中国研究）和社会科学这两个学术前沿的范式和方法的影响，西方汉学的概念化和社会科学的实证化趋势，也在极大程度上影响了当今史学（包括广告史）研究的走向。国际汉学为当今中国史学提供了"问题意识"这个新视角，在它的影响下，越来越多的学者开始表现出对"通史写作"的

---

[1] 祝帅：《"学术前沿"还是"理论旅行"——关于"传播政治经济学"介入设计研究的思考》，《新美术》，2017年第4期。

不满。与此同时，当今在中国高校中正作为显学的社会科学的理论与方法，也反过来对人文学科产生影响，越来越多的史学论文中出现的"研究假设"这一提法，就受到社会科学实证研究范式的影响。文化史的兴起，在某种程度上也正是受到上述两方面史学前沿进展影响的结果。

通过与学术前沿的对话，史学在不断地进行着自身的知识更新。但面对不断涌入眼帘的各种史学新著，广告学者除了一一细绎其内容、方法和理论框架之外，想要从总体上把握这股新史学潮流的特征则并非易事。这一方面是因为作为非史学专业的读者，不可能以追踪新出版的史学著作为己任，全面了解和把握各个领域内每一部史学著作的来龙去脉和前世今生；另一方面也不可能了解和掌握与文化史相关的每一门具体学科——如哲学、文学、社会学、人类学、艺术学——的全面进展。因此，通过局部和碎片化的阅读，尽管有可能对具体的著作进行文本细读式的深入精研，但作为广告史的专门研究者，我们关于史学的知识结构仍然是支离破碎的，不但无法把握这一部个别著作在整个西方当代新史学坐标中的定位，也无法窥一斑而知全豹式地了解整个文化史研究的脉络与成败得失。

所幸的是，彼得·伯克为我们做了这样一份梳理的工作。作为历史学家，伯克是西方文化史研究的主要参与者。但与其他参与者不同的是，伯克还是一位文化史的理论家及其学术范式的重要阐释者。他不但精研历史，还兼通人类学、社会学、哲学与文学理论。这使他自然地把文化史置身于更广阔的当代学术框架中来审视，他的著作可以让读者把关于文化史的零星的阅读经验与当代社会科学学术理论前沿迅速地整合在一起。更加难得的是，作者娓娓道来的语言，以及对每一部作为理论基础或研究范例的著作都如数家珍般地一语破的，让即使对文化史研究一无所知的读者也可以在一种轻松愉悦的氛围中对这些经典或新著进行一种"速读"，从而更好地把握文化史学科建构的方方面面。这都使得本书成为一本极其清晰的文化史入门和导论性著作。

在《什么是文化史》一书的导论中，伯克使用了文学理论中"内部研究"和"外部研究"的区分，其实也可以替换为两种意义上的"文化"。一种是人文学科所说的文化，也就是以往作为政治史、经济史附庸的旧文化史

(history of culture)之"文化",如美术、音乐、文学、建筑等。而另一种则是社会科学意义上的文化,即文化研究学派所说的文化,这是一个用来修饰"历史"的形容词(如 cultural history),它既是一种姿态,即把以往不受历史学家重视的内容加入学术研究之中;更是一种方法论,即悬置价值判断,研究这些以往不受重视的边缘领域时所通用的一种叙述方式和基本立场。

这就回答了这样一个问题:为什么文化史早已有之,如美术史、文学史、建筑史,它们为主流的史学家所不齿,但却在今天形成了主流?文化史起初属于专门史,这门学科诞生之初,历史系的人少有涉足,但 20 世纪以来文化研究和新史学的兴起,使得专门史从边缘进入主流,如艺术史等一些专门史领域,最终为传统的史学所收编。伯克的创造性在于,把这两种文化史联系在一起找出其学术史的定位,看到两者是互相关联,而不是互相对立的。因此,无论从哪个角度来看——或作为对于经典史学的一种反动,或作为冷战后整个人文社科领域对于文化的重视在历史学中的反映——文化史都是一种时代趋势。

尽管文化工业、文化研究、文化产业的理论线索都源自欧洲,法兰克福学派、伯明翰学派等也是起源自德国、英国,美国人似乎并没有跟随这股"文化"潮流——不但不提文化产业,甚至连文化部都没有——但文化史还是以迅雷不及掩耳之势风靡了包括美国在内的整个学术界。当然这不是指旧文化史。旧文化史所关注的文化——美术馆、博物馆里的名作——其实恰恰正是新文化史学者们所反对的。

相对而言,欧洲的文化史与美国的观念史、思想史等既紧密联系,又有所区别。文化史偏重于大众的、物质性文明的历史,如涂鸦文化史、流行音乐史;但思想史和观念史更侧重于精英的、抽象层面的分析。毕竟一般人也有文化,但只有学者才有"思想"。这或许与欧洲的博物馆传统有关,博物馆为历史学家提供了大量可供研究的"物质"素材,而这一心理惯性影响到文化史的写作,美国人则不具备这种物质文化的传统。作为后发展国家,美国史学更多是在精神层面上继承了欧洲文明的遗泽。

与东方传统史学(特别是中国的二十四史传统)的"日历""纪事本末"

乃至"编纂之史"不同，西方史学似乎从一开始起就提出了历史哲学的问题。在一些历史学家看来，历史问题同时也是哲学问题，关于史学理论的探讨早在文艺复兴时期甚至中世纪就已经兴起。相对地，东方史学家所看重的史料的发掘及其忠实的记录，则常常被认为只是学术研究的前奏。比如图像学和诠释学这两门学科，最初其实都是历史学家提出的历史研究方法。前者为美术史家的发现，而后者则是文学家（圣经批评学）的发明。但是在20世纪，诠释学从文学转为一个哲学范畴，而图像学在近来的视觉转向中也开始重新受到重视。

笔者的看法是，近年来，历史研究在整个国际范围内出现的"元史学""历史哲学"的倾向，既是历史研究发展到今天开辟新的学术领地所必须展开的一种实践，也是历史学家反思自身工作的意义和初衷的一种努力。若非如此，学术就变成了一种自说自话的逻辑游戏，既失去了对于历史事件的解释力，又失去了对于思想的穿透力。因此，在西方史学反思一度衰落的背景中，出现以赛亚·伯林（Isaiah Berlin）这样的思想史家（有思想的历史学家），其实正如徐景达（阿达）执导的动画片《超级肥皂》中所描绘的那个在一个全民素装的城市里衣着光鲜的小女孩一样令人羡慕。

近年来，受吉登斯、布迪厄等社会科学家的影响，"反思史学"与"史学反思"也成为史学界的热门话题。《历史学与社会科学》《历史学与社会理论》一类历史哲学著作也层出不穷。撰写《反思史学与史学反思》一书的王明珂说："我们生活在历史记忆造成的虚拟世界中而浑然不知"。[1] 无疑，史学家对于历史的批判与反思，与麦克卢汉所谓的"媒介即讯息"、苏珊·桑塔格（Susan Sontag）对摄影的批判，以及布迪厄对电视的批判，几乎如出一辙。由历史学家建构的历史，当然是来自于现实的历史事件所构成的情境。而这种历史也反过来左右我们的认识，并且影响到真实历史的发展。例如，世界上的人本来没有"左""右"之分，但通过历史学家予以追认，正是这种"贴标签"使得此后的左愈发左，右愈发右。再如，印象派画家并不

---

[1] 王明珂：《反思史学与史学反思》，上海：上海人民出版社，2016年，第5—6页。

知道自己叫"印象派",美术史家给了他们这个名字,并归纳他们的画法,尔后的印象派画家就都如此画画。

　　历史学与人类学的关系,在过去恐怕也从未像今天这样紧密。正是在关心"他者"这一点上,历史学与人类学有相通之处。这两个学科都在建构一种想象:只不过一个是对于时间的想象,另一个则是针对空间的想象罢了。时间上的他者,是异时代;空间上的他者,就是异文化。有意思的是,历史学家总希望与异时代拉开历史距离,才有所谓"客观评价";而人类学家却总要介入这种异文化之中,才能做到所谓的"深描"(克利福德·格尔茨 [Clifford Geertz] 语)。

　　应该说,历史研究的对象距离今天的年代越近,它也就越接近于社会学和人类学。比如当代史的研究,与其说这是一门利用史料来进行的历史研究,毋宁说它本身也是研究者利用自身的田野经验来进行的社会学和人类学的研究。如果所研究的对象只是身边的事物,那就是社会学式研究;而如果所研究的是空间上有一定距离的当代史,则可说是人类学式研究。这也是所谓的"本朝史观"往往总被从事历史研究的人视为史学之外的一种另类事物的原因。

　　正因此,从事当代史的研究与从事社会学/人类学等社会科学取向的研究有一门共同的技术:访谈。只不过这种研究技术在社会学/人类学中,叫作"深度访谈",而在历史学中则被称为"口述历史"。但研究对象越古老,则历史学与人类学的区分也就更加明显。至少,只要间隔百年以上,就不可能采取"口述历史"来进行研究了。更遑论对于上古史、史前史的研究,本来资料就极其有限,谈何历史事实/历史建构的区分?

　　相关问题也为王明珂所关注。只是,王明珂说的"在文献中做田野"到底有多大的可能性?其实,韦伯就是一位在文献中做田野的社会学家。但是,在文献中做田野如何可能?既然"文献"已经不是客观的了,文献之中又怎么可能有真实的"田野"?人类学家标榜的是"亲历亲见",而历史学家则只能"如是我闻"。不过,要知道后现代人类学早已宣告,异文化的真相也是不可知的。无论是"文献"还是"田野",今天都更像是麦克卢汉笔下的媒介，是经过了"编码"和"解码"的。因此，旧史学诉诸的是一种客观的真实性，而现代的新史学则诉求于一种逻辑上的合理性。在今天，史学家所处理的研究对象既包括关于过去的"知识"，也包括知识生成的过程、逻辑和获得这种知识的方法。王明珂用"表象"和"本相"来区分历史著作建构的世界和真实世界的原本面貌。[1] 然而，"本相"是无法确知的，甚至根本就是不存在的。

除此之外，文化史等新史学和传统旧史学的区分还体现在研究对象和研究内容方面。所谓"旧史学"，可以概括为帝王将相才子佳人的历史；而后现代所谓的"新史学"，则把研究焦点转向社会边缘的小人物、小物件和看似寻常的小事件。"文化史"也就应运而生。特别是有关当代史的研究兴起后，文化史、文化研究在很多时候成为可以互相替换的代名词。文化研究/文化批评在某种程度上可以为文化史的研究积累素材和史料，甚至在学科特点上也受到了人类学、历史学的极大影响。毕竟，文化史的兴起也与历史研究"人类学转向"的后果息息相关。如前所述，人类学、历史学的研究对象都是"他者"，如果说人类学是在空间上的他者，历史学就是在时间中的他者。不过，历史研究的问题和结论往往要比文化批评更加严谨。

在文化人类学研究中，有所谓"文化特殊主义"和"文化普遍主义"之争。这也是人类学对于文化研究（广义的 culture study，而非狭义的 cultural studies）的最大贡献。既然在时空性质上历史学与人类学具有可比性，那么历史学研究中是否也存在着主张古今不可通约、每个时代都有其无法替代的独特价值的"特殊主义"，与强调一种绝对的历史进步观、进化论和目的论、借古开今的"普遍主义"之区分，也应该成为文化史研究的"题中应有之义"。

不过，文化人类学研究的主要是"物质文化"，比如功能主义人类学奠基人布罗尼斯拉夫·卡斯珀·马林诺夫斯基（Bronislaw Kasper Malinowski）的研究。只不过同是物质文化（比如服饰）研究，老一辈的功能主义者关注的是其款式、色彩背后的功能性因素，而新一代的学者则往

---

[1] 王明珂：《反思史学与史学反思》，上海：上海人民出版社，2016年，第77页。

往更关心其审美和作为符号价值、社会价值的象征属性。即便是彼得·温奇这样旨在发现服饰背后的"社会规范"的当今人类学家，其实仍然未能脱离马林诺夫斯基式功能主义的理论窠臼，而只是引入了一些新的概念和理论范畴。他的特殊之处在于，既看到了传统的功能性对于服饰的决定性影响，又反过来看到服饰如何通过社会记忆来建构了所谓的"功能"。在这一点上，人类学再次和历史学结合在了一起。

然而，与关心物质文化的人类学相比，文化史研究的另外一个理论资源——狭义的伯明翰学派式的文化研究所关注的文化是非物质性的。或者说，"文化"在文化研究学派这里不是一个研究对象，而是一种方法，即以一种非物质文化的方法来观察、审视当下的社群。文化在人类学、历史学中有相对清晰的界定，但在伯明翰学派和法兰克福学派那里则没有。原因是，作为名词的文化（culture）是历史学家和人类学家的研究对象，而作为形容词的文化（cultural）则是一种视角和分析方法。在这个意义上，人类学家所进行的是名副其实的文化研究，而伯明翰学派、法兰克福学派进行的则是一种非物质化的、文化性的对于社会现象的观察。

与传统的历史学家不同，人类学的研究对象只能是大众而非精英。伯克看到，"20世纪60年代，大众文化史与文化研究几乎同时兴起。文化研究是对一种批评作出的反应。这种批评主张：无论是中小学还是大学，都把重点放在传统的高雅文化上。它也是对一种需要作出的反应，即需要理解这个充斥着商品、广告和影视，并且不断变化着的世界。"[1] 从功能主义人类学家马林诺夫斯基的《文化论》开始，人类学家就已经关注到了物质。但物质文化又有两种。一种是体现为具体物品、设计的文化样式，如服饰、用具、商品、包装、广告等；另一种则是体现为精神层面的消费文化理念。前者是可见的，后者是欲望、符号、权力等。它们不可见，但又与物质密不可分。因此，文化史家借鉴了文化人类学的表述，又在很大程度上突破了文化人类学所谓"文化研究"的视野。

---

[1] ［英］彼得·伯克：《什么是文化史》，蔡玉辉译，北京：北京大学出版社，2009年，第21页。

因此，文化史的兴起，与历史学和人类学（主要是文化人类学）的联姻有关。人类学家将自己的田野经验整合进历史研究之中。抑或是，人类学反过来受到了历史学这股新趋势、新进展的影响。这是因为，无论人类学家如何对自己的田野研究的对象有一种"理解之同情"，他们也还是常常难以摆脱一种居高临下的研究者的姿态，而无法真正融入所研究的群体。这一点经常受人诟病，因而人类学经常向同是研究"他者"的历史学请益。无独有偶，不同于传统的史学、文学、哲学，人类学家所处理的对象，往往是一些无足轻重的小人物。因此在这个意义上，将后现代史学从宏大叙事到小历史、文化史的倾向描述为一种"历史研究的人类学转向"，并无不可。

《什么是文化史》一书不但论述了广告与文化史发生关系的两个层面（一个是19世纪以来广告业的兴起加剧了人们对于"形象"的观念和感知，为历史研究提供了"图像证史"的可能性；[1] 另一个是广告本身就是文化研究意义上不同于高雅艺术的大众文化），还建构了一个以文化史研究为中心的当代学术前沿的图景，广告研究者不难在其中找到广告史研究的定位。历史学家不是未来预言家。因此，伯克对于现在已然有些泛滥的文化史研究的未来并没有做出预言，而只是审慎地提出了几种可能性。但伯克也并没有对文化史的未来表现得忧心忡忡，那是因为文化史的"文化"本身具有的多样性。只要人们对于文化的兴趣不绝，文化史就不会幻灭。

一方面，伯克认为，旧文化史被传统的历史学家剔除出"艺术之宫"，本身就是一个很大的错误。今天的新文化史又不同于旧文化史，它在史学这门学科之外，又整合了许多当代的学术前沿作为理论资源。当然，其中最重要的是文化研究和文化人类学。但关于当代文化的具体知识——比如研究广告所需要的心理学、营销学背景——也成为新文化史家的基本学术训练。当然，新文化史又不只限于文学艺术（特别是精英文学和高雅艺术）的历史，它本身是一个庞大的家族，广告当然也在其中有一席之地，但这个家族共同反映出的是不同于旧史学的趋势——研究对象从精英转向大众，从历史事件

---

[1] ［英］彼得·伯克：《什么是文化史》，蔡玉辉译，北京：北京大学出版社，2009年，第102页。

转向日常生活，从杰出人物转向社会群体。因此，以文化史之名，城市史、身体史、物质文化史、视觉文化史、心态史、广告史等渐次兴起。

另一方面，广告作为大众文化的一部分而受到文化研究的持续关注。由于文化人类学所处理的作为他者的异文化很可能没有现代意义上的广告，但其对于物质文化和消费文化的重视，则为广告学者提供了一种观看、解读广告的方法。伯克列举了当代社会大众生活的三个方面：政治、暴力与情感。当然，这三个领域并非全新，除此之外也还存在着其他领域，但不难看出广告在这些领域中都扮演了重要的角色。对历史上与广告有关的设计现象、传媒现象和商业现象的研究，自然也就具有了广告史研究的范式含义。更重要的是，借助于文化史这一当代学术的主流，广告学者得以和学术界的前沿进行一种对话。如果说旧史学的关键在于史料（文本、文献）的话，那么可以说，理解文化史的关键，就在于"深描"那个异时代、异文化的社会，重建其关于社会民众日常生活的方方面面。而其中，广告是理解 19 世纪以来大众社会的一个关键视角。

当然，《什么是文化史》这本书还并不是一部专著，充其量只能算是一本导论性质的教材。作为学者，必须有相应的专题研究作为对一门学科进行理论论述的必要支撑，因此要全面理解伯克的文化史研究，进行自己的独立研究，至少还要参考他的另外一本著作《文化史的风景》，而不能满足于阅读本书这种导论性质的著作。在书中，伯克表达了对于文化史"泛化"的隐忧，同时也流露出对文化史研究开辟新领地、发展新理论的期待。总体来看，这两点也基本上预示了文化史发展的未来之路。第一，是学科领域的继续扩张，无数的文化史研究的名目已被开辟：如洗浴文化史、阅读文化史、索尼随身听文化史、宝丽来文化史、iPhone 文化史……不一而足。第二，是通过与其他学科的广泛联系而获得"共生"。文化史可以借势于其他学科，扩张自己的理论解释力，如作者开列出的那些与传统的文化史学科资源距离比较远、但潜力很大的新学科。[1] 显然，文化史是靠着对当代学术前沿的借

---

[1] ［英］彼得·伯克：《什么是文化史》，第 158—162 页。

力而异军突起的,现在仍然要靠着与更多其他学科的借鉴与对话突破发展的瓶颈期。

从全球范围来看,20世纪的广告研究处在两种基本的对话语境之中:一种是广告研究与广告业界实务的对话,另一种则是广告学与其他人文社会科学的对话。如果说前一种广告研究主要由广告学界内部的专业人士来进行的话,那么后一种广告研究实践则主要是由把广告作为其观察和思考对象之一的其他学科学者所完成的。近年来,随着广告研究对于广告实务的解释力和主体性不断提升,广告学人也开始留意广告学作为一门学科在整个人文社会科学领域中的地位。越来越多的广告学人意识到,广告研究是一种学术,而不是商业实践的另一种形式,广告研究从实务导向朝学术方向回归的趋势也渐次明朗。在这种背景中,文化研究的兴起和史学的复兴恰好为广告学人提供了学术本体跨越式发展的突破口和契机。

总的说来,20世纪以降的广告文化研究取得了许多重要的成果,实现了重大的理论进展和突破。这既是广告作为一种独特的研究对象自身学术潜力的集中爆发,也是社会科学的视野不断向生活实践横向拓展的结果。如同齐格蒙特·鲍曼(Zygmunt Bauman,也曾译为齐尔格特·鲍曼)所说的那样:"社会学讨论的任何问题都已经存在于我们生活之中。它本来就在我们生活之中,否则,我们无法进行我们的日常生活。"[1] 而广告文化研究应用了越来越多的社会科学理论和方法似乎也是在所难免:"文化,曾经处在社会科学(尤其是社会学领域)的学科边缘,而现在,它已急速地成为社会科学中的中心学科了。社会科学和人文学科之间的一些学科障碍也正处在消解融化的过程中。"[2] 可以预见的是,广告文化研究能够进一步拉近一般人文社会科学和广告本体研究成果之间的距离,真正做到"内部研究"和"外部研究"在学术上的对话与整合。

---

[1] [英]齐尔格特·鲍曼:《通过社会学去思考》,高华、吕东、徐庆、薛晓源译,北京:社会科学文献出版社,2002年,第10页。
[2] [英]迈克·费瑟斯通:《消费文化与后现代主义》,刘精明译,南京:译林出版社,2000年,第17页。

结　语

眼下，随着新的传播技术兴起，作为一种学术潮流的文化研究逐渐成为明日黄花，当前的文化研究可以描述为一种"后文化研究"的状态。所谓的"后文化研究时代"，无疑是对当前文化研究作为曾经的学术热潮散去后的学术生态的一种判断。尽管从研究对象的价值而论，人文学科的逻辑并不是用"时效性"作为标准来加以检验的，但人文学科的发展，历来也存在着一条"显学"与"绝学"更替兴变、此消彼长的演进线索。例如，古代人文思想发展史上，就隐含着"先秦子学—魏晋玄学—隋唐佛学—宋明理学—乾嘉朴学"的流变路径；在西方，20世纪以来的现代思潮中，也能够看出"现代主义—后现代主义—文化研究"等学术前沿的更替。诚然，学术潮流本身不能直接等同于价值判断，并不是说显学一定是好的学术研究。相反，"为往圣继绝学"的研究在任何时候都是需要的。但是，一如"绝学"研究有高下之分，"潮流"研究也有优劣之别。况且，面对新的学术潮流不故步自封，做出自己的判断，也是一个专业研究者的日常工作。任何一个人文学科的研究者，既要深入到自己所从事的专业内部，"攻其一点不及其余"地做深入的专题研究；同时又要保持对整个学术潮流的敏感，保证自己所从事的学科领域与学术潮流之间开展对话。

第四章
健康传播的兴起对广告研究的挑战

在今天，受到新技术浪潮的冲击，人文学科变得越来越社会科学化，甚至有些自然科学化了。以广告为例，面对学术潮流的演进，广告学者要像面对业界技术潮流的热潮一样，做好与学术界热点前沿的对话。然而需要注意的是，广告学者与学术前沿的对话，始终是围绕着两方面的问题来展开的。一方面是"受益"，另一方面是"回报"，即始终要追问两个问题：一个问题是，当代学术主潮能够给广告研究提供怎样的学术理论资源？另一个问题是，广告这种研究对象，反过来能够在多大程度上影响、补充甚至颠覆既有的学术理论？毫无疑问，在今天的广告学界提出这样的要求都似乎还显得有些过于"奢侈"，但这并不意味着广告学者可以继续无所作为。如果现有的广告领域的经典和前沿文献都不能满足这里所提出的与当今学术主潮对话的要求，就不妨通过一种"批判性阅读"的方式，借鉴其他学科的理论资源，来观照这门学科在未来的可能性。当前，文化研究本身出现了许多新的理论分支，健康传播就是其中的一个组成部分，并且已经得到广告学界的注意。健康传播的兴起，也有可能为广告史研究提供许多新的理论增长点。

一、当代学术视野中广告文化研究的转向

如前所述，文化研究作为一个"超级学科"，一个跨越诸多学科的综合研究领域，即便是在中国，其热度也逐渐消退。在中国人文学科诸领域，显然对海外汉学、出土文献、科技考古等更为热衷，而文化研究的相关学科，如美学、文艺学、现当代文学等，已难有创造性突破。但从全球范围来看，文化研究自身也并没有停滞。一方面是继续进行自身的理论建构和探索，借鉴经济学、政治学、法学、传播学甚至自然学科（如城市规划、建筑学）等学科理论，越来越显现出社会科学化倾向；另一方面则是以史学的名义不断扩张自己的学术领地，把越来越多带有新史学色彩的研究纳入麾下。由此，近年来也在文化研究内部派生出一些前沿领域。从我个人的研究领域和眼界出发观察，并考虑其自身和广告学科结合的特点，在此聊举三例，即城市文化研究、印刷文化研究和医疗文化研究。

第一，城市文化研究。

起初，文化研究的经典研究对象，如媒体、流行音乐、广告、电影等，本身就是流行文化和消费文化的产物，这些研究对象不太可能诞生在乡村。当文化研究的具体研究对象越来越显得狭窄之时，城市，自然成了整合这些个体领域的一张大网。包豪斯的瓦尔特·格罗皮乌斯（Walter Gropius）早就说过："一切造型艺术的最终目的都是为了完美的建筑。"城市实践层面自然也对此表示欢迎和接纳，城市设计、创意城市、设计之都……都让城市研究在文化研究的名义下获得了新生。也正因此，凯文·林奇（Kevin Lynch）、刘易斯·芒福德（Lewis Mumford）等城市规划和建筑等领域耳熟能详的名字频频出现在文化研究的大纛下。文化研究领域内部，也有越来越多的学者把视角对准"城市文化"，如戴安娜·克兰（Diana Crane）。但接下来还要回答刚才的两个问题：其一，这些领域在广告文化研究中有何体现？其二，广告研究还有可能对这些领域提出怎样的问题？

广告，尤其是现代广告，似乎对乡村可谓若即若离，但在城市绝不是可有可无的东西。以已故广告人邵隆图创作的"海宝"作为吉祥物的 2010 中

国上海世博会的主题,就是"城市,让生活更美好",这美好的城市中自然也有广告人的功劳。可以说,从民国时期《马路天使》电影中上海滩的霓虹灯,到 20 世纪 80 年代大城市中的广告牌,广告和城市一开始就有天然的联系。今天的新媒体更让广告在城市生活中几乎无处不在。然而,善于对城市进行视觉包装的广告,自身在城市中却一再被污名化,成为重点整治的对象之一。若干年前,郑州"城管抽梯"事件还历历在目,北京市又提出了"拆除广告牌,露出天际线"。这些社会话题本身都显示出城市与广告之间的复杂关联。

用城市文化研究理论进入广告研究的,以李欧梵《上海摩登——一种新都市文化在中国(1930—1945)》为经典代表。该书不但首倡"上海现代性"的城市文化研究经典理论,而且把夏志清分析中国现代小说的方法用于包括建筑、时装、霓虹灯、月份牌画广告在内的文化现象。李欧梵的理论一石激起千层浪,在海内外一时间效仿者众,直到今天,民国霓虹灯、月份牌广告研究都无法摆脱李欧梵的影子。但李欧梵理论的弊端在广告学界甚至文化研究领域长期以来却缺乏揭示。第一,这种理论是一种先入为主的观念理论,既未经实证检验,又没有充分考虑到广告行业内部构成的特点,未触及广告本体。第二,就把城市文化理论套用在广告研究身上而言,李欧梵所做的非常成功,但就从广告出发,补充/修正城市文化理论而言,却几乎没有展开思考。可以说,这是一种"单向受益"的理论。

针对上述第一方面的问题,近年来广告学者和文化研究者都做出了一些努力和突破,尤以华裔美国学者王瑾的著作《品牌新中国:广告、媒介与商业文化》为代表,此处不赘。[1] 显然更难回答的是以上第二方面的问题,即广告如何丰富和补充都市文化理论? 这方面似乎还没有堪称经典的研究案例。美术史家潘诺夫斯基的《哥特建筑与经院哲学》,正是论述艺术和理论之间的关系的经典之作。[2] 潘诺夫斯基在视觉艺术与哲学理论之间寻找到一

---

[1] 参见 [美] 王瑾:《品牌新中国:广告、媒介与商业文化》,何朝阳、韦琳译,北京:北京大学出版社,2012 年。
[2] 参见 [美] 欧文·潘诺夫斯基:《哥特建筑与经院哲学》,吴家琦译,南京:东南大学出版社,2013 年。

种同构性,很难说是理论影响了艺术,还是艺术影响了理论,这种发现对于认识了解一个时代来说是必需的。广告学人也可做同样的工作:根据李尔斯,从古代到近现代,广告理论最大的转变,是围绕"唯名论"和"唯实论"之争,近现代广告人通过广告的职业化和科学化,完成了广告的"物化",亦即摆脱唯名论,走向唯实论。

在我看来,"城市"同样经历了这样一番过程。城市是一个现代性的概念,但如同"文化"一样,这个概念在建筑学、环境学、地理学、设计学、文化学等领域中的定义也缺乏统一。从中文词的字面来看,"城""市"也是两个不同的概念。"名不正则言不顺","城市"在近代以来,是否也经历了像广告一样的"物化"的过程呢?在这个过程中,把广告、建筑、传媒、服饰等"物"纳入更大的"城市"的框架,是否正是城市理论从唯名论走向唯实论所必需的"祛魅"?目前还没有相关成果,但期待广告学界不远的未来会有一本《哥特建筑与经院哲学》这样的著作。

第二,印刷文化研究。

印刷是一门技术科学。中国人把雕版印刷视作本民族的四大发明之一,撰写《中国科学技术史》的李约瑟(Joseph Needham)也由此发出了他的世纪疑问。关注印刷这样的技术,自然可使理论上有些空疏的文化研究走向实在化。与此同时,由于文化研究向来所关注的广告、摄影、图像、报刊等都与印刷有千丝万缕的联系,从关注这些作品的画面走向深层的印刷,似乎也是题中应有之义。但是,印刷研究历来有技术史取向和社会理论取向两个侧面。在技术史方面,从美国学者李约瑟和卡特开始,大量印刷史、技术史的著作并没有给文化研究乃至文化史的研究留下多少空间;而社会理论方面,又因为有传播学界巨擘麦克卢汉的《谷登堡星汉璀璨:印刷文明的诞生》一书而令后来者难以企及。[1] 所以,文化研究者不约而同地转向了技术和理论之外的印刷业运作甚至商业运营等方面。就对印刷业本体的关注而

---

[1] 参见[加]马歇尔·麦克卢汉:《谷登堡星汉璀璨:印刷文明的诞生》,杨晨光译,北京:北京理工大学出版社,2014年。

论，芮哲非（Christopher A. Reed）的《谷腾堡在上海：中国印刷资本业的发展（1876—1937）》和包筠雅（Cynthia J. Brokaw）的《文化贸易：清代至民国时期四堡的书籍交易》都做得无可指摘。[1] 但如果说芮哲非的著作还过多局限在历史学领域中而多少有些缺乏理论自觉的话，显然包筠雅的著作对文化研究理论的补充更胜一筹。包筠雅提示人们看到，印刷术诞生和发展的最初动因，不只是播布"文化"这么简单，其背后还有"贸易"的因素在。

而在这一点上，显然广告研究应该有更多的用武之地。那就是，既往的印刷史研究，多着眼于文化印刷而忽视了商业印刷。例如追究中国雕版印刷术的起源时间，研究者大多把眼睛盯着几部佛典或者佛教图像，而忽视了同时期甚至时间完全有可能更早的广告、包装等商业印刷。只是由于印刷物的不同命运，这些用后即弃的商业印刷没有像同时期的宗教印刷物一样加以保留，但正因此，它们更加具有钩沉和研究的价值。事实上，在我国古典文献学、制度史等研究领域，一些凤毛麟角的商业印刷品，哪怕是具有"公告"性质的公益广告、告白、文书等，往往能够给广告研究甚至整个历史研究提供新鲜的血液。

近年来，在史学研究领域，敦煌的公益广告为研究雕版印刷的起源提供了新的思路；在文学史研究领域，新文学广告也开始引起文学史家的兴趣。[2] 只是这种研究目前还停留在"证经补史"阶段，没有体现出广告与文学、史学等学科的平等对话。但文化研究的印刷文化热潮，必定可以与广告互动取得更多的成果。一方面，其他领域的研究者从简帛、西域文书、新出土石刻、墓葬等深度发掘中，发现广告史料；另一方面，广告研究者可以紧跟整个学术潮流，关注印刷文化的研究进展，并通过广告学的常识反过来对整个文化乃至人文研究提供新的理论与阐释思路。

---

[1] 参见 [美] 芮哲非：《谷腾堡在上海：中国印刷资本业的发展（1876—1937）》，张志强等译，北京：商务印书馆，2014年；[美] 包筠雅：《文化贸易：清代至民国时期四堡的书籍交易》，刘永华、饶佳荣等译，北京：北京大学出版社，2015年。

[2] 参见辛德勇：《中国印刷史研究》，北京：生活·读书·新知三联书店，2016年；钱理群主编：《中国现代文学编年史——以文学广告为中心》，北京：北京大学出版社，2013年。

第三，医疗文化研究。

近年来，医学与人文社会科学交叉研究形成了某种前沿和探索性的研究趋势，一些传统的人文学科和社会科学，如哲学、伦理学、历史学、社会学、人类学、传播学等纷纷介入医学议题，形成了医学哲学、基因伦理学、医学史、医疗社会学、卫生法学、卫生管理学、医疗人类学等新兴的研究领域。医疗文化研究无疑是当前文化研究领域中最热门的显学。这个研究领域的兴起，一方面得益于整个人文学科的自然科学化倾向，无论是医学影像学设备进入社会科学研究方法，还是精神分析、基因组等生命科学理论进入社会科学诸理论，都可看作这种倾向的具体表现。另一方面，也得益于和平与发展的年代，世界各国政府对健康（包括健康产业）问题的高度重视：美国的医改接连成为几任总统难以回避的中心工作，中国也制定了"健康中国"的战略发展规划。

医学与文化研究的关系可谓渊源有自：且不说古代的巫医不分，所谓"身体美学""精神分析"等问题，至少在现代哲学的鼻祖弗雷德里希·威廉·尼采（Friedrich Wilhelm Nietzsche）、弗洛伊德那里已经提出。福柯关于精神病学、临床医学、性史的论述，让医学文化研究的可能性不断显现；桑塔格关于疾病的论述，则开启了学者关于疾病想象的另一种可能。医学史和科普领域内部的文化史著述也不乏文化研究的优秀作品，如梁其姿的《麻风：一种疾病的医疗社会史》。[1] 此外，在人文社会科学的很多学科中，与医学的交叉研究也渐次成为热点。如艺术史研究领域的神经元艺术史、历史学领域的疾病文化史、社会学领域的医学社会学、人类学领域的医疗人类学、传播学领域的健康传播、管理学领域的卫生管理和健康管理等。并且，这些相关学科很容易和本国家本民族本地区的民族志相结合，进行一种地方化的阐释或"深描"，如凯博文（Arthur Kleinman）以实证研究方法撰写的《苦痛和疾病的社会根源：现代中国的抑郁、神经衰弱和病痛》[2]，杨念群以文学

---

[1] 参见梁其姿：《麻风：一种疾病的医疗社会史》，北京：商务印书馆，2013年。
[2] 参见［美］凯博文：《苦痛和疾病的社会根源：现代中国的抑郁、神经衰弱和病痛》，郭金华译，上海：上海三联书店，2008年。

的笔调撰写的《再造"病人":中西医冲突下的空间政治(1832—1985)》[1],等等。

在传播学领域,健康传播的理论与实务也已经成为全球传播学研究的显学。作为传播学的下级学科,广告学者也越来越多地把研究视角对准面向各种人群医疗与健康的广告宣传,这种趋势在西文广告学学术期刊中的体现尤其明显。[2] 在全球文化研究作为一个学科阵营总体走向沉寂之时,广告研究与医疗文化的交叉与对话,不仅是"后文化研究"时代的广告文化研究拓展研究领域,保持前沿性的必然要求,也是广告学介入现实议题的一种积极回应。令人遗憾的是,广告学领域对这股医疗文化研究的热潮反应有些迟缓。目前仅有的一些与医疗文化相关的广告研究,大致包括这样几个方面:健康类公益广告、民国时期报刊或月份牌画中的医疗广告等,如高家龙的《中华药商:中国和东南亚的消费文化》[3] 一书是文化史领域对于广告的一种积极的介入。而广告学对健康传播、医学文化研究等领域做出学术贡献显然还有待于来哲。本章拟从学术史的角度,对健康传播的学科渊源与学术范式进行初步的梳理与解析,并在此基础上结合广告学的学科特点,探讨未来广告学与医疗文化研究对话的空间与可能性。

二、身体:广告健康传播研究的逻辑起点

在诸多医学相关人文学科研究中,同属传播学领域的健康传播可能是广告文化研究最有可能借鉴的领域。作为一门学科的健康传播于 20 世纪 70 年代以来在西方兴起,逐渐形成了自己的学术平台和学科体系。但是,作为一门新兴学科的健康传播,也亟待从其他学科吸收学术资源,参与到与当代人

---

[1] 参见杨念群:《再造"病人":中西医冲突下的空间政治(1832—1985)》,北京:中国人民大学出版社,2013 年。
[2] 朱盈臻、祝帅:《2017 年西方互联网广告研究的学术趋势及其反思》,《广告研究》2018 年第 3 期。
[3] 参见 [美] 高家龙:《中华药商:中国和东南亚的消费文化》,褚艳红等译,上海:上海辞书出版社,2013 年。

文学科的学术对话、发展与创新之中。相对于经济学、管理学、社会学等视角，文化研究的发展也能够为健康传播提供很多新鲜的理论资源。在文化研究中，从福柯的《临床医学的诞生》到桑塔格的《疾病的隐喻》，一直到中国学者使用福柯的学术范式所进行的一系列本土化的改造［以杨念群《再造"病人"：中西医冲突下的空间政治（1832—1985）》为代表］，有一条关于医疗文化史研究的独特的学术思路，这些来自其他学科（主要是哲学、美学和历史学）传统，也应成为健康传播独特的学术资源。

在诸多理论范畴中，和健康传播一样，广告也与人的身体密切相关。不仅仅是广告中时常出现女性或儿童身体的图像，广告的诉求方式——无论是视觉传播还是新媒体——都需要考虑受众的视听接受。这就使得"身体"成为广告学者思考广告与健康传播交叉研究时的一个重要的逻辑起点。

自从古希腊以来，哲学家关心的就是头上的星空，身体一直是一个被忽视的研究领域。"身体"和"灵魂"的二分法，使得哲学家把视角放在灵魂而不是身体上。犹太教对于身体的态度与古希腊有所区别。在犹太人观念中，身体是上帝的创造。上帝所创造的一切都甚好，而不可能创造一个所谓的臭皮囊。有一种观念认为，不同于希腊人的二元论，犹太人有关于"灵""魂""体"三分的认识，并且彼此之间没有高下之别。基督教"道成肉身"的哲学，更是把身体看作一个重要的范畴。身体不仅不是与灵魂分隔的僵死之物，而且还是神的殿、圣灵的居所。然而，基督教毕竟不是哲学。所谓的基督教哲学一度被讥讽为"木制铁桶"。中世纪的经院哲学中关于唯名论和实在论的争论只是围绕着上帝存在的本体论证明而展开，而有关耶稣的二性的论述也缺乏哲学思辨的色彩。文艺复兴至启蒙运动时期，随着写实主义绘画、雕塑和解剖学的兴起，身体开始成为观看的对象，但物质化的身体却始终没有成为严肃的哲学家思辨的对象。在黑格尔（G. W. F. Hegel）的德国古典哲学体系中，并没有"身体哲学"这个分支。康德的三大批判中，认识论、伦理学和美学都与人的认知有关，但也没有专门论及人的身体。中国哲学、美学和画论中有丰富的身体美学的资源，但这些论述大多停留在感想和点评上，理论结晶程度不高。因此所谓身体美学，应该是一个近代以来才真正形成的哲学范畴。

开始把身体作为一个哲学和审美范畴加以观照并展开论述的,是西方现代哲学尤其是欧陆哲学的渊薮——亚瑟·叔本华(Arthur Schopenhauer)和尼采。相较以往的外在世界的哲学,他们都强调了自我的主体性,自我的身体因而成为审美的对象。在某种意义上福柯的思想就是从尼采接续的。尼采也是促使福柯将有关历史谱系学的研究("权力意志")与后期生存美学、身体美学("日神精神""酒神精神")加以链接的关键环节。福柯著名的文章《尼采·谱系学·历史学》,所揭示的正是福柯的思想与尼采的历史渊源。[1] 笔者关于身体美学的讨论,也将以福柯《临床医学的诞生》这部著名的著作为例。这部著作虽然就其本身而论并不是直接讨论身体,而且也并不属于福柯晚期"身体美学"思想的组成部分,但它所讨论的现代医学及其建置的知识生成的历史,是福柯后来形成身体美学思想的重要理论渊源,与福柯关于空间、权力和谱系的思考一脉相承,也是思考身体美学时所必须涉及的身体所在的外部环境。

福柯是一位难以归类的学者,他的学术涉及哲学、美学、文学、社会学、历史学等许多领域,但归根到底是一位哲学家,并且是一位真正关心身体的哲学家。福柯是一位典型的后现代的作家,他不仅仅反对现代主义乃至前现代主义那种结构严密的逻辑体系和研究方法,也反对那些带有宏大叙事倾向的研究对象。因而他往往从一些小领域来以小见大,写作方法也不同于德国古典哲学甚至现代主义哲学。当然,在福柯之外,也有从西方现代哲学中的语言哲学、英国逻辑实证主义和美国实用主义传统接着讲的,那就是真正建立起身体美学学科的理查德·舒斯特曼(Richard Shusterman)。不过相比较福柯,舒斯特曼的身体美学似乎缺乏广泛的影响力。

福柯的研究有鲜明的问题意识:为什么在古希腊时期被认为是进入通灵境界的迷狂的人,在近代以来却被视作"病人"?"为什么"就是福柯理

---

[1] [法]米歇尔·福柯:《尼采·谱系学·历史学》,苏力译,李猛校,贺照田主编:《学术思想评论(第四辑)》,沈阳:辽宁大学出版社,1999年。

论研究的起点。但与此同时，福柯的答案在提出问题的时候就已经昭然若揭了。毫无疑问，一切的现状都是"权力"作用的结果。所以，福柯所使用的一切历史材料，都是有利于这个论述逻辑的。福柯的研究方法是先入为主的，他是带着观点寻找材料。这使得福柯的哲学和思想史研究与一般的社会科学所标榜的客观性有所差别，也不同于一般的"研究假设"。作为哲学家，福柯所处理的对象是活生生的人，无法做到社会科学那种无立场的客观观察。事实上后者也只是一种标榜，即便是民族志式的研究，也往往通过研究对象的选择透露出研究者的参与、理解和同情。只是为了论述启蒙运动以来的临床医学与传统医学的断裂性，福柯一方面在史料上选择了那些有利于突出自己观点的论述，其中不乏断章取义之处，另一方面也竭力把传统医学建构成临床医学的对立面。引经据典的历史学的外观，掩盖不了这部著作大量剪裁甚至扭曲历史材料的主观意图，说历史学是福柯从事哲学研究的幌子恐怕并不为过。但福柯的意义也正在于此：他对于临床医学所标榜的知识的生成路径展开质疑和反思，开启了思考身体美学问题的外部道路。

没有哪一本书可以概括福柯思想的全貌，但福柯的思维方式却似乎又在他的每一本书中以个案的方式得以呈现。《临床医学的诞生》并不是福柯关于身体美学的大部头作品，但却是非常典型地体现其学术方法和研究特点的作品。他的问题意识和理论主张主要体现在该书的前言之中。在该书前言中福柯这样开宗明义："这是一部关于空间、语言和死亡的著作。它论述的是目视。"[1] 因此，本节也将从空间、语言和死亡这三个主题词来观照这部著作对于身体美学的论述及其健康传播的启示。在福柯看来，临床医学的这三个主题词都与"目视"这种临床医学所使用的感知手段密切相关。

首先来看语言。在此之前，语言被认为是上帝自身，以及上帝赋予人感知上帝所创造的外部世界的工具。《约翰福音》开篇就说："道就是神。"《创世记》中也记载了上帝把所创造的动物领到亚当面前，由后者为它们命名的故事。这是一种"词"与"物"的和谐或者模糊的状态。阐释圣经，是阐释

---

[1] ［法］米歇尔·福柯：《临床医学的诞生》，刘北成译，南京：译林出版社，2011年，前言第1页。

学的专利。而在现代临床医学中，语言具有至高无上的权力，建构了一种词与物的分离状态："两个活人陷入一种常见的却又不对等的处境"[1]。相比较传统医学的"望闻问切"，现代临床医学的语言显然落脚点在于"病灶"，而不是全息的"人"。如同福柯自己所说："临床经验在西方历史上第一次使具体的个人向理性的语言敞开，这是处于人与自己、语言与物的关系中的重大事件。"[2] 可以说临床医学离不开语言（不是文字），就连一些影像学检查的结果也是通过语言来报告的。

然而，临床医学中语言又是带有权力的。在这里，语言的碎片化取代了全息性和整体性。在医院中，医生的字常常是看不懂的，医生所谓的沟通病情也不是真正和家属平等地交换意见。[3] 更有甚者，笔者在医院里就曾听到有资深的医护人员这样教导实习生："不管你懂不懂，你说话都要很自信！"正因此，福柯发出了他对语言的追问：相对于传统的望、闻、问、切，作为临床医学认识方式的语言，本来只是认识疾病和身体的方式之一（"问"），可现在是谁赋予了语言这样的特权？现代的临床医学所使用的语言在多大程度上干扰了人的认识方式？

在福柯看来，语言是现代临床医学得以建立权威性的一个重要抓手，他用"填补过程"一词来描述这个过程。[4] 这种追问与神学家马丁·布伯关于"我与你"和"我与他"的辨析，以及另一位法国哲学家雅克·德里达（Jacques Derrida）把逻各斯中心主义还原为文字和图像的努力可以说是一脉相承的。一言以蔽之，在后现代思想家看来，语言是一套认知方式，但这种工具常常把对象加以简化，把症状和症候、语言和言语、能指和所指混为一谈，是所谓"言不尽意"。例如临床上经常使用的"症状"这个词，在福柯看来就是暧昧不明的：相对于身体的表现，它是一种能指；相对于疾病，"症状"又是一种所指。在这里，语言的权威性是临床医学赋予和建构的，

---

[1] ［法］米歇尔·福柯：《临床医学的诞生》，第7页。
[2] 同上书，第7页。
[3] 《流感下的北京中年》首发于微信公众号"可望BUFFETT"，2018年2月12日，作者真实姓名为"李可"。
[4] ［法］米歇尔·福柯：《临床医学的诞生》，第109页。

而这种语言和疾病、身体之间的对应关系很可能是随意的和简化的。

再来看空间。在福柯的笔下，空间总是和一定的权力相关联。比如在《规训与惩罚：监狱的诞生》中所提到的"圆形监狱"就是这样一种空间。[1] 而现代临床医院的建立，在福柯眼中也是一种象征权力的空间。"空间"也是现代临床医学建构自身神话的另一个抓手。过去的医生常常是"出诊"的，而现在任何情况下都是由急救车把病人送到医院空间。不仅是医院，还有医学院，都是这样一种临床医学的空间形式。因此，临床医学的空间化代表了一整套的医疗机构和临床实践。它改变了人们观察和认识世界的方式，也改变了过去师徒授受制的医学教育形式。与此相联系，统计学成了现代医学的一种必备的技术。临床医学在哲学（个体）与社会学（群体）的选择面前，选择了以群体（实证）的方式来建构自身的权威性。这是一个涉及认知框架调整的重大问题。统计学的方法建立在抽样的前提之上。所抽到的样本虽然是"个体"，但却仅仅是代表"一般"的一个能指。这又是一个唯名论和实在论的问题。而相对于中国画领域中的"非学院教育"，临床医学领域对这种"空间化"的后果还缺乏足够的反思。

由此，空间就和分类发生了关联。可以说没有分类的观念，就没有现代的临床医学。比如临床医学对疾病的分类。现代临床医学中，不管是"癌症""综合征"还是"急腹症"一类的疾病分类，往往是一种名称对应多种疾病，说到底这就是一种唯名论的胜利。医院对病人的处理也是分类的，病人的各种状态被用"级"来描述，医护人员也常常以住院床位的代码来指代"人"，以至于在医院中只有"个体"，但"人"没了。这让人想起在医学电影《心灵点滴》（*Patch Adams*）中，罗宾·威廉姆斯（Robin Williams）所饰演的医学生给带教老师的那句提问："What's his name?"这也是对现代医学人文问题的一种质问。对治疗的分类更是如此。在治疗方面，药物除了种类和剂量，无法像传统医学那样体现出个体差异，在循证医学看来，治疗的

---

[1] ［法］米歇尔·福柯：《规训与惩罚：监狱的诞生》，刘北成、杨远婴译，北京：生活·读书·新知三联书店，2007年，第1页。

标准只有"指征",只有"指南"。这一切医学分类背后的假设都是把人看作机器,久而久之让医生也变得麻木了。

空间医学的兴起,从表面上看是目视的地位让位于分类,但是,这种分类医学最终还是会落实到观看方式上。只不过,以往观看的是整体或症状,而现在观看的是部位和空间。如同一句经常被举例的现代医生和病人的询问语,已经从"你怎么不舒服"变为了"你哪儿不舒服",医院中科室的细分也常常让患者摸不着头脑,患者来到医院,首先面临的问题就是"你挂哪个科",在这里,身体被拆分为由器官填充的一个个空间。在医院中,各种检查方式也大多和视觉相关。过去的"诊脉"已经被"化验"所取代,而各种化验与检查手段,无不是依靠将结果视觉化来完成。笔者曾经听到过一个著名的例子,说的是我国已故著名外科医生裘法祖教授,一次让病人躺在检查床上检查时,竟被病人紧紧抓住了双手,病人说:"我看了四家医院,您是唯一一个让我躺下,用手给我检查的医生!"由此不难看出"目视"在临床医学中早已取代了其他接触方式占据了中心地位。

最后,福柯谈论的是死亡。福柯并不是在生死、生命等哲学终极关怀的意义上来讨论死亡,而是在论述死亡对于临床医学的影响,特别是死亡对临床医学权威性的建构。因为,临床医学是一种目视医学,这种目视的终极依据就是解剖学。对于解剖学来说,尸体的解剖又是一条必由之路。福柯认为,18世纪末,一批临床医生突破禁忌发展了解剖学,解剖学反过来又建立了临床医学特别是目视的权威性。临床医学由此可以目视一切以往看不到的东西,并进而认为自己可以描述一切。因此,死亡就和目视建立起了关联。目视成为视觉文化时代的临床医学重要手段。医学影像学把一切都还原为视觉。目视建构了一种简化的归类方法的神话。而且,目视被赋予了一种权力:静默。视觉的东西最终通过语言的方式加以传达。人们不能够把所看到的东西准确描述出来,所以就要依赖专业化的特权阶层。例如B超检查,就是把超音波转换为影像,再通过语言(文字)把影像上所见的描述出来。对于同样的B超影像,不同的医生可能拿出不尽相同的检验报告。这时候,一个有经验的B超医生所起到的作用,甚至有可能比门诊的临床医生还要更大一些。在这个意义上,语言和视觉都成了福柯意义上的"权力"的同谋。

福柯对于身体的研究为后现代的诸多理论打开了思路,对此广告史研究不可能视而不见,事实上,这些新兴学科及其所带动的学术前沿趋势也反过来对广告学等下级学科产生影响。可以说,广告学在中国广泛吸收文史哲各门学科的资源,取得了许多交叉学科的研究成果。基础和临床医学中所采用的一些仪器和研究方法,如医学影像学所应用的眼动仪、磁共振成像(MRI)和流行病学、公共卫生统计等大规模的定量研究方法早已被应用于广告实务研究。北京大学近年来也建立了医学人文学院等人文研究机构,并倡导跨学部(北京大学设有医学、人文、社会、经管、理学等多个学部)的"临床医学＋X"研究项目。在实务方面,广告学领域的研究者既开展对医院内部视觉导视系统(VI)的调研与再设计等,也在各种媒体上医疗广告的规范化方面做出了许多实证研究。对于广告文化研究而言,如果不去吸收这种人文社会科学的前沿理论的话,就无法进行与当代学术的对话。只是由于广告史学科积累时间和资源还很有限,目前这种对话停留在"单向受益"的阶段,即只能暂时从"拿来"的角度展开。相关著作的阅读和应用,对促进健康传播作为一门当代学术与其他学科的对话,以及由此建构具有中国特色的健康传播学科的自主性和本土性,并反过来思考健康传播对于广告史研究的启示,应该说有百利而无一弊。

三、疾病:广告健康传播的批评理论资源

作为传播学对现实问题的一种关怀和回应,新兴的健康传播无疑是一门应用学科;但既然是一种对现实的学术观照,它也理所应当成为一门理论学科。一门新兴学科的建立和发展,当然不是一蹴而就的。涂尔干指出,一门新兴学科的建立,需要形成自己独特的研究对象和研究方法。但是,伊曼努尔·华勒斯坦(Immanuel Wallerstein)在《开放社会科学》中也指出,现在更重要的事情,是将各门学科的边界置之不顾。随着中国社会科学自主性

的崛起，结合中国学者的理论创新，有必要和可能建构健康传播的"中国叙事"模式，从而丰富国际健康传播学研究的话语场。由此看来，健康传播作为一个新兴的研究领域，亟待从其他学科吸收研究资源，而不是局限于传播学的"家法"故步自封，失去对现实议题的人文关怀和解释力。

福柯并不是一位医学史家。作为一位思想家，他为什么要把思想史的焦点对准医学？除了与个人的兴趣相关外，还因为在18世纪末剧烈变化的各种人类文化现象中，医学是现代性转型最为剧烈和深刻的领域之一。在学术史上，医学也是链接人类学与社会学、个体与群体、哲学与科学的一个中间点。由此，福柯从医学的案例入手，把研究对象纳入自己的思维框架。他的研究对于临床医学来说是没有实际意义的，但对反思现代社会认知结构的变迁来说具有深远的意义。在某种程度上，福柯用自己所理解的美学（感性学）的方式触及身体的问题，并由此进入现代临床医学上身体所在的权力空间——医院，为讨论医学人文、医患沟通、临床医学的视觉与修辞技巧等许多健康传播的实践问题提出了一位哲学家的问题与思考，这些问题都是一个面向当代医学实务而非自我封闭的健康传播学科不可忽视的重要学术资源，对临床医学的这些现状的形成机制与历史的思考，也成为学者在研究健康传播时不可忽视的重要逻辑起点。

而桑塔格则在福柯的基础上展现了文化研究与健康传播交叉的另一种可能性。文化研究是一个"超级学科"，这门学科的始作俑者和主要依托还是文学，特别是文学批评和文学史。因此，谈论文化研究对于健康传播的启示，无法回避文学研究领域的思考。在这个领域中，桑塔格具有不可回避的位置。在《反对阐释》和《论摄影》中，桑塔格展现了她作为批评家的洞见。前者认为批评家的主观性应该限定在一定的范围内，后者提出作品本身所标榜的真实性在多大程度上是虚幻和无足轻重的。而《疾病的隐喻》与此一脉相承。桑塔格成功地将文学批评的术语和语法运用于对于疾病的思考。在她的笔下，肺结核被认为是浪漫主义的疾病，而癌症则是现实主义的疾病。也就是说，关于疾病的文化批评，本身就与疾病的文化史有密切的关系。这种描述无疑是文学式的，但桑塔格的思想资源又来自于福柯。

与福柯作为哲学家的身份不同，桑塔格是一位文学批评家。她的文字本身就是文学，只是这种文学与疾病和健康息息相关。在她的眼中，疾病远远比健康更具有文学性的特质。她的看法是让疾病成为疾病本身，剥离附着在疾病之上的各种浪漫的或压抑的隐喻和过度阐释，把疾病还原为被文学艺术作品加以阐释和改编之前的真实样貌。这种研究，也是来自桑塔格对自己作为一个病人的体验的职业式观察。

在福柯的笔下，19世纪的临床医学曾经认为自己已经可以包治百病，但桑塔格却进一步看到，结核病的出现让医生束手无策。因而，这种变幻莫测的疾病成了艺术作品中关心和描绘的对象。桑塔格所讨论的疾病，大多是一些现代性的疾病，而且大多是病理性的疾病，人们很少讨论外科的疾病。然而问题在于，这种描绘又反过来建构了社会大众对于疾病的认识。众所周知的是，任何疾病本身并不具有隐喻性，疾病的隐喻是社会、媒体和艺术建构出来的。其中充斥着社会性的偏见和误解，反过来又对社会施加影响。从19世纪的结核病到20世纪的癌症、艾滋病，莫不如是。例如，在新闻报道中，一提到某位明星所罹患的"宫颈癌"，人们就容易把它和明星的"私生活混乱"联系在一起，尽管现实中这种联系却并不总是确定的。

桑塔格虽然深受福柯的影响，但他们二人批判的靶子却并不一样。福柯批判的是结构主义所建立起来的语言的霸权，而桑塔格针对的则是过度阐释的解释学，特别是接受美学。这里就涉及解释学的来源的问题。从圣经解释学到哲学解释学和文学理论中的接受美学，经历了一个过程。与之类似的还有图像学，从描述性的图像志到解释性的图像学，这本是神学理论和美术史建构自身权威性的一种路径。但到了20世纪的哲学解释学和接受美学那里，解释学被滥用了，批评家对自身所拥有的解释权力的强调并非基于解释的专业技能本身，而是对于作品内容本身和作者权力的解构。这就赋予了艺术作品或者毋宁说是解释者的一种过度的霸权。进一步地，阐释者不仅运用这种霸权来解释文学艺术作品，更用来阐释各种疾病，无论这种疾病是以什么样的方式呈现在文学艺术作品之中。

基于此我们可以判断，桑塔格是一位基于现象学立场来反对解释学的文学评论家，却不能够理解桑塔格在介入社会议题方面所做出的努力。人们为什么说桑塔格是美国公共知识分子的良心？这不仅仅是因为她在文学批评方面提出了自己与主流评论家格格不入的新观点，也不仅仅因为她本人同时还是一位作家，而是因为她是身体力行地用自己的写作实践来反对知识的学院化倾向。当代的学院知识分子似乎总是在象牙塔之内来回避社会，但桑塔格所讨论的却是大众生活中的平凡议题，而且桑塔格所使用的也是大众语言，而非学院派的术语。她所讨论的问题看似平凡琐碎，实则与更宏大的群体、种族、人权、平等等议题相关。就《疾病的隐喻》而言，毋宁说，疾病和医疗，就是今天社会问题的一个缩影。只是与一般的抗议者不同，桑塔格的写作体现出的是她作为一位文化批评家、一位文学写作者对于社会问题的独特关怀。

不宁唯是。桑塔格不仅提出了问题，也提出了问题的解决方式，那就是回到原初的秩序，回到社会的平等，让人成为人，让疾病成为疾病，让艺术成为艺术。而这一切都建立在她作为批评家的敏锐的眼光和对事物本真性的体验之上。作为一位病人，桑塔格能够体会到一位癌症患者所背负的由隐喻带来的痛苦："当我患上癌症时，尤其使我感到愤怒的，是看到了该疾病的恶名声是如何加剧了癌症患者的痛苦。"[1] 如前所述，桑塔格所做的，毋宁说是用现象学的方法来反对解释学的方法，清理附着在疾病上的各种隐喻，让疾病回到疾病本身。正如美国电影《心灵病房》（Wit）中所揭示出的那样，也许有些疾病在医学上是不可治愈的，但是无论如何，病人都应该得到帮助和关怀。对于已经备受肉体病痛折磨的病人而言，即便社会可能无法为他们提供帮助，但至少不应给予他们更重的精神负担，让疾病回归疾病本身，或许就是一种善意。

从表面上来看，桑塔格所谈论的问题是关于疾病的文学修辞及其批评，但其实她的论述也与健康传播有直接的关系。桑塔格所揭示出的影视与文学作品中的"隐喻"，常常是经过现代传媒来进行传播的，而新闻媒体也在这

---

[1] ［美］苏珊·桑塔格：《疾病的隐喻》，程巍译，上海：上海译文出版社，2003年，第107页。

个过程中扮演了推波助澜的角色。曾有诗人感慨:"国家不幸诗家幸。"艺术作品的修辞和隐喻,常常是建立在对于疾病、病人的刻画甚至消费的基础上的。对于艺术创作而言这一点当然无可厚非,但对于阐释和批评者,尤其是大众传媒时代的公共知识分子而言,却有必要揭示这种过度的消费和阐释,对社会大众进行引导。

在这方面,广告和媒体责无旁贷,也有得天独厚的优势。有很多公益广告、纪实影片或公益组织,都对整个社会正确认识某些特定的疾病、呼吁关怀某个疾病群体或是消除对某种疾病患者/感染或病毒携带者的歧视进行了积极的努力,但长期以来,也总有一些商业广告、娱乐节目甚至影视作品,对疾病和病人进行着各种过度的消费。在这个意义上,提高全社会的健康传播素养,进行一种"健康的"健康传播,应该是卫生专业人士、学者、批评家、媒体乃至整个社会的共同职责。在理论研究方面,广告学界开展新媒体医药广告立法和监管的研究已经蔚然成风,有关公益广告与医学社会史的研究也渐渐成规模。这些领域不但都属于健康传播的范畴,并且与中国广告的历史及现实议题息息相关。在这方面,有关广告伦理的实务和文化研究不应缺席。

四、历史:广告健康传播研究的新文化史面向

与此同时,作为一门人文科学、社会科学和自然科学的交叉学科,人文学科对健康传播提供的理论资源目前并没有得到重视。哲学、文学、史学与医学交叉研究的学术传统,应该放在健康传播的视野中加以审视。笔者所谈论的三个研究个案,都是人文与社会科学交叉研究领域的作品。但就学术研究方法的范式而言,毋宁说,它们都是人文学科的研究成果。三个研究案例分别对应于人文学科的三个重要领域:哲学、文学和史学。它们未必属于健康传播的研究领域,更不同于传播学的研究范式,但健康传播应该将之看作一种学术源头,至少关注传播学与这些研究进行对话的可能性。

尽管世界卫生组织(WHO)对于"健康"的定义包含了心理、生理等

多个不同的维度，但毫无疑问，有关健康的关注和研究是与人的身体紧密相关的。在人文社科领域，最早关注人类身体的学科是哲学，哲学史上许多对身体的关注与传播行为息息相关。甚至可以做出这样的判断，即还没有健康传播这门学科的时候，哲学史上关于身体乃至健康的思考就已经开始了。在今天，传播学呈现出一种越来越"内卷化"的倾向，固守自身的学术领地的结果，一方面是学科越来越规范化，另一方面也越来越向其他领域封闭。其实，健康传播学科急于建立自己学科边界和规则的同时，也应该以一种更加开放的心态，将相关学术源头整合到自身的学术史脉络之中。

一般认为，健康传播是一门社会科学，而史学则是一门人文学科，史学的资源与健康传播学科建设是格格不入的。但其实，虽然健康传播是一门年轻的学科，但关于健康传播的实践甚至相关议题在中外历史上早就已经以一种不具备学科自觉的方式广泛地存在着。在古代，关于医学著作的出版、药铺及诊所的外观及宣传，近代以来报纸上的医疗广告、医疗制度的改革与建设等议题，都与健康传播息息相关。因此，若想研究作为一门学科的健康传播，特别是中国健康传播发展的独特路径的话，历史学当然是其中不可忽视的一个重要维度。只是问题在于，以往的历史研究，除了对一些重要的医生和流行性的瘟疫等内容有比较相近的叙述外，很多关于医学和健康的信息并不能够受到重视。一些在今天的研究者看来有重大价值的药品包装或者广告等，也不会得到收藏和保存。直到现代新史学，特别是文化史、医疗史、制度史等领域的兴起，这些材料和相关议题才开始重新进入研究者的学术视野。

众所周知，史学是一门自古就有的古老的学科。早在梁启超撰写《新史学》时就发现："于今泰西通行诸学科中，为中国所固有者，惟史学。"[1] 近年来，在全球范围内，文史哲等基础人文学科有衰落的趋势，经济学一度一家独霸。但受到学术风气的影响和考古学的推动，史学又开始在人文学科中处于相对前沿的位置。不过，与梁启超时代所理解的"新史学"，即区分于中国传统史学的西方史学观念相比，当今史学又有了很大的变化，史学理论化

---

[1] 梁启超：《新史学》，北京：商务印书馆，2014年，第1页。

的倾向也非常明显。这主要是受到海外中国研究的兴起、社会学科研究方法的介入等影响的结果。新史学兴起以来，以往不受主流史学家重视的"专门史"，特别是与文化研究相关的"文化史"开始得到了越来越多的关注。

20世纪的新史学中兴起的种种关于"文化史"的研究是杨念群写作《再造"病人"：中西医冲突下的空间政治（1832—1985）》一书的大背景。在这种背景下，一时间，一些以往难入史学家法眼的日常生活，都被冠以"文化史"的名义来消解传统史学的宏大叙事。这里所说的文化史，是"cultural history"，而不是"history of culture"。一部医学史，也是一部疾病的历史。只是，历史上的疾病往往征服的是普罗大众，而不是经典的历史学所关心的帝王将相、才子佳人。正因此，疾病史并不是传统史学的主流，只有在文化史的范畴内才获得重视。所以，把医学史放在文化史的框架中，就可能为健康传播提供学术资源。换言之，不是关注医学本体的发展史，而是医学的外围、周边、社会建制的历史。这些研究相对于医学本体的演进来说无足轻重，但对于历史研究来说却弥足珍贵。这是因为，在梁启超所说"报章""演说""学堂"这传播现代西方文明的"三利器"之外，似乎加上"医院"才更加完备和公允。

文化史、医疗史、制度史等新史学的兴起，对于中国学术界来说有着重要的意义。这是因为相比较传统的历史学，中国这样一个庞大的国家在上述相关领域内都有大量可资研究的历史材料，而在以往却缺乏足够的关注。对于中国的健康传播学科建设而言，这又是一个梳理中国本土资源、体现学科建设过程中的主体性意识和自主化立场的重要契机。近年来，中国（含港台）的学术界在医学史领域积累了大量关于中国医学史的研究成果，并且这些成果还没有得到健康传播领域的重视。

杨念群的《再造"病人"：中西医冲突下的空间政治（1832—1985）》是一部典型的新史学文化史范式下的作品。该书的关注领域属于文化史，并且截取了许多带有中国特色的泛医学文化现象加以研究，其问题意识深受福柯、桑塔格等人的深刻影响，并且受到西方海外中国研究的影响，该书也强调理论的应用与建构。它应用并且修正了费正清的"冲击－回应"模式。杨念群在研究中西医的结合与冲突的过程中没有突破这一框架，但提出回应者会以一种反作用力的方式，迫使冲击者放弃"纯净化"的想法。[1] 例如，在中国教会史上发生的天主教"礼仪之争"，其实质就是冲击者，如利玛窦（Matteo Ricci）等人，对于"纯净化"的一种放弃和妥协。在后来20世纪中国基督教提出的"本色化"建设，又是回应者在"非基运动"的大背景中对于冲击者的一种具体的反作用方式。这成为该书在方法论层面的一大创新。应用理论是当前史学研究的特色，作为中国学者的著作，该书在应用理论的基础上进一步修正了理论，进行理论创新，难能可贵。

除此之外，说它是新史学，是基于以下几个理由：第一，研究视角新。不同于以往的政治史、制度史，该书关注的是以往忽视的议题，有些章节只看题目就知道作者的趣味和关怀。第二，研究材料新。作为一部体现了制度史研究前沿的著作，该书既展现了一些新发现的史料，也有对这些史料的选择和演绎。第三，写作方法新。一如杨念群的其他著作，这种类似民族志的"叙事史学"也是作者的刻意追求。读这一类的著作似乎是在听作者讲一个故事，以类似历史人类学的方法娓娓道来，而与一般讲求"科学语言"的学术著作的写作方式相去甚远。

当然，杨念群的这部著作乃至当前中国医学史研究也存在问题。在现代史学中，医疗史属于一种"专门史"，尽管已经成为一门专门的学科，但在我看来，其研究方法与法制史、新闻史、艺术史这样其他学科的专门史并无二致。一般而言，研究专门史，要有专门的学问。比如研究神学史，首先要懂神学。研究艺术史，首先要懂艺术。既然"新闻无学"，那么新闻史的门槛相比较其他学科自然被认为是等而下之的。至于其他的文化史研究，对专门的学术背景并无要求。可是医学不一样。医学是一门专门的学问。研究医学史的学者可以不必是医生，但一定要有一些医学的专门知识，杨念群显然是有所欠缺的。因而他所研究的一些领域，往往是医学的周边或者外围，比

---

[1] 杨念群：《再造"病人"：中西医冲突下的空间政治（1832—1985）》，北京：中国人民大学出版社，2013年，第13—16页。

如医疗制度、医疗政策、医学教育、中西医思想论争等，从而对医学相关的许多核心和本体问题进行了巧妙的规避。可以说作者研究的医学史是一部医学社会史，一种外部的医学史，是以医学为一个视角，来观照中国社会在20世纪后半叶的变迁。因此，作者几乎没有触及医学的本体，而是重点研究了中国社会主义医疗制度建立和改革的历史，以及与医学相关的职业在中国所经历的想象和变迁。对于作者来说，医学是一个缩影，从中可以见出意识形态变迁的诸多方面。

此外，随着近年来医学史研究的进展，很多核心的问题在该书中未被涉及或者浅尝辄止。这些年来，学术界有关注底层民众的历史、大量使用未公开发表的档案的趋势，但这种研究对象很可能影响力有限，更多时候还是关注精英阶层。因此，《再造"病人"：中西医冲突下的空间政治（1832—1985）》这部著作作为一部按照全新体例撰写的民族志绰绰有余，但作为专著，它似乎还缺乏能够突破常识的结论。作为一部新史学著作，其中对社会科学方法的使用也还不够自觉，尤其是如果作者能够有意识收集并使用20世纪的各类医药类广告及视觉图像史料，一定会给该书增添更多可读的细节。但学界之所以看重这部带有草创性质的医学史著作，是因为从中能够发现许多与医学社会学、健康传播等学科进行对话的交叉点。对于新史学而言，健康传播相关理论和实务的介入，可以让历史研究者在社会科学的理论和方法方面有许多新的视角，而对于健康传播而言，新史学的研究能够为健康传播学科建设提供一个历史学的维度。对于中国这样的一个史学大国而言，从历史角度展开梳理，建构一门带有本土立场和主题色彩的中国特色的健康传播学，具有一种理论自觉的现实意义。

时至今日，作为一门应用学科，健康传播的理论建设远远没有结束，尤其是在中国。本土学者有必要也有可能把这门学科打上中国的印记，从而丰富在西方已然有些封闭的健康传播的"领地意识"。作为本章写作过程中的一个重要的参照系，同属于传播学及文化研究相关学科的广告学，尤其能够对健康传播的学科建设提供参照；与此同时，健康传播的中国叙事也能反过来推动中国广告史的自主性研究。毕竟从历史发展来看，无论是早期《申报》上的广告还是今天互联网上的营销传播中,有关药品、保健品及医疗器械、机构的健康传播内容都占据重要篇幅。在广告史研究领域,医药广告史历来是中外广告史的重要研究对象,对晚清、民国时期的医药企业及其广告的研究已蔚然成风,以汉学家高家龙《中华药商:中国和东南亚的消费文化》、罗芙芸(Ruth Rogaski)《卫生的现代性》[1] 等为代表;从广告这个有些独特的视角切入,既能为健康传播积累更加丰富与厚重的学术资源,又能对广告史研究的自身建设提供若干积极的启示。

结 语

广告学与健康传播都属于应用学科。作为"应用"学科,它们都承担着与业界进行对话的责任。但既然是"学科",它们也同时承担着与学术界其他学科进行对话的使命。而对于文化研究来说,广告与健康传播的联姻有着积极而深远的意义。从学术发展的趋势来看,广告学研究有朝着新媒体、新技术、创意传播、智慧传播等方向发展的趋势,文化研究退出广告研究学术主流已然在所难免。然而把"文化研究"作为一种思考问题的方法,才是文化研究最为可贵的理论遗产。今后,也许作为一门"超级学科"的文化研究难以继续存在,从事文化研究的学者要回归具体的专业领域,这样看来,文化研究作为学科似乎行将消亡,但文化研究的思维却是永存的。具体地说,这种思维就是把身边微小的事物陌生化并进行批判性审视。对待现实如此,对待学术亦然。文化研究者一方面应该去欣赏那些隶属于最新学术前沿的优秀研究成果,另一方面也应对其进行批判性阅读、思考与挪用。作为新文化史前沿的医疗史研究,在今后还会对广告文化研究提供更多的理论资源;而随着自身学术建设的不断推进,广告文化研究也会给健康传播以借鉴,甚至引领文化研究领域的未来潮流。

---

[1] 参见[美]罗芙芸:《卫生的现代性》,向磊译,南京:江苏人民出版社,2007年。

第五章
广告史研究的全球化与本土化

我们倡导突破以往以国别史为基础的研究框架，建立一种全新的"全球广告史"，意在提醒学界注意广告史发展过程中的普遍联系。但是，研究全球史的前提是做好本土的研究，在全球化的背景中更应该突出不同的地方经验，否则我们对于全球史观的形成与判断就容易出现偏差。对于中国的广告史研究者来说，尤其需要在一种全球化的视野和框架下进行本土化的阐述，去丰富全球广告史框架下对中国了解和阐述不足的弊端。然而，与全球化研究的理论建构热潮相比，很多时候"本土化"仅仅被视作一种口号或宣言而缺乏深入的理论探究。当今学术界对于"本土化"的理论研究，既不能够与"全球化"的热烈讨论相对应，也不能够满足各个学科对于"本土化"问题进行讨论时所必需的一般性基础理论要求，甚至已经有研究者提出所谓"本土化"其实是一个"伪问题"并引起论争。[1] 从 21 世纪初开始，笔者即开始思考中国当代平面设计和广告创作"本土化"的理论与实践问题，[2] 在对该领域现有的研究成果进行比较系统的综述过程中，笔者发现同样存在这样的一个"理论瓶颈"。如果广告研究的全球化与本土化的相关理论问题不得到解决，本土化的讨论很可能停留在非学术的层面而无法得到深化。

---

[1] 陈刚：《跨国与本土："伪问题"的现实意义——兼谈本土广告公司的发展机会》，《广告大观（综合版）》，2007 年第 3 期。
[2] 祝帅：《中国文化与中国设计十讲》，北京：中国电力出版社，2008 年。

一、广告研究本土化的理论基础

广告研究本土化的第一个理论依据，来自萨丕尔－沃尔夫的语言相对论对思维方式理论的启示。关于人类语言起源的问题至今为止学术界并没有形成比较可信的结论，人类语言起源的单一论或多元论中的任何一种都很难得到证实或者证伪。关于《圣经·创世记》第 11 章第 1 至 9 节中所记载的"巴别塔"的信息究竟是传说还是史实的争论或许还会持续下去，但人们至少不能够否认人类语言多样性的现实。古往今来，人们从未停止过寻找各种跨语言沟通渠道的努力，但无论是翻译学、语言哲学还是米哈伊尔·米哈伊洛维奇·巴赫金（Mikhail Mikhailovich Bakhtin）的"对话理论"的努力，都不能令人信服地最终说明人类的日常语言都共享着一个共通的"元语言"及语法模式，相反却必须承认解释学在一定程度上具有极大的有效性。

美国语言人类学家爱德华·萨丕尔（Edward Sapir）及其弟子本杰明·沃尔夫（Benjamin Whorf），在 20 世纪中叶提出了著名的"萨丕尔－沃尔夫假说"（Sapir-Whorf Hypothesis）。该假说设想，一种语言本身就已经决定了讲这种语言的人理解和把握世界的方式，即人类文化的多样性是由不同语言的结构内在、预先地规定了的。按照萨丕尔的说法：

> 人类……在很大程度上受到已成为所处社会的表达工具的那种特定语言的支配。……"现实世界"在很大程度上，是无意识地建立在群体的语言习惯上的。[1]

由于缺乏量化的支持和实证的证明，萨丕尔和沃尔夫的理论至今仍然只能停留在"假说"的层面。并且，萨丕尔本人也并不相信文化和语言具有不证自明的因果联系。但是，"文化"和"思维"在语言学家萨丕尔那里是有区

---

[1] 转引自［美］威尔伯·施拉姆、威廉·波特：《传播学概论》，陈亮、周立方、李启译，北京：新华出版社，1984 年。

别的。无论如何,"语言和我们的思路不可分解地交织在一起,从某种意义上说,它们是同一回事。……两种语言从来不相同的是外表形式,因为这形式,就是我们叫作语言形态的,不多不少正是思维表达的集体艺术,一种脱尽了不相干的个人情绪的艺术"[1]。

现实在很大程度上印证着这一假说。除了萨丕尔和沃尔夫,以及其他后世语言人类学领域中的阐释者所列举的霍比人等具体例证,日常生活中还有很多经验支持这种关于语言与思维方式的一致性的例证。这种现象不仅发生在不同语系的语言中间,就是在同一种语言内部(空间维度)或自身的发展演变过程中(时间维度),也能够看出语言的精确性对于思维方式变迁的影响。"语言的内容,不用说,是和文化有密切关系的。"[2] 以汉语为例,远古时期的文字与"五四"以来的白话已经对中国人的事物分类方式等重要思维模式产生了明显的影响。一位研究者指出,在甲骨文中表示各种各样"看"的字超过二十个,而在《说文解字》中"视觉活动多达105种,分别以150个词来表明"[3]。但是今天的日常语言中早已没有如此细致的区分。类似的例子在一些小语种里面更加普遍。而汉语普通话的推广与应用,似乎又在很大程度上消弭着存在于不同地区方言之间的微妙差异。

用汉语举例似乎对于有关"本土化"的结论并没有什么直接的支持,反倒会使得一些人得出相反的结论。但首先需要强调的是,"本土化"并非特指某种固定不变的"民族性",相反,"本土化"是一个充满变化、延异和理解过程中的解释性的动态范畴。如果不惜以某一本土内部的"同质化"为代价换取全球文化的"多样化",那么简直是与"本土化"的初衷相背离的。换言之,用萨丕尔-沃尔夫假说希望说明的并不涉及"本土化"的具体界定问题,而首先应指出"差异性"存在的客观现实及其语言基础。因此在萨丕尔看来,"艺术家必须利用自己本土语言的美的资源"[4]。

---

[1] [美]爱德华·萨丕尔:《语言论》,陆卓元译,陆志韦校订,北京:商务印书馆,1985年,第195页。
[2] 同上书,第196页。
[3] 龚鹏程:《文化符号学导论》,北京:北京大学出版社,2005年,第22页。
[4] [美]爱德华·萨丕尔:《语言论》,第202页。

萨丕尔-沃尔夫假说尽管并没有最终得到证实,但是却在后世得到了进一步的拓展。在语言相对论范式的基础上,后世的学者进一步把萨丕尔-沃尔夫假说的应用领域从语言人类学领域向整个文化传播领域推进,在此基础上逐渐形成了跨文化传播学中的思维方式理论。与萨丕尔-沃尔夫假说所处的学科环境不同的是,作为传播学的一个分支,跨文化传播学(或译为跨文化交流学)是否应该被视为一门独立的学科,不论是在整个人文社会科学学术界还是在传播学研究领域内部都还存在着争论。不论如何,思维方式理论作为一种应用性的研究,尽管其具体的结论同样有待于修正和发展,但是由于它的前提——不同的民族有不同的思维方式巧妙地回避了思维方式与语言的直接因果关系是否成立这一难题,因而已经开始在传播学甚至人文社会科学界被广泛接受。

在关于思维方式的研究中,东方学者的贡献尤其值得注意。日本学者中村元(Hajime Nakamura)曾撰《中国人之思维方法》一书,并系统地研究了东方各国尤其是中国思维方式中重视视觉知觉的特点。[1] 而按照中国较早开始从事跨文化传播研究的学者关世杰更加简明的归纳,中国人同英美人在三个方面上存在着巨大的思维方式差异:

> 首先,在有关一组信息的内在联系方面,中国人偏好形象、类比、直观思维,英美人偏好概念、逻辑思维。……其次,在理解一组信息时的切入点方面,中国人喜欢综合思维,英美人喜欢分析思维。……再次,在思维过程中,在对一对概念的关系判断上,中国人注重对立面的辩证统一,美国人注重对立面的二元对立。[2]

当然,作为一种应用性理论,跨文化传播学的结论还需要从学理上进行进一步的严格推敲,才能避免"大而化之"。但同时,由于跨文化传播学并没有通过足够令人信服的实证方法回答一系列的复杂追问,诸如这种区分本身是

---

[1] 参见[日]中村元:《中国人之思维方法》,徐复观译,台北:台湾学生书局,1991年。
[2] 关世杰:《跨文化交流学》,北京:北京大学出版社,1995年,第94—148页。

否也是在西方思维模式影响下的"二元对立",这种中西区别是固定不变的还是会(抑或已经)随着时间的推移而互相转化,这种区分是先天的(写入基因)还是社会性的(社会生物学解释),等等,因此,语言相对论乃至思维方式理论也给其余的理论和当前在各个不同学科中开展的本土化问题的理论研究留出了足够的空间。

第二个理论基础是福柯对"物之序"的考察及其对文化规训的反思。

比语言相对论和思维方式理论更具有现代理论色彩和思辨意义的是福柯的话语理论。福柯以监狱、精神病院等机构的起源作为其文化研究的入手点,从一个又一个微观的角度反思了现代人的话语和观念如何在权力的作用下逐渐形成霸权的过程。按照福柯的一般看法,"权力"是无处不在的,今天用以彰显地域文化特殊性的"民族性""文化""传统"等观念,无不是被权力"规训"出来用以实现某些社会动员目标的手段,而这种规训的形成大致不会早于19世纪这样一个"现代性的门槛"。福柯的分析是极其有洞见的,他发现了"知识体系"与"权力"之间密不可分的关联,在某种程度上他的确从根本上推翻了所谓"人""启蒙""现代性"等知识分子的阴谋。而作为一种宏观的方法论,他把自己的研究称为"知识考古学",意在发现"知识"是如何在权力的作用下建构的,以及在"知识"的生成过程中有哪些东西像考古学的"断层"一样被知识的生产者有意无意地忽视了。

从表面上看,福柯的理论与关于"本土化"研究的努力恰好互相反对,但这样的话很可能就停留在表面上而对福柯的理论作了简化。在我看来,至少在这样几个方面可以看出福柯的知识考古学理论与"本土化"的研究范式并不矛盾。其一,福柯的理论是"向后看"的,他更多地分析了"话语"在权力作用下的形成过程,在"知识考古学"方法的前理解的支配下,福柯以大量的精力投入微观的历史研究,尽管他的研究对象与传统的历史学有很大不同。无论如何,他和喜欢追问"之后怎样"的鲁迅不同,福柯对于"将现有的知识体系解构之后学术何为"这一问题并没有给出理论的解答。或者可以说,晚年福柯在这方面的解答远远没有其早年的"知识考古学"那样精彩。福柯以所谓的"身体美学"反抗权力的微观政治策略并没有真正地撼动

"启蒙"和现代性社会的根基,相反让人感觉到他的理论也难逃"可爱不可信"的诘难。其二,也是这里笔者将要做重点探讨的,是福柯的知识考古学方法虽然并没有从文化价值上做出任何优劣高下的主观判断,但却看到了不同文化之间"权力"起作用的方式并不尽相同,看到了对事物秩序的体认构成了某种文化自身的思想限度。

也许正是基于对于异域文化的隔膜,福柯的研究对象基本上集中在西方文化权力的发展史之中,而对其他文化类型并不像人类学家那般地关注,其研究对象的特殊性也使得他跨文化讨论一些话题的机会并不太多。在早期著作《词与物》的"前言"中,福柯通过豪尔赫·路易斯·博尔赫斯(Jorge Luis Borges)作品中的一个段落,追问了不同文化的"图表"(经验秩序)对于事物组织方式的影响。福柯认为:

> 文化的基本代码(那些控制了其语言、知觉框架、交流、技艺、价值、时间等级的代码),从一开始,就为每个人确定了经验秩序……[1]

如果说这种经验秩序还是在社会学的意义上确立的话,那么福柯还敏锐地意识到在文化的内部还存在着一个巨大的"中间地带",由于这种文化代码并不是与生俱来的,而是在后天形成的,所以这个中间地带很容易引起福柯展开理论思辨的兴趣。福柯认为,这一"中间地带"的作用就是保证这种经验秩序的确定性,这是一个关于"秩序存在方式的经验"的巨大权力场。它在16世纪以降得到了前所未有的发展,而自己的任务正是揭示在经验秩序形成和强化的过程中在多大程度上受到了它的影响。这样,福柯的工作就和此后逐渐明确的"知识考古学"联系在了一起。

在福柯分析的基础上,我们至少从空间和时间两个角度"反其意而用之",进行本土化的探究是可能的。

一方面,如同福柯所做的那样,借助一种异族文化的经验对于看清知识

---

[1] [法]福柯:《词与物》,莫伟民译,上海:上海三联书店,2001年,第8页。

形成过程中权力所起到的作用，特别是在辨认那些处于"断层"而被遗忘的文化因素时，首先应该是极其重要的参照系。这里，尽管福柯及其所援引的博尔赫斯对于中国的判断似乎有些"东方主义式"的妖魔化，但这个判断的基本事实是否属实无关紧要，关键在于它指出了不同文化"图表"的巨大差异这一现实，并在此基础上指出了本民族文化的思想边界。这个过程的关键在于对本民族文化之外的东西加以发现和保留而不是以此代彼。而对于异域文化图表形成过程中自身的问题以及不同文化图表的沟通是否是必需的等问题，福柯的著作中并没有进行回答，但他的贡献在于指出这一现实并把自己的研究领域限定于西方的话语。在福柯这样反对"启蒙"所提供的一致性宏大话语的思想家看来，无论是就人文科学还是社会科学层面而言，面对不同的社会环境和历史资源，不同的文化也有必要根据自身不同的"图表"或更广泛意义上的"认识型"对现代社会问题做出不同的反应。

另一方面，福柯对于"中间地带"的分析有助于看清"文化"建构过程中的风险与遮蔽。甚至可以说，一切试图用几个简单的词汇对某种文化进行把握的努力都是充满危险的，在这种把握的过程中，往往是"权力"而不是知识自身塑造了"知识"的话语。这一时间的差异性因素在福柯之后的社会科学界得到了广泛的继承，英国哲学家埃里克·霍布斯鲍姆（Eric Hobsbawm）曾经与人合编过《传统的发明》一书，[1] 指出今天很多被称作"传统"的东西，实际上仅仅是近代以来的产物，他所列出的种种案例是发人深省的。许多中国学者也发现，所谓"国学""国画"等被认为是中国传统学术的学科，本身是 20 世纪以来按西方学术体系的"图表"产生的命名。"本土化"的研究无论如何不能认同于这种把历史文化固定规训后的所谓"民族"和"传统"。这样的努力的确与中国学术史上的疑古学派有些类似，但不同于古史辨派对于具体史实的怀疑与重建。相对而言，古史辨派的学者是历史学家中的哲人，而福柯则是哲学家中的历史爱好者。福柯的努力不同于古史辨派的最大一点，在我看来可能是福柯对"正史"的挑战是基于一种

---

[1] 参见［英］霍布斯鲍姆、兰格编：《传统的发明》，顾杭，庞冠群译，南京：译林出版社，2004 年。

更为宏大的历史哲学（这似乎也是福柯不可避免的内在矛盾），旨在发现正史构建过程中的断层，并"把种种裂缝、不稳定性、空隙还给我们沉寂、天然的土地"，以至于让它"再次在我们脚下显得不安"。[1]

第三个理论基础来自比较文学的文化特殊主义范式。

20世纪以来，由于文化人类学家田野调查工作的兴起与研究成果的陆续发表，在文化研究领域也逐渐形成了"特殊主义"和"普遍主义"两种截然不同的理论范式。对此，比较文学和比较文化研究领域的学者有积极的反应。这是因为在全球化时代的文化研究中，比较文学和比较文化研究在知识体系中扮演着越来越重要的角色。也许这一点在当今中国的大学和研究生院中的体现还并不是很明显，但在许多发达国家的大学中，"比较文学"学科的招生规模很可能已经超过了传统的文学学科。这是因为在学科交融的时代，"比较"作为一种学术思维方式具有跨文化的开放性和包容性，至少在某种程度上，无论是否支持文化的多样性，都可以囊括在比较文学的理论范式下加以讨论。

由于比较文学研究自身的学科建设并不算成熟，一些基本的学科理论问题并没有得到很好的解决，对于"特殊主义"和"普遍主义"也往往缺乏严格意义上的理论辨析。但通过各自的一些代表著作可以看出，我们所讨论的"特殊主义"和"普遍主义"，都是在一种无本位的比较思维方式的基础上提出来的。换句话说，狭隘的原教旨主义民族情结或者西方中心主义都不包含在我们的理论视野之内。无论是特殊主义的代表人物本杰明·史华兹（Benjamin Schwartz）所指出的："促使我写作本书的是这样一种信念：超越了语言、历史和文化以及福柯所说'话语'障碍的比较思想研究是可能的。这种信念相信：人类经验共有同一个世界。""尽管人类还存在着由各种更大的文化取向所造出的迄今未受质疑的差距，但在这个层面上，人们又再次找到了建立普遍人类话语的可能希望。"[2] 还是普遍主义者葛瑞汉（Angus

---

[1] ［法］福柯：《词与物》，莫伟民译，上海：上海三联书店，2001年，第14页。译文根据汉语表述习惯稍有改动。
[2] ［美］史华兹：《古代中国的思想世界》，程钢译，刘东校，南京：江苏人民出版社，2004年，第12、13页。

Charles Graham）用西方哲学的范畴把握"古代中国哲学论辩"[1] 的努力，其实都建立在对中国思想或曰中国哲学的"同情之理解"之上。特殊主义者自不待言，普遍主义者在某种意义上也往往是旨在在发达国家传播第三世界国家的思想文化，并企图促成一种"对话"式的比较研究。

但有所不同的是，特殊主义者更希望把握的是中国文化不同于西方文化的一些更加本质的范畴乃至分类方式，试图在"最大公约数"而不是"最小公倍数"的基础上寻求跨文明对话的可能。无疑这是更有难度，但却在更加本真的意义上体现"无本位的比较之思"的方式。既然是"知其不可而为之"，那么自然在理论上要受到更多的诘难。诸如"文化特殊主义"如何协调解决文化沟通的问题？是否忽略了文明内部历时性的演进或是中国文明内部不同地区间的差别？等等。

按照一些人的理解，强化差异的研究必然导致中西文化无法沟通的结论。但在我的理解中，无论是比较文学还是"文化类型学"的研究，寻找差异性、特殊性的目的恰恰是为了整个人类文化的多元化发展，为了促进世界文明之间的对话。换句话说，这种种寻找差异性的努力，恰恰是以肯定了存在着某种值得（或者需要）做多元化理解的共同的东西为前提的。在这个阶段之后，比较文学研究者还有着借此促进人类对话的宏大心愿。此外，"相对主义"这样的提法本身也说明了文化成果的相对性，即首先反对西方文明的霸权，但强调差异也不是为了突出此一文化传统较之其他文明的优越性，而是为"多元并存"的局面保留出某种可能，不用任何一种文明内部的标准轻易做等级判断。

文化特殊主义并没有关闭或放弃任何借鉴与学习的机会，但这种借鉴和学习的发生效果总是有其一定的范围的，我们并不能够因为"异"的客观存在，就取消或放弃一切用语言来描述或把握整体的可能。与此相联系，特殊主义者们不仅仅意识到了各个国家间的特殊，也意识到了各个洲、民族、地区、城市乃至更小的区域之间的"特殊"，即某一国文明内部的不同是与此

---

[1]　参见 [英] 葛瑞汉：《论道者——中国古代哲学论辩》，张海晏译，北京：中国社会科学出版社，2003 年。

同时已经得到接受和承认的事情。但这种种内在的矛盾和张力，又是从属在一个复杂的系统"范式"之下的。

因此笔者倾向于认为，在当今全球化的现实之下，当务之急是加强在把握"当代中国"这一整体意义上的本土化理论问题的研究。一个比较理想的方案是，在相关理论研究建立并完善的前提下，进一步细分为不同的地域性本土化研究，但万不可本末倒置，抑制理论生长的必要性与可能性。在这方面，比较文学研究更多地从研究案例中给相关学科的研究者以启发，但是如何从理论上概括和把握特殊主义与普遍主义之争，这是留给比较文学学术史研究者的一个有应用价值的研究课题。

二、西方广告学领域关于本土化的实践

"全球化"无疑是当代学术中的一门显学。近年来，无论是法学、社会学、人类学、政治学、经济学、传播学还是传统的人文学科各个领域，都有越来越多的中国学者加入全球化理论建构的运动中来，并取得了一些具有相当深度的成果。尤其是受历史学界"全球史"兴起的影响，"全球广告史"或曰"跨文化广告史"的写作在海内外广告史研究领域渐成学术热点。与此形成有趣对照的是，在广告业界和学界，"本土化"的问题从理论到实践也开始备受关注，有关中国元素、中国国家形象传播和国家品牌、中国设计研究主体性的崛起、广告产业发展中国模式的理论建构，以及"东方设计学"等问题的讨论也方兴未艾。一边是"全球化"，另一边是"本土化"，从表面上看似乎是一组矛盾。那么，当前的广告史研究，究竟正在走向"全球化"还是"本土化"？二者是否截然对立？

对于这个问题，笔者在上文中初步综述了"本土化"研究的理论范式，力图证明"本土化"是与"全球化"并存的另一种广告史观。当然这几种范式的共同特点在于都是从各自所处学科内部对于"本土化"问题的一种尝试性回答，而并没有超越性地形成一种具有普遍解释力的宏观理论，能够达到

像马克思的"世界文学"、弗朗西斯·福山（Francis Fukuyama）的历史终结论或吉登斯、鲍曼等人的现代性社会理论对"全球化"所进行的理论建构作用。因而，对本土化理论的进一步提炼，还需要更多自觉的研究成果。另一方面，以上所概括的几种理论范式，对学术界现有的本土化理论思考来说具有比较典型的概括性，因而笔者相信对其进行综述能够在比较充分地反映整个学术界研究现状的前提下，比较全面地概括本土化研究成立的理论基础，为进一步的研究积累必要的理论资源。

在广告学的相关研究领域中，其实学者们在这个问题上也已开始展开理论和应用方面的独到探索。广告学领域的学者首先在全球不同的地域市场中发现文化的隔阂成为跨国公司在全球营销活动中的一个无法回避的障碍。多年来，因"文化失误"而造成产品和品牌形象危机的例子不胜枚举：瑞典家具零售商"宜家家居"（IKEA）在丹麦上市后却发现其识别系统中的蓝、黄二色在丹麦引起了当地居民的强烈民族仇恨；而著名的啤酒制造商嘉士伯（Carlsberg）不得不在非洲更改商标，仅仅是因为其两头大象的商标在非洲是厄运的象征。[1] 笔者还想起了一个同样与大象有关的例子——中国的老字号"白象"（White Elephant）牌电池在美英等国销售不及东南亚等地，原因在于White Elephant 在英文中是"蠢东西"的俚俗说法。可以说，这种贸然在其他地域上市而引发的文化上的失误，有可能会造成比简单的因为语言而产生的文化隔阂更为严重的后果——它甚至会伤害到一个品牌的文化和价值。

更有甚者，近年来由于文化失误而产生争议的广告以及由此造成的民族和政治问题也一再成为社会关注的焦点。近二十年来在中国的市场上，从耐克和丰田公司的两则广告受到质疑或被禁播，直至 2018 年末的杜嘉班纳"辱华"事件，存在文化失误的跨国企业广告一再被指伤害了中国人的民族自尊心，而这么严重的后果恐怕是国际 4A 公司的创意部门事先所没有想到的。

事实上，广告和营销界的学者、实务人员目前已经对文化的差异性有了

---

[1] [美] 邓肯：《整合营销传播——利用广告和促销建树品牌》，周洁如译，程坪校，北京：中国财政经济出版社，2004 年，第 671—672 页；更多的亚洲例子参见 [美] 菲利普·科特勒等：《营销管理（亚洲版第 3 版）》，梅清豪等译，北京：中国人民大学出版社，2005 年。

越来越明确的认识,并进行了多方面的思考。在业界,也产生了类似于比较文学中"特殊主义"与"普遍主义"的争论。一些人认为,在全球品牌的建立和营销推广过程中,应该寻求全球市场中的一种共通的、一致的形象,在不同的地区只需要更换一下文字均可以畅通无阻,而形象本身要求是简单、识别性较强的图形即可,比如肯德基的老者形象和麦当劳的金色拱形门。"在这些情况下,经理们相信品牌信息可以在全球采用标准化"[1]。但是更多的企业和营销人员则发现,寻求这种"标准化"的过程并非如此简单,即便是存在这样一种标准化的形象,其广告本身往往要么难以担负起文化使者的重任,要么则容易被严厉指责为"文化帝国主义"者。一项调查甚至指出,对于相当一部分商品,"惊人的证据表明,基于全球范围的消费者/市场的同质性是根本不存在的。"[2] 因此多数的营销学者倾向于认为,"本土化"的营销策略将是整合营销传播(IMC)过程中无法回避和忽视的一个重要问题。

在这样的认识论基础之上,营销和广告学者从理论上确认了文化和价值观存在着差异性,这种差异性不仅仅存在于民族与民族之间、国家与国家之间,甚至也存在于一个国家或民族内部的不同地域之间。在参考借鉴社会学、心理学学者研究的基础上,这种文化的差异性可以用社会心理学调查实验研究中的"量表"的形式量化地表示出来,世界各个地区的文化差异可以用几个不同的层级来表示出来。在这一范式下,爱德华·霍尔(Edward Hall)的"高关联性和低关联性"研究,以及"霍夫斯塔德文化维度",都构成了评估国际品牌信息时的有效分析手段。[3]

但是,广告和营销学的研究仅仅是在宏观上为我们提供了一种认识框架,仅从"文化维度"的角度,不可能参透不同民族文化的深层特质,更无法完成全球文化多样性"输出"和沟通的历史重任。仅从"集体主义""高关联性"等角度定义中国文化和中国人民族心理特质的做法,虽然不能说不正确,但至少是过于简单化甚至有些"东方主义"式的。为此,广告学领域

---

[1] [美]邓肯:《整合营销传播——利用广告和促销建树品牌》,第665页。
[2] 同上书,第666页。
[3] 同上书,第667—670页。

的学者还必须借鉴设计学的相关成果，从人文学科的角度做出进一步的深入研究和实践。与此同时，也要结合中国的广告、设计实践讨论本土化研究的现实意义。

三、中国广告主体性的建构

接下来，本部分拟结合中国广告和设计创作的实际，对于本土化的问题展开实践中的阐述，探讨中国广告主体性的建构。广告学作为营销组合中的一种手段，在本质上属于社会科学，其终极目标指向的是商品（或服务）的推销；而与此同时，作为当代视觉文化和创意产业的一个重要门类，广告也势必更多地担负起艺术继承与文化传播的重任。因此，以往广告学对于地域化的理解，更多地体现在对目标销售市场地域文化的探求和把握，而现在还应该吸收设计学的某些经验，在已有研究基础上，侧重于思考本土传统文化输出、沟通和创造性转化的重要战略问题。在这一方面，中国广告学研究和广告教育者更应承担起研究、输出中国文化和思考中国本土广告发展的使命。正因此，近年来，设计界和广告界不约而同地提出了中国广告和中国设计的主体性问题和自主性发展的理论与实践。

本节以文化和旅游部主办的"中国设计大展"为例展开分析，这个起源于2012年的大展被理论界评价为中国设计主体性崛起的一个标志，其成败得失也值得广告领域借鉴。2019年1月11日，第三届中国设计大展在深圳拉开帷幕。这一国家级设计大展迄今已经举办了三届，尽管每届都有不同的主题和策展风格，但在当代中国设计史上观察，相比以往设计界的诸多展览，这一大展有两个突出的亮点。其一，是政府主办。以往中国设计界的展览，多由民间基金会、行业组织或者设计院校来组织，其对行业的号召力毕竟有限，而中国设计大展则以文化和旅游部（原文化部）联合广东省人民政府主办，这在很大程度上可以对全国的资源实现整合，也是设计受到国家重视的一个重要标志。其二，是明确提出"中国设计"的理念。"中国设计"

与以往民间所提的"平面设计在中国"等展览名称有根本的差别,也突破了以往对于平面、环艺、广告等具体设计门类的限定,它标志着中国设计主体性在一个整体意义上的崛起。笔者有幸于首届中国设计大展时参与策展及论坛的工作,2013年还在《美术观察》杂志主持策划"中国设计主体性的崛起"选题,而今经过三届展览,随着中国设计大展的办展机制不断成熟,中国设计主体性的理论与实践也在积累中不断建构。无独有偶,在学术界,有关"东方设计学"的理论与实践也形成了新的热点。2018年,由中国美术学院教授吴海燕主持的"东方设计学理论研究建构"获批为国家社科基金艺术学重大招标项目。与第三届中国设计大展同期,笔者正在中国美术学院参加此次重大项目子课题的研讨与论证会。笔者认为,这都是一些东方尤其是中国向国际设计界发出的积极的信号。这些努力的初衷都非常好,即随着综合国力和设计产业的发展,已经有越来越多的设计界同仁开始意识到,中国应该带着自身的主体性,以鲜明的中国特色、东方叙述,加入国际设计的话语场。

笔者本人一直倡导中国广告本土化的发展和主体性的建构,早在2004年,即曾在中央美术学院设计学院开设本科课程"平面设计的本土化探索",并于2008年出版为《中国文化与中国设计十讲》一书。该书主要内容包括中国古代设计思想整理、晚清民国西学东渐与中国设计主体性的论述和当代设计批评三方面。在广告界,2006年中国广告协会主办了首届"中国元素国际创意大赛"。可以说十余年来,中国广告和设计在服务国计民生、推动社会创新方面扮演了越来越重要角色的同时,也不断体现出国际化的发展趋势,并且在与西方对话的过程中开始建立起自身的主体性。在国际设计舞台上,中国的平面设计、产品设计、建筑设计、服装设计等传统设计门类越来越有底气,而在一些新兴的设计领域中,如程序化创意、信息设计、设计产业、服务设计等,有些方面甚至还引领了世界的潮流。中国设计快速发展的经验已备受世界瞩目,也应该及时对其经验加以理论的总结和研究。

不宁唯是。从学术本身发展的角度来说，近年来，"全球史观"也渐次在各个领域浮出水面，在西方，已经出现了多部题为"全球设计史"或"全球广告史"的大部头著作。[1] 可以看出，突破西方中心主义的做法，是西方、东方学者共同努力的方向。其实从理论上说，"全球史学"所代表的方向，与"东方设计"的提法，属于不同的学术范式。无疑，"中国设计""东方设计"的提法，表明的是一种文化学上的特殊主义立场。但相对于文化特殊主义的"东方设计""东方学"，"全球史学"反对的是那种把东方看作"他者""异文化"的文化怪兽的做法（如同爱德华·W. 萨义德〔Edward W. Said〕在《东方学》中所表述的那样），主张东方和西方是在同一个舞台上进行平等的对话。英国的中国艺术史学者柯律格（Craig Clunas），就是在这个意义上坚持强调自己"艺术史家"而非"汉学家"的定位。[2] 这种全球史观相对于以往忽略东方的西方中心主义来说固然有纠偏的意义，但需要看到的是，目前的全球设计史、全球广告史的叙述中，对于东方还是浅尝辄止的，特别是对于中国设计史和广告史的解释还停留在起步的阶段，还是西方同类史学著作的附庸。在这种对中国、对东方研究还很不够的特殊历史阶段，适当以特殊主义的立场对东方、对中国广告史和设计史进行本体论式的专门研究，作为一种阶段性的立场，应该是东西方学者都应该及时补上的一课，目的是丰富和补充全球设计的话语场。这是一种阶段性的研究，换言之，提出带有特殊主义色彩的东方设计、中国设计，只是一种手段、一种方法，而不是一种本位、一种目的，其最终目标，应是为构建人类命运共同体贡献出中国乃至整个东方的设计文化、设计智慧。

只是相对于蓬勃发展的中国当代广告实践，有关中国广告主体性崛起的理论建构的研究还显得很不够。在实践和产业领域中，中国广告主体性

---

[1] 如 Mark Tungate, *Adland: A Global History of Advertising*, Kogan Page, 2013; Ching, Frank, Jarzombek, Mark M., Prakash, Vikramaditya, *A Global History of Architecture*, John Wiley & Sons, 2007; Victor Margolin, *World History of Design*, Bloomsbury Academic, 2015 等。

[2] 祝帅：《特殊主义的汉学，还是普遍主义的美术史？——反思西方中国美术史学者的文化立场》，《美术观察》，2016 年第 2 期。

的崛起已经是一个既成的事实，但若想把这一行业热点趋势长期保持和推动下去，就需要及时进行理论上的总结和研究，实现道路自信、理论自信、制度自信和文化自信。具体到对东方设计学、中国广告主体性建构的研究中，尤其需要处理好理论和实践关系的问题。作为应用学科，设计理论需要关注实际、引领未来。在处理东方与中国的关系问题方面，不妨参考国际关系、区域研究等领域的权威论述，首先对"东方"进行界定，并适当借鉴社会科学研究中的"抽样"方法，选择有代表性的民族、文化作为案例展开研究，从理论上建构东方设计的理论体系。在关注一般的同时，要落地于个别，即以中国广告为个案进行理论归纳，深入研究中国广告主体性的理论建构，阐释中国广告主体性的崛起之路。

结　语

随着当代学术的最新进展，在学术界尤其是社会科学领域关于"本土化"问题的理论探讨也在持续深入。近年来中国广告学界先后出版了一系列针对中国本土问题的研究成果，各广告院系在本科教学中也开出或即将开出一系列课程探讨传统语言在现代广告中的转换与应用。这些努力都已经逐渐超越了关于"本土化"研究是否为一个"伪问题"的理论思辨，体现出逐渐深化的现实意义。我们也期待着更多从不同学科角度提出的新的理论思路，使各个实践类学科"本土化"研究从理论上都能够进一步取得突破，进而尽快结束关于"本土化"的论争，让中国乃至东方的本土化成为国际广告和设计话语场的必要组成部分，提出中国问题，建立中国学派，加入世界对话，最终形成全球共识，为未来中国广告史高举主体性进入全球广告史体系打下坚实的基础。

第六章
海外中国广告史研究的范式与方法

近年来,海外"中国研究"在国内学术界一时成为显学,除民族、宗教等一些特殊的学术领域外,几乎关于中国研究的重要著作在短时间内就都会出现中译本,并且屡屡成为学术界关心和讨论的焦点话题。如江苏人民出版社出版的"海外中国研究丛书",生活·读书·新知三联书店出版的"开放的艺术史丛书",以及北京大学出版社、清华大学出版社、浙江大学出版社出版的相关著作等,其中也不乏对于广告的研究与讨论。然而,海外中国广告史研究的诸多成果却不都是广告学专业的学者所贡献的,而往往来自文学、历史学、传播学、经济学等诸多相关领域,也未必是以广告为直接对象或诉求。同时,海外中国广告研究也存在着偏重民国及20世纪50—70年代、轻视当下产业进展等多方面问题,特别是对于中国当代广告研究的自主性和本土化的理论模式着墨不多。不过,这些成果只有在一个整合的意义上进入广告学术史的视野,才能够建立起对海外中国设计研究的总体认知,并反过来促进中国广告史研究领域的积累与成长。在某种意义上,也只有对这些成果及其范式进行及时的分析和检视,才能够不断拓展中国广告研究的范围、方法与视阈。

一、海外中国广告史研究的分布与开端

在海外中国研究中，史的研究无疑是起步最早、成果最为丰硕的领域之一，也一直是海外中国广告研究者的兴趣所在。在很大程度上这是由于西方的"新史学"把史学研究的视角从以往重视的"宏大叙事"转向一些容易被忽视的微小事物的缘故。可以想见在新史学的视域中，广告史学未来将会得到更大的发展。那么，"史学"为什么是海外中国研究的起点？或者换句话说，在海外中国广告研究中，为什么史学具有优先性？这些问题将成为本章思考的中心议题。在进入具体的解析之前，有必要对海外汉学中中国广告史研究的学术平台与分布情况进行一番基本的梳理。学术共同体的存在是现代学术制度的根本保障。同样，海外的中国广告史研究也必须依附于特定的学术平台。但学术平台有两种，分别是虚拟的和现实的，即一种是学科规训，另一种则是大学体制。

就广告史而言，它所依附的学科从表面来看是广告，但实则是史学，属于史学的"专门史"研究领域。只是由于专门史学的分支涉及太多，不可能由主流的史学家所顾及，加之专门史研究必须了解研究对象的实际情况，因而往往由各部门的具体研究者来承担。某些研究对象比较明确的大的专门史研究领域，在比较长的时间内积累了必要的学术积淀，形成了重要的学术成果、研究范式和学术共同体，有可能反过来为主流史学所包容和接纳，如"艺术史""教会史"等。"新闻史""广告史""传播史"等显然还并没有这样厚重的学术积淀。不过，由于这些学科在当今渐成显学，其研究对象在当代文化中也扮演着越来越重要的角色，因而它们正在以一种集团化的形式，为史学的新领域——文化史研究所包容。

不过从海外中国广告史研究的著作中可以发现，虽然所依附的学科基础和学术范式是史学，真正在国外大学的历史系（或者新闻学院、传播学院等）开展广告史研究的学者并不为多。比如，杰克逊·李尔斯是世界闻名的广告史学者，他也是为数不多在历史系（罗格斯大学）任教的广告史家。不

过他本人的研究领域是文化史（而并不限于广告），而且并没有写过关于中国广告史的研究著作。一位与李尔斯学术兴趣类似的学者是彼得·伯克（Peter Burke），他是剑桥大学历史系教授，也是《图像证史》《什么是文化史》等一系列文化史奠基性著作的作者。他的思想方法和理论被大量应用于广告史的研究实践，但广告只是他所关注的"图像"的一部分而非全部内容。他的书为广告史研究者所广泛阅读，但是广告史家这个头衔并不能够限定他的学术范围。也有一些重要的广告史著作的作者并非史学训练出身，但往往与史学有千丝万缕的联系。如在美国麻省理工学院媒体实验室任教的中国台湾学者王瑾，她撰写了中国当代广告史的重要著作《品牌新中国：广告、媒介与商业文化》（何朝阳、韦琳译，北京：北京大学出版社，2012年），可以说是广告传媒研究领域中为数不多的一位广告史研究者。这是由广告学和传播学的学科特点所决定的。在美国，这些学科一般属于实证研究，其学科基础与史学是格格不入的。在传播学院从事史学研究注定是边缘化的。

欧洲和日本的情况与此有所不同。一方面，是因为美国是实用学科的大本营，广告和传播相关专业很少出现在欧洲和日本的高校中，但这些区域并非没有广告和传播相关领域的研究者，他们往往分布在社会学、心理学、经济学等相关领域，同时，在史学领域也有学者对于传媒现象感兴趣。另一方面，即便是社会科学领域，欧洲和日本也并非美国那样实证研究一统天下，相反，批判研究在欧洲有很大的市场，而史学研究和批判研究的关系自然比其与实证研究的关系更加密切。在传播史研究领域，法国学者马特拉的著作有很大篇幅涉及广告，其《全球传播的起源》一书（朱振明译，北京：清华大学出版社，2015年）无疑是这个领域中的经典作品。马特拉毕业于比利时天主教鲁汶大学，接受的是社会学的训练，后任法国巴黎第八大学教授，人们普遍把他看作一位社会学家和左派文化理论家，尽管其研究的领域是传播史，但历史学界基本上不会把他看作一位历史学家。在日本，则是近代史研究领域有很多学者关注中国近现代以来的广告。日本的学科构成与欧美相比有很强的地域色彩，因此从事中国广告史研究的学者，往往来自各个领域，如神户大学设有"人间表象科学研究"。但总的说来还是万变不离其宗，这些学者受史学（特别是明治维新以来传入的西方新史学）研究方法的影响。日本学者的特点是西方学术范式和传统的史料的细绎（"实证"）相结合，因此，日本学者一般史学研究的方法对于作为下级学科的广告史也是适用的。

而除了史学和传播类相关院系中的专门史之外，近年来海外中国广告史研究的兴起，还与在西方一个新的学科形成了热点和显学有关。这个学科叫作区域研究（regional studies）。对于中国而言，这个学科具体一点就是东亚研究中的中国研究。此前，古老的汉学（sinology）之名起源于传教士。基督教在中国的传播经历了三次高峰。第一次是唐代的景教和元代的也里可温教入华，第二次是明代传教士入华，第三次是1807年马礼逊入华。值得一提的是，基督教的三次入华在学术上都有重要的成果。第一次入华的遗物——景教碑、敦煌文书和新近出土的经幢，都已经成为当前中古史学特别是敦煌学的研究热点。第二次入华则开启了中国与欧洲的国际学术交流，传教士们为中国引入了西洋的声光电化，也把中国的经典译至海外，是为汉学的起源。第三次入华则依次带来了西方的传媒（第一份报纸和字典）、医学和大学。

除了传教士汉学这个源头之外，20世纪美国对华的冷战则是"中国研究"（China Studies）的另外一个源头。这个源头开启了中国研究进入西方主流大学的序幕。哈佛大学教授费正清就是美国第一代中国研究专家。他所提出的"冲击－回应"模式，已经成为海外中国研究最为知名的范式之一。不管是传教士还是美国对华冷战时期诞生的诸多中国研究学者，他们大多数人骨子里面对于中国都抱有一种同情之理解。他们的观点可以见仁见智，但不能否认他们大多热爱中国。由此，在西方（主要是英美）的大学里，就多了一个学科建制：区域研究，对应的系别分别为亚非学院、东亚系、东方文明系、中国研究中心等。在这些跨越人文和社会科学的院系中，不管是该区域的传统的文史哲还是政治、经济等都会成为研究对象。所以，在相关院系中难以觅得一席之地的经济史、商业史、传播史甚至广告史的研究，往往也依托于东亚系而存在。

在这方面,一个典型的例子是哈佛大学东亚系教授李欧梵。写出《上海摩登——一种新都市文化在中国(1930—1945)》(毛尖译,北京大学出版社,2001年)的李欧梵在中国近现代广告史研究领域中有重要的地位,毫无疑问,他的"上海现代性"研究范式在一个时期内既影响了文化研究,也影响了广告史研究。李欧梵从哈佛大学退休后,接替他的学者是小说史家王德威。相比较李欧梵,王德威就没有把太多的精力放在广告史的研究方面了。中国的高校中尚没有类似的学科设置。比较接近的是"外国语学院",但外国语学院显然不同于西方的区域研究。但造成的一个后果,就是区域研究系别中的广告史研究,既边缘化于主流的政治、经济、文学研究,也边缘化于传播学院的广告研究。

而且,正如汉学家柯律格所注意到的那样,"汉学研究"和"专门史"研究不仅依托于不同的学科平台,也潜在地反映出两种不同的深度心理,即文化特殊主义和文化普遍主义之争。这是史学研究借鉴了文化人类学的又一表现。专门史背后的假设是文化普遍主义,即文化不分国界;而汉学研究背后的假设则是文化特殊主义,即每个地方的文化都有其不可通约性。特殊主义看起来是对民族性的尊重,实则反映出的是一种居高临下的西方中心主义心态。因此,近年来诸多海外中国广告史研究著作的诞生,除了有学术建设自身发展阶段的影响,更重要的是背后所反映出的更深层的学术思想话题。

浏览早期海外中国研究,会发现综述一个领域在中国的发展史的研究堪称显学。这种研究有两个明显的标志:一是跨度大,往往论述一个长时间段的通史,与后来汉学研究"小问题"的做法大相径庭;二是在题目中很难看出后来汉学家所标榜的理论和问题意识。当然,这种现象的产生与学科发展初期的客观限制有关。第一代汉学家所做的注定是向西方读者普及中国知识的工作,而不是提高。在海外的中国留学生,也承担着以西洋方法系统整理中国知识的开山之重任。在这个过程中,广告自然也不例外,历史中的广告是汉学家表现出较高兴趣的研究对象。因而早期西方汉学家对于广告的关注,也体现为一种从"历史"看"广告"的整体面貌。

从接受习惯而言,史学著作也最容易得到中国人的认同。梁启超就说:

"于今日泰西通行诸学科中,为中国所固有者,惟史学。"[1] 但显然这种史学是"新史学",既容易为国人接受,又带有一定的新鲜感和启蒙色彩。在很大程度上,这也是由于中国学界、中国读者的主动误取使然。学术研究尽管有其独立性和自主性,但作为现代出版的学术著作,本身自然也有商品的属性。这是因为"稿费"收入是学者的重要收益来源。例如,鲁迅、周作人编《域外小说集》一度就销量不佳,这一直影响到晚年鲁迅不惜以写作"速朽"的杂文换取稿费,而不再从事文学史研究。即便如此,相对而言,在各种学术著作中,带有常识普及性质的"通史"也还相对容易得到市场和读者的青睐。

例如,美国学者卡特(T. F. Carter,旧译卡德)的名著《中国印刷术的兴起及其西传》在民国时期出版的中译本题目就成了《中国印刷术源流史》(刘麟生译,山西人民出版社,2015年,中译本初版于1936年),这显然是迎合了中国人的阅读期待。而胡适20世纪初留学美国广泛接受中国留学生的哥伦比亚大学时提交的博士论文《先秦名学史》,在国内出版时则成了《中国哲学史大纲》的上卷。而彼时在国内,无论是否有海外留学的经历,各个领域中的"史"几乎都被人抢占了选题。如谢无量的《中国哲学史》、杨鸿烈的《中国法律发达史》、郑午昌的《中国画学全史》、戈公振的《中国报学史》、蒋国珍的《中国新闻发达史》,其中,自然也包括如来生的《中国广告事业史》。

在西方汉学领域,卡特的《中国印刷术源流史》是早期海外中国新闻传播史研究的一部经典与开山之作。卡特的著作当然不是广告史的著作,但它与广告史有千丝万缕的联系。首先,出版史和广告史作为兄弟学科,在后来一同被划归传播史的研究阵营,其研究思路和研究方法上自然有比其他学科更为紧密的联系。同时,卡特著作中提到的雕版印刷书籍、纸币等,不仅仅与文化史,更与商业史联系密切,其中自然有广告史生发的养分。2015年11月在北京大学新闻与传播学院举办的"东方印迹——中韩日雕版印刷国

---

[1] 梁启超:《新史学·中国之旧史》,《饮冰室合集·文集之九》,北京:中华书局,1989年。

际研讨会"上，也出现了有学者向卡特致敬的主题发言。因此，卡特虽然不是中国传播史、广告史研究专业领域内的学者，但无论是研究中国古代的传播史还是广告史，都无法绕开卡特的筚路蓝缕之功。

卡特的著作中提出的许多问题，有一些在今天已经形成定论，而另外也有一些问题在后来引发了长时间的大讨论。例如，关于雕版印刷起源的问题，直到今天还有印刷史、书籍史专家表示出足够的兴趣；而卡特更重要的意义在于影响了此后一代人走上印刷史研究之路。出版史专家张秀民就坦陈，自己选择研究出版史的原因，就在于受到卡特的刺激，认为中国人应该有自己的出版史研究。关于雕版印刷起源的问题，卡特不仅对中国雕版印刷起源的时间提出了自己的论断与假说，即将雕版印刷和碑拓联系在一起；而且更重要的是从社会层面解释了雕版印刷在中国诞生的原因，即宗教传播与商业传播的需要。对于宗教传播而言，大量印刷教义、传教性书籍是雕版印刷兴起的重要的外在推动力；而对于商业传播而言，纸币也随着雕版印刷的普及得到广泛应用。

很可惜的是，限于当时的材料，卡特没有提到雕版印刷的广告。这是因为相对于宗教经籍的印刷品，广告的材料虽然很多，但以实物形式保存下来的极少。类似《清明上河图》这样的图像未必是信史，而济南刘家功夫针铺的印版如果不是铜版，恐怕也很难为卡特之后的广告史专家徐百益所发现。至于印刷品就更是凤毛麟角了。即便如此，卡特的研究还是对这件难得的广告铜板为何没有印刷品实物保存下来提供了一种解释，那就是中国铜版印刷的技术始终不如木版，其主要原因是中国的墨是烟墨而不是西方的油墨，天然适合木版而不是铜版。[1]

从今天的视角来看，卡特著作有两个鲜明的特点，一是首次对中国印刷史进行了系统、准确的梳理。从这一个方面来看，应该说卡特是一位问题意识与中国本土学者比较接近的汉学家。这是一种史实的描述，并不是以中国学者的问题意识为标准来进行价值判断。在卡特的叙事模式中，欧洲的印刷

---

[1]　[美]卡特:《中国印刷术源流史》，刘麟生译，太原：山西人民出版社，2015年，第35页。

显然是中国相关技术西传的结果,这与后来费正清的"冲击－回应"模式形成鲜明的对照,却似乎又与柯文的"在中国发现历史"观有暗合之处。

另一个特点是通过对中、日、韩早期雕版印刷史的比较以及对中国印刷术西传欧洲史实的论述,展现出宽广的国际视野。在中国传统学术训练中,有"中国史",并无"外国史"。直到今天,就中国学者的学术水准而论,研究中国史、中国问题的学者,很容易跻身国际一流;而研究西方史、外国问题的学者,则常常只能在国际上充当学生。20世纪以来,为国际所认可的研究西学的中国学者屈指可数,大概民国时期也就是赵紫宸、洪谦、王太庆、罗念生、陈寅恪等几人而已。而且,治西学和治国学的学者,其学科领域几乎是泾渭分明的,"中国史"和"外国史"是两个学科甚至两个研究所。但卡特作为研究中国学术的西方学者,始终把中国问题放置在国际视野之下在讨论,展现出一部整体的世界学术图景。

卡特之后,随着中外学术交流的增多,来到中国研修的汉学家越来越多,而中国学生在国外大学以提交中国研究的相关学位论文取得学位更是屡见不鲜。就新闻和广告教育而论,美国有许多老牌的新闻学院,但其中与中国关系最为密切和友好的无疑还是密苏里新闻学院。一方面,密苏里新闻学院与燕京大学新闻系是共建的姊妹学校;另一方面,中国留学生也多有在密苏里取得学位并学成归国者。在广告方面,密苏里的研究生葛鲁普(Samuel D. Groff)曾在燕京大学研修,撰写出题为"Advertising in China"的硕士论文。而中国报刊经营和广告专家汪英宾也在大洋彼岸完成了硕士论文《中国本土报刊的兴起》(王海等译,广州:暨南大学出版社,2013年)。

汪英宾是中国广告史上非常熟悉的名字。他长期担任《申报》的经营(发行与广告)经理,并且在上海圣约翰大学兼职教授"报馆经营"课程。这是在整个民国时期广告尚未形成专业甚至专门课程之时,在中国最有影响的新闻系之一开设的广告相关周边课程。他的硕士论文《中国本土报刊的兴起》也一改此前以新闻为中心的报刊史研究方法,而引入社会科学的视角,把法规、广告和发行量等作为重要的研究内容。汪英宾的书中还有大量的表格与数据,包括普华永道会计师事务所的前身(普华事务所)为《申报》提供的统计资料。此后,同在《申报》馆负责广告业务、编写过申报新闻函授学校讲义"广告学"的赵君豪将这种报刊史研究发扬光大,撰写出《上海报人的奋斗》(出版者不详,1944 年)等新式新闻史著作。

当然,作为硕士论文,汪英宾的著作有浅尝辄止的缺点,甚至并没有在国内正式出版,因而他对于当时学术研究的影响终究是有限的。而且,其中的一些数据也存在失实和不可靠之处。但作为早期海外中国广告史研究的一部代表性作品,其开创之功仍然不可磨灭。近年来,学术界开始对以新闻为中心的传统的报刊史写作方法有诸多的不满和反思,尤其是对从戈公振《中国报学史》开始的一般人文学科历史写作范式进行更新。这种更新一方面是把报纸和读者的互动、信息传播和社会启蒙的关系之"阅读史"和"效果史"考虑进来;另一方面则是受传媒经济学研究的影响,突出传媒作为社会科学之特点,把报纸的广告、发行、经营、管理等因素加入其中,撰写"传媒经济史"或"传媒产业史"。无论怎样,应该说早在 20 世纪 20 年代,汪英宾的著作就已经展现出一种可能性。

20 世纪后半叶,海外中国广告研究仍然是以史学为主潮。如果说中国广告史研究在西方起步之初的晚清民国时期,所观照的对象是"历史中的广告",即落脚点在广告自身的形态之上的话,那么 20 世纪后半叶以来,这种学术兴趣逐渐转换为"广告中的历史",即关注点不在广告自身,而是把广告看作观照一种大众文化历史的史料,进而从"广告"看"历史"。这其中,首先要回答的一个问题就是,"上海"(包括上海的月份牌画广告)如何成为显学? 20 世纪后半叶以来,"上海研究"成为整个海外人文社科中国研究领域的显学。就其源头而论,还是起自文学研究领域。

在理论方面,上海研究的支点是文化研究理论,这是一种文学的外部研究理论,区别于早先流行的符号学和叙事学理论以及勒内·韦勒克(Rene Wellek)意义上的"内部研究"与"外部研究"论述;其次是文化人类学和文化史理论(这两种理论都把目标对准作为"他者"的异文化,所不同的是前者是空间上的他者,而后者是时间上的他者);此外,还有各种时髦的社会科学理论,如福柯的知识考古学理论、皮埃尔·布迪厄(Pierre

Bourdieu)的场域理论、哈贝马斯的公共空间理论等,都经过了某种简化和误取,从而与民国时期的上海发生了关联。在研究立场方面,新一代的研究者都力避意识形态对于现代文学研究的影响,他们推崇夏志清的研究,即突出张爱玲、施蛰存、鸳鸯蝴蝶派等在以往文学史叙述中被遗忘甚至被压抑(王德威语)的作家及其"现代性";与此同时,在研究对象方面,也经历了从"文学"到"文本"的转移。

二、在商业社会与消费文化之间

海外中国广告史研究方面的一部代表性著作,当推李欧梵的《上海摩登——一种新都市文化在中国(1937—1945)》。这部著作也开启了有关"上海现代性"乃至"中国现代性"的研究范式,影响深远。只是由于学界对此部著作已有诸多讨论,本章不拟重复。而受此范式影响的最新著作,往往加重了"视觉"的比例,并且将研究对象从民国上溯至晚清。一时间,上海旗袍、月份牌画、画报和电影等,成为海外中国研究的新宠,其中许多内容与广告相关。代表性的研究包括叶凯蒂(Catherine Vance Yeh)的《上海·爱》(杨可译,生活·读书·新知三联书店,2012年)、彭丽君《哈哈镜:中国视觉现代性》(张春田等译,上海书店出版社,2013年)和 Roberta Wue 的 *Art Worlds: Artists, Images, and Audiences in Late Nineteenth-Century Shanghai*(University of Hawai'i Press, 2014)等。限于篇幅,本章重点讨论葛凯(Karl Gerth)的《制造中国——消费文化与民族国家的创建》和高家龙的《中华药商:中国和东南亚的消费文化》两部商业色彩更浓的著作。

牛津大学历史系副教授葛凯的《制造中国——消费文化与民族国家的创建》一书是一部比较新的研究成果。他在上海现代性研究的基础上揭示了"中国"作为一个民族国家的概念在20世纪的生成过程中,商业文化所扮演的重要角色。葛凯研究的是国货运动,但他认为"在中国,国货运动和广告的发展之间是一种互动关系"[1]。简单地说，葛凯的"中国"（以及与之相对应的一系列"国"字头的概念，如国货、国画、国乐、国歌等）是一个带有民族国家现代性含义的西方概念，而与一般日常语言中作为文化概念的"中国"有天渊之别。在认为这一系列民族国家概念的生成并非自然而然，而是行政权力与愤世嫉俗的爱国主义激情缔造出来的这一点上，葛凯无疑受到了福柯的影响。他敏锐地意识到国货运动强化了中国人的民族主义激情，然而实际上所谓的"国货"及其所代表的现代性生产方式以及上海"摩登"的生活方式，就其本质而言仍然是"西方"的。[2]

葛凯的价值在于，紧紧抓住民族国家的观念如何通过落实于广告、消费等行为而影响整个社会这一核心问题。对于这一点，如果仅仅停留在观念和思想的描述层面，则很有可能只注意到了上层的有关言论；如果仅仅注意到广义的"物质文化"或者"现代性图像"，那么有可能也是阳春白雪式的"片面的深刻"。只有通过广告、工业设计等落实于各种消费品，民族国家的意识才有可能自发地形成一种群众运动。其实，所谓国货运动，简言之就是一场民粹主义运动，政府和人民是推动这场运动的重要力量。而其中起到主要作用的，就是自发的大众传媒、广告设计、商业运作。至于专业的知识分子、思想家和学者（包括商业学者和广告理论家）则并未以一种启蒙者的姿态介入其中。在这个过程中，广告和设计扮演的就是一种为民粹主义推波助澜的角色，或者说一种必要的中介。这也正是作者作为历史学家"从广告看历史"，肯定了广告的文化史料的价值所在。

当然，葛凯的书中也存在着一些问题。这倒不仅仅是因为一些史实的错误（如第 214 页称第一则中文报纸广告出现在 1872 年前后的《申报》上，其实 1872 年之前并没有《申报》，《申报》之前也有其他的报纸广告；第 17 页称 1937 年中国建立首家广告公司，其实即便是全案型的广告公司，也于 1927 年由林振彬建立了起来）或是表述的不妥当（如第 17 页称"中国近代的广

---

[1] [美] 葛凯：《制造中国——消费文化与民族国家的创建》，黄振萍译，北京：北京大学出版社，2007 年，第 214 页。

[2] 同上书，第 366 页。

告史尚未写就",其实中国本土并不缺乏类似的研究成果,只是作者不知道罢了),更重要的是,作者对于"文化(民族)"和"政治(国家)"意义上的"中国",以及"民国"和"共和国"之"国",似乎并未加以严格的区分。

此外,他没有意识到中国内部的复杂性。如第18页把"义和团运动"和"文化大革命"相提并论,作为对西方敌对的典型事例,而没有看到前者仅仅是反对西方,而后者不仅反西方(不包括马克思主义),甚至也反"文化中国"(破"四旧")。再如第8页中作者把"国药""国语"(其实还可以包括"国学")和"国旗""国歌"作为同样的"民族化"表述,但"国旗""国歌"的问题很可能不是民族化,而是国家化和意识形态化,与对于外国商品之抵制的"国货"并非同类概念。

更重要的是,作为一部专题研究,史论结合是海外中国史学研究的一大特色,这要求作者在理论方面有较强的思辨能力。而该书虽然结构庞大,内容驳杂,但有陷入史料的嫌疑,联系观念层面的论述比较少。这不仅体现在"导论"部分对于商品和消费的理论观照较少,缺乏综述,还体现在并没有把"国货运动"和当时中国其他观念层面的变革,如"非基运动"等结合起来进行综合的宏观观照。遗憾的是,作为一门跨学科的研究,作者似乎缺乏社会科学训练,也没有触及更深刻的理论议题。此外,对广告的效果及其作用的研究也停留在静态的层面,而没有深入到广告生产的内部,方法上也没有突出社会科学的特点。不过在一些更新出版的著作中,这些问题都已经得到了某种程度的解决。葛凯对文献资料的翔实呈现以及有关"民族国家"的洞见也具有范式的意义,这使得他的著作成为此后国货研究史上一部绕不过去的经典文献。

总的说来,20世纪上半叶是中国广告的滥觞时期。这一时期广告研究的学术成果,主要体现为实用性、体系性的教材和综述性质的文章,这样的学术成果的形态虽然不可能有利于对具体问题进行深入的专题研究,但也体现出早期中国广告学人对于理论体系的渴慕及其学术视野和学术兴趣所搭建起来的关于广告学基础理论问题的一个研究框架。尤其耐人寻味的是,早期的广告学研究,毫无疑问地是以上海为学术中心展开的。这一时期中,由于上海经济地位的独特性,不但中国现代意义上最早的广告代理公司出现在上海,上海也是当时中国最繁华的企业及媒体(报纸与出版业)的集散地,这种业界的实务资源与广告需求,是广告学术研究开展的必要条件。因此,早期广告学的著作大多由上海的广告人或学者写作,并且垄断性地由上海的出版社及出版机构出版,便是一件顺理成章的事情了。

20世纪末以来,由于学术界兴起了"经济学帝国主义",许多人文学科也开始受到了经济学的影响。经济学的理论、问题与方法,在很大程度上也影响到史学的研究,而目前在国内外学术界备受瞩目的经济史的研究,就是这种影响的具体表现。在经济史研究的视角中,有关制度史的研究更是吸引了许多人的目光。经济学视角下制度史的研究,把以往不受重视的经济变迁背后的政治因素抬到前台,让人们看到制度对于经济的掣肘与影响。在这一过程中,广告作为一种受制度决定性影响的经济现象有着独到的研究价值。

当前海外中国广告史研究,应该说并没有突破20世纪后半叶以来逐渐形成的文化研究范式,但也体现出某种新趋势,即在文化研究之外加入经济学视角;对于广告的研究也更加本体化、立体化。20世纪90年代前后,西方社会对于中国20—30年代(尤其是上海)消费文化的研究并不新鲜,李欧梵关于月份牌画的研究更是开启了此后国内外一系列关于上海现代性和视觉文化研究著述的范式。但这些著作存在两方面的问题:广告往往是与文学、建筑、影视、服装等其他文化类型结合在一起论述的文化符号,而并没有依据其自身的特点赋予其独特的地位,因而论述不够深入;另外,各位作者关于广告的叙述,往往是从受众(即观看者)的角度来展开的,这对于广告的猎奇、审美、欣赏、心理的论述或许不无可取之处,但对于广告的商业本质及其经济属性的论述就显得不足,尤其是缺乏对广告本体的了解及其生产过程的介入。最近一段时间以来的研究则克服了这两个弊端,在一定程度上开启了广告文化史研究的新范式,引发了广告本体研究的学术潮流。

广告主的需求是广告产业得以运行的逻辑起点,关于广告史的研究,历来也不会忽视对广告主自身历史的研究。近年来海外中国史学研究在这方面积累了许多有价值的研究案例,其中,高家龙的《中华药商:中国和东南亚的消费文化》一书在广告史领域尤其引人注目。在中国近现代商业史的研究中,关于广告的论述时常可见,但该书难能可贵之处在于把广告的重要性和整个近代商业的命脉联系在一起,甚至看到了广告之于消费文化的主导作用。作者同时融合史学、广告学、管理学和艺术学的综合视角,因此该书可同时被视为上述多个领域的学术史。由此,把该书看作一本广告史的著作是有充分理由的。西方对于中国广告史的研究,属于海外汉学这个区域研究的阵营,受西方汉学近一个世纪以来形成的方法和范式的影响,该书主要目的不是撰写普及性的广告通史,而是注重于专题研究。而在组成广告研究的各个专题领域,广告主的研究又是极其重要的,因其可以串联起更宏观的广告与消费文化、经济等的互动。以往广告史研究容易集中于广告公司、广告作品甚至广告媒介,而对广告主研究有所忽视,以至于对广告主的历史写作的范式缺乏明确的线索。在某种意义上,该书作为一部叙述广告主的专题性质的广告史,其问题意识和写作框架,无疑对于今后的广告史研究深具启发性。

从《中华药商:中国和东南亚的消费文化》的"前言"中即可见出,"广告"既是该书的入手点,也是贯穿维系全书结构的灵魂。作者的材料和研究对象其实都是以广告为中心而展开的,但同时又不仅限于广告的设计、制作、传播和效果等微观的研究领域,而是以小见大,引出当时中国药商在商业活动中的一般行为,并由此触发对于中国消费文化的论述。作者的入手点比较小,但无疑是有代表性的,因而能够支撑起如此宏大的论题。这是因为当时的《申报》,药品类广告无疑占据了广告版面的大量篇幅。而黄楚九这位中法大药房的创始人和大药商与郑曼陀等人的"世纪大合作",又几乎以只手之力创造出"月份牌画"这一美术史上新的广告画种,并在极大程度上引导了中国20世纪20—30年代的审美风尚。

这部专著由四个章节组成,除第一章为对中国历史上的消费文化进行介绍外,第二至五章均为对作为广告主的中国药商的专题研究。这四章都是建立在施坚雅(G. William Skinner)的"大区域理论"基础上的,并结合20世纪中国企业的特点进行创新,对该模型有所修正。第六章之后为对中国药商"跨越国界"的叙述,论及中国药商在东南亚的经营行为,这是该书国际化研究视野的一个表现。以往的消费文化研究过多集中于上海,最多谈到日本、韩国,而其实东南亚与中国在民国时期的商业交流极为密切,这从很多月份牌画的广告主是南洋的企业这一点上就可以见出,因而该书在视野上的优势就显而易见了。

如同许多汉学研究著述一样,该书也有着鲜明的问题意识,那就是,为什么"全球化"的理论模式并不适用于中国制药企业?一些大型的制药公司,如德国的拜耳等,可以行销东亚,可为什么他们在中国的市场份额(广告数量)远远不及一些中国本土的制药企业?为什么是中国本土,而不是西方的广告主,推动了中国药业的消费文化进程?[1] 为了论证这一问题,高家龙修正了施坚雅提出的"大区域理论"的研究模型。他的看法是,若想勾画出中国长途贸易的边界,必须深究中国企业家、批发商、商人以及其他从事长途贸易的从业者的行为模式。[2] 这四者正是他修正模型的关键,而把这四者维系在一起的重要节点正是广告。

大凡西方学者所写的中国研究的著作,都有些"攻其一点,不及其余"的意味在。对于汉学家而言,自己所使用的理论模型的建构及其解释力,要远比事物的真相究竟为何更有意义一些。例如,关于中国商号的崛起如何与全球化的时代主潮相抗衡这一点,葛凯就得出了与高家龙几乎一致的结论,那就是在全球化面前,中国本土的民族企业不但并未消亡,反而还得到了逆势而上的发展。然而奇特的是,两位汉学家所使用的论据却几乎截然相反:葛凯认为,是政府的国货运动对于中国的本土企业形成了一种保护政策;而高家龙却认为,政府根本没有那么大的能力能够左右市场,中国本土企业的大发展正是善于利用广告的后果。[3] 有意思的是,高家龙所谓的政府力量,不是葛凯所说的搞国货运动的那个政府的力量,而是与西方列强达成了一致

---

[1] [美]高家龙:《中华药商:中国和东南亚的消费文化》,褚艳红等译,上海:上海辞书出版社,2013年,第3—4页。
[2] 同上书,第8页。
[3] 同上书,第11页。

的、试图通过全球化来压制本土企业生长的政府力量。而这一点也正是柯博文（Parks M. Coble）等汉学家所持的观点。

在高家龙的叙述中，把精英的本土化进一步变成大众的本土化，正是商人阶层通过运用广告而做到的。因此，高家龙对中国企业运用广告的行为进行了全方位的解析，既包括印刷媒体的方方面面，也包括各种非印刷的营销手段。其实，这正是中国企业通过西方的现代广告营销手段来标榜自己的民族性的体现。黄楚九的"中法大药房"，实际上就是打着西药的招牌来做本土的销售企业。——这种情形，正有些类似霍布斯鲍姆所说的"传统的发明"。而作为广告史研究者的独特关怀，高家龙还把从历史中得出的经验结论作为一种可推广的策略在全书最后部分提出，并抛给中国当代的医药企业家。当然，作为历史学家而不是营销专家，作者并没有针对当代药企的营销提出更多的建议，但这种从历史中总结经验规律，从而指向未来行业发展的做法，应该说反映出广告史研究这门应用基础学科之不同于纯粹的广告文本研究的特点。

对于学术史的梳理，本身就是海外中国广告研究的一大特色，也是西方汉学家的某种"家法"。海外中国广告史研究者大多能够做到每一个新提出的理论与问题都不是凭空而出，而是建立在引用并修正前人的理论和研究成果的基础上。然而，令人唏嘘的是，海外中国广告史研究者所援引的中国近代史研究成果，还仅限于西方汉学家的有关著述，而对中国作者著述的引用则仅限于材料的阶段，甚至有很多中国本土学者重要的研究成果根本没有成为他们的参考文献。中国学术界大举译介、出版、模仿西方汉学著述从而"师夷长技以制夷"，以至于中国青年一代近代史研究者的学术著作标题和博士论文题目都越来越像西方汉学，同时很多汉学家对中国本土学者的著述还停留在一种熟视无睹的层面。学术是天下之公器，只有对话才能有所发展，这一点对于广告史研究同样适用。如果这种对话只是停留在一种"单向受益"而非"平等对话"的阶段，那么无论对于中国本土学术还是西方汉学来说都是不利的。眼下，这种学术交流信息的不对称，却也未尝不能成为中国广告史学者跨越式发展与突破的某种契机。

广告是企业进行营销传播活动的利器。在产品供不应求的时代,企业可以不需要广告;但在供大于求的时代,任何企业都不能忽视通过广告的手段进行营销传播。因此,从企业的角度入手来分析广告史,有助于对广告作品、广告现象背后的功能性因素进行更加合理的分析。这种从广告主入手对广告产业进行的分析,不同于当前文化研究范式下对广告作品、文本的静态的描述,就像一些月份牌画研究所做的那样。而眼下的企业史的研究视角提醒我们,在近代史研究中,广告对企业发展的作用和影响怎么估计也不过分;而对广告的分析也只有回到广告功能的原初视角,才能够对广告生产的背后驱动要素做出更加合理的解释,进而对当下的企业广告营销实务提供借鉴。当然,作为历史学家而不是营销专家,高家龙并没有针对当代药企的营销提出更多的建议,但这种从历史中总结经验规律,从而指向未来行业发展的做法,应该说反映出广告史研究这门应用基础学科之不同于纯粹的广告文本研究的特点。

三、技术史对广告史研究的启示

上个世纪末以来,海外中国广告史研究取得了多方面的进展,许多成果陆续被介绍到国内,引起国内广告史研究领域的震动。受新史学趋势的影响,经济史、商业史、文化史等研究领域的兴起,逐渐为广告史研究提供了新的发展契机。在西方,有关中国广告史的研究成果的数量不断增加,引发了广告本体研究的新的学术潮流。海外中国广告史研究更是开始向着经济史、商业史等领域拓展,并且研究成果的数量不断积累,引发了广告本体研究的新的学术潮流。接下来的两部分是对科大卫(David Faure)《近代中国商业的发展》、芮哲非(Christopher A. Reed)《谷腾堡在上海:中国印刷资本业的发展(1876—1937)》和卞历南(Morris L. Bian)《制度变迁的逻辑》三部体现这一学术趋势的有代表性的研究著作的体例和方法等进行的学术史剖析。以这三部著作为代表的海外中国广告史研究范式,在很大程度上克服了以文化研究为代表的研究范式对于广告的商业本质及其经济属性的论述不足的弊端,从把广告作为一种历史研究的史料,转向把广告放在历史背景中进行本体描述。这一转变,体现出研究者对广告本体的了解及其生产过程的深度介入,而这种转变的背后显示出研究者对于广告自身特点的尊重。

需要说明的是,与一些成熟的史学分支学科如经济史、艺术史等不同,广告史在西方并不是一个形成了自己独特阵地的学科或研究领域。在西方,有关广告史的研究还没有从相关学科中独立出来,广告史研究成果的数量并不算丰富和集中。其中关于中国广告史研究的成果就更少了。与此相联系,在海外也缺乏独立的广告史研究者,就连李欧梵这样对中国广告史研究做出重大贡献的学者,仍然不是专门的广告史研究者。然而正因如此,对国内的广告史研究者而言,才需要扩展视域,从相关学科领域中发现有关广告史研究的成果并加以概括和整合,由此洞察宏观的研究趋势,为广告史的学科建设做出自觉贡献。

在接下来的两部分中将要谈的这几部著作都是新世纪以来出版的对广告史研究有启发性的专著。应该说,这几部著作都并非出自广告学者之手,甚至也不是以广告为中心的专门研究著作,有的仅仅是在研究中把广告作为一种史料或者诸多环节之一,但作为相关学科中为数不多的涉及广告的史学研究著作,对广告史研究者而言仍然需要对它们处理广告资料的问题和方法做出提炼与解读。当然,近年海外中国研究中涉及广告史研究的成果远远不限于接下来两节中所谈到的几部著作,但这几部著作在沟通新史学趋势与广告问题方面更加具有代表性,尤其是符合上面所提到的商业史与经济史的新学术趋势,代表了当前与广告史研究息息相关的企业史、商业史、技术史、制度史四种"新史学"的研究视角。可以说,这几部著作是新史学研究领域中的一些新视角、新方法体现在广告史研究方面的典范之作,也是从为数不多的涉及广告的海外中国史学研究中看到的具有方法论意义的成果。尽管它们并不直接被认为是广告史研究的作品,但其所代表的海外中国近代企业史、经济史的新研究范式对于今后的广告史研究有直接的借鉴和启发意义,应该看作广告史学科研究范式建立过程中的重要环节，值得进行专题研究。

广告是一种文化行为，但在此之前，它首先是一种商业行为。正如著名广告人大卫·奥格威的名言："我们做广告是为了销售商品，否则就不是做广告。"研究广告史，不能脱离商业史的研究背景。商业史的研究，不仅仅让我们看到广告在整个商业运作格局中的定位，更重要的是它提供了从政治、制度、地理、法律、文化等因素思考问题的方式，而这些因素不可能不在广告中有所反映。商业史的研究对广告史研究的启示是，对广告作品、创意和设计的分析不能停留在形式和视觉等层次，而要把它看作商业行为的投射，商业因素往往也是广告发展的必要驱动力。

尽管这一范式下的作者大多并非广告方面的专家，广告只是他们历史研究的论述中在不同程度上触及的一个视角，但他们的研究视野是值得在广告史研究中推广的，也可资当代广告学、营销学研究者从历史中获取参照。不同于葛凯、高家龙等人的"从广告看历史"，还有另外一些汉学家选择了就广告研究广告的进路，这些学者往往对于广告本体更加熟悉，但研究方法上仍有其理论特色。如芮哲非《谷腾堡在上海：中国印刷资本业的发展（1876—1937）》、卞历南《制度变迁的逻辑》和王瑾《品牌新中国：广告、媒介与商业文化》等，就更加专注于广告——不是作为文本的广告，而是作为商业手段的广告及其生产过程——本体的研究，将广告置身于历史背景中，从历史看广告。可以想见，广告本体在未来的历史研究中将会受到更多的关注。

广告史研究之所以屡屡引人瞩目，在很大程度上是因为"广告"本身就是一种复杂的社会现象，关于广告本体的研究既可以从经济史、商业史等角度切入，也可以围绕广告自身的物质属性而展开。近年来在新史学的影响下，有关物质文化史、科学技术史的研究进展也给广告研究提供了丰富的可能性。尤其是印刷形式的广告，本身既是研究印刷史的一种重要史料，反过来也能利用相关史学的方法完成自身的理论创新。在这方面，芮哲非的《谷腾堡在上海：中国印刷资本业的发展（1876—1937）》就是一部值得注意的作品。该书体例宏大，资料丰富，涉及中国近代以来上海印刷出版业的方方面面。可谓西方学者撰写的一部《中国印刷技术史》的近代卷。但与传统的印刷史不同的是，该书更加着意于中国近代印刷与传统的"断裂"的一面，即谷腾堡印刷术的引入对于近代中国印刷确立的意义。而相对而言，传统的印刷史（包括卡特的著作，尤其是中国学者写作的印刷史）则更加着意于中国作为印刷术的发明国的"西传"，以及传统的雕版印刷、活字印刷与近代以来传入的印刷术的承续性。

也正是为了强调谷腾堡在印刷史上的独特地位，作者多次把谷氏称之为"活字印刷"的发明人，这显然是不准确的。不过，暂时搁置民族主义的有关叙述的话，也应该看到作者独特的视角，确乎使得一些以往不受重视的内容成为印刷史的观照对象，比如印刷工人的生活、行业组织、版权贸易、文化街作为公共空间的形成，等等。对于作者而言，以第一代印刷史学者卡特及其众多的中国追随者为代表的传统印刷史研究，可以称之为一种"印刷文化"的研究，它们主要是基于传统的人文学科方法的史料和史学研究。而新近的海外汉学的相关研究，则是把视角从"印刷文化"转向了"印刷商业"。诸多汉学家研究了明末清初的商业出版和现代出版业的诞生，甚至出现了对福建四堡等印刷业的中心进行田野调查的个案研究。

但即便如此，这些研究仍然是建立在中国印刷业的自律性发展基础之上的，而没有强调西方的资本力量在近代以来对中国本土印刷业的冲击。尤其是费夫贺（Lucien Febvre）、马尔坦（Henri-Jean Martin）的重要著作《印刷书的诞生》提供了关于印刷资本主义的框架之后，对中国的印刷资本主义进行研究也有了可供参照的范例。所以，芮哲非在吸收了上述印刷文化、印刷商业研究的基础上，把印刷资本主义的研究也纳入印刷史的研究框架。而鉴于印刷资本主义是建立在印刷业充分机械化的基础之上的，而谷腾堡作为印刷机（而不仅仅是活字印刷理念）之发明人的身份又是中外学者所公认的，所以该书强调谷腾堡在中国印刷资本主义建立发展过程中的意义，并把书名叫作《谷腾堡在上海：中国印刷资本业的发展（1876—1937）》便是顺理成章的了。

作为近代广告的重要生产制作手段，传统的印刷文化、印刷商业与新的印刷资本主义研究范式之间的断裂，在作者看来无疑是巨大的。举一例可见，在传统印刷商业中,"不识字的妇女和儿童都加入刻书的工作中"[1],但这种家族式的作坊在印刷资本主义兴起后向着现代企业组织形式转型,"工头"取代了"家长",并且建立起了现代的行业组织与工会（参见该书第三、四章）。不仅如此，穷苦但渴慕文化知识的学徒工也取代了单纯把刻书当作一种劳作的妇女和儿童。他们或者由于没有机会读书才选择了到印刷业这种与文化关系密切的行业，或者由于长年与印书打交道而培育起了文化情怀。也正因此，从近代印刷企业的学徒工中间，才能成长出像沈知方这样日后的出版业乃至文化业巨头，而这也正是该书第五章所要描述的内容。[2]

读罢该书，稍感遗憾的是全书体例有些庞大，内容稍过于驳杂。作者在把重点放在印刷资本主义的同时，却又难于割舍对于印刷文化和印刷商业的兴趣。以至于与其说这该书是一部具有问题意识和理论框架的专著，不如说这是一部资料丰富的"中国近代印刷史"。它在尽可能全面论述的同时，也造成了对很多论题的浅尝辄止。其实，书中很多章节的内容，都可以展开成为一部专著的规模。

例如，第三章关于印刷工人生活与工作状态的调研，就是很好的历史人类学的论题。但作者恰恰没有进行深入的研究和论述。也许这与学术奠定之初更需要建立起一个研究框架而不是做深入的点状研究有关，但这也恰恰造成这样一种后果：那就是该书在卷帙宏大的同时，却对所提出的诸多问题没有展开深入的研究。它建立起了近代中国印刷与出版史的研究框架，提出了诸多可能的方向，其价值在于"全"而不是"专"。而有关商业／文化的区分，在出版研究学术史上当然也是存在的。但与其说这是学术范式的转型，不如说这与资料存留的状况有关。其实，出版文化和出版商业的建立即便不是同步的，至少也没有想象中那么远。而之所以关于晚近出版商业在学术界有诸多的研究，而早期的雕版印刷的资料却仅限于文化（主要是宗教），也与早期诸多关于商业的材料没有得到保存有关。

---

[1]　[美]芮哲非:《谷腾堡在上海：中国印刷资本业的发展（1876—1937）》,第16页。
[2]　同上书,第268页。

技术史的研究给我们提供了以往广告史研究中一个容易被忽视的视角,那就是广告的形态与广告生产制作技术有密切的关系。一方面,技术是研究广告形态的一个重要角度;另一方面,广告在某种程度上也是技术发展史的一个缩影。例如,有充分的证据证明,至少在宋代,就有用于商业的雕版印刷技术(如济南刘家功夫针铺的铜版和纸币的印刷),但多没有实物保存下来。因此诸多的出版史著作在研究早期雕版印刷史的同时,都注意到宗教文献的刊印,而忽视了商业其实也是催生雕版印刷兴盛的推动力量,只是商业的印刷品人们不注意保存罢了。想想去今未远的 20 世纪 80 年代,旧书易觅,但当时的商品包装却难得一见便可知其中原委。但指出这一点,对中国广告史研究来说却有着重要的意义。芮哲非的著作虽然未能对古代的印刷史研究发掘更多的史料,但仅就其把商业 / 文化联系在一起的论述框架而言,对于古代的印刷史、出版史、广告史而言就未尝不构成某种启发。而关于印刷资本主义的论述更为此后一系列关于上海印刷广告(如点石斋、报纸、月份牌画)的研究奠定了重要的技术基础。而这也是该书受到广告史研究者重视的一个重要原因。技术史视角下的广告史的研究并不是营销与交易史的研究,也不仅仅是"证经补史"般使用广告作为技术发展的例证。相反,对作为物质文本的广告及其生产过程与流通机制的研究,把广告的历史研究和一些传播学、社会学理论联系在一起,同样是技术史视角下广告史研究的"题中应有之义"。随着技术史研究在当前受到越来越多的重视,从印刷技术角度入手来研究广告史的成果在今后会不断涌现。

四、经济史视角与广告史的可能性

如前所述,广告史的研究并不是一个独立的学科,但作为一个新兴的学术领域,它亟待从经济史、商业史等上级学科吸收养分,并把相关学科中有关广告的内容加以提炼和整合,以完成自身的学术建设。因此尽管现有的海外中国广告研究的成果作为广告史的学科研究还是不自觉的,应该说它们是经济史、商业史等其他学科的组成部分，但由于商业史与广告史天然密切的血缘关系，将这些成果看作广告史研究的一种可能性也并不为过。广告史的研究也亟待从上级学科借鉴视角与方法，及时体现出整个学术潮流的发展趋势与变迁。科大卫的《近代中国商业的发展》，就是近年海外中国广告史和商业史研究领域中又一部有代表性的作品。

如果说高家龙关于中华药商的研究（《中华药商：中国和东南亚的消费文化》）尝试以广告作为史料，从广告看历史，是广告文化史研究的一部典范之作的话；那么可以说，科大卫《近代中国商业的发展》则彻底突破了文化研究的范式，更加贴近广告作为商业属性的本体，从历史看广告。尽管其学科范式仍然没有脱离历史学，但在诸多史学背景的汉学家中，该书作者科大卫的研究对象首先就令人予以特别的关注，那就是作为广告史上级学科的商业史。史学本身是一门人文学科，而商业则是一门社会科学。商业史作为交叉学科，要求研究者既明史学，又懂商学。其跨界的难度和广度远远要比文学史、艺术史等人文学科内部的微调更加复杂。而作者恰好具备两方面的学术背景：一方面作为历史研究者，他在材料的收集和处理方面尤有心得；另一方面作为社会学博士，他又善于使用田野调查等实证研究的方法来研究社会问题，同时还具备一般人文学科学者所不掌握的处理和统计各种数据的才能。《近代中国商业的发展》作为作者多年来在中国商业史研究领域重要论文的结集，就在不同程度上反映出上述特色。其实作者的专著《中国与资本主义》才是一部独立的著作，但限于种种原因，也仅作为一组论文收入此版中译《近代中国商业的发展》。

尽管是一部商业史，但作者所处理的问题却远远不限于商业领域。不但包括很多热门的史学方法论的主题，也旁涉社会学、法学乃至传播学等许多社会科学领域。这种历史写作的方式不但与以往许多帝王将相之类的宏大叙事不同，而且也搁置了当代新史学（社会史、文化史）对底层、民众、文化议题的特殊关怀。相反，作者对于各种史料都一视同仁，建构出一部以商业关系为中心的、立体的中国历朝历代社会生活史。在作者的观察中，中国至少自16世纪以来，就形成了强大的资本主义传统。该传统一直到近现代以来,都支配着整个中国社会的运行。因此,把商业作为解读中国社会的一把钥匙可能并不为过。与其说作者处理的是中国商业史,不如说他是在写一部中国社会史。作者所使用的史料,既有官方的商业文献、档案和各种统计数据,也包括各种民间文书、契约、手稿、旧报刊甚至是《万事不求人》这样民国时期印行的通俗读物,让人大开眼界。

近年来,由于新考古发现不断问世,简帛、大内档案、西域文书、敦煌吐鲁番写本等各类民间书契资料不断涌现,使得制度史的研究一度在史学领域内掀起一个小高潮。但在这股制度史的热潮中似乎有两个问题没有得到解决。一是制度史研究目前仅仅局限于古代,尤其是以唐宋时期为热门,至多延伸至明清,而对近代以来的各种制度殊少涉及。这或许是由于资料过于容易获得之故,但让人感到可惜。其二,制度史的研究者多是由传统的历史学家转型而来,他们的优势在于对于史料的掌握和处理,不足之处则在于缺乏社会科学的背景与方法的训练。所以,历史学家和社会科学家在研究方法方面显示出一种研究范式的不可通约性。而科大卫显然在这两个方面都具备得天独厚的资源和优势。

当然,如果说该书还仅仅是一部经济史的著作,那么也许还不会引发广告史研究者对于它长篇大论的阅读兴趣。关键在于,这是一部落脚在商业史,特别是近代以来中国商号史的著作。一方面,这些商号在从传统的宗族制向现代企业转型的过程中会大量使用包括广告、商标注册、资本运作在内的现代商业行为,如该书所记载上海机器织布局在上海的报纸上为其工厂创办募集资金一事(检索《申报》全文,在1879年至1938年间,共计出现上海机器织布局的新闻及广告类信息109则,其中有许多则涉及募集资金相关议题。如1888年3月12日刊登的《上海织布总局公启》等文),让我们看到当时广告史所处的外部环境。[1] 更重要的是,企业作为广告主,其自身的历史本来就应该是一部现代意义上的广告史的题中应有之义。这是因为在今天,广告史的概念并不等同于美术史式的广告作品史,而是整个广告产业的

---

[1] [英]科大卫:《近代中国商业的发展》,周琳、李旭佳译,杭州:浙江大学出版社,2010年,第204页。

历史。在现代广告产业中，广告主、广告媒体、广告公司是相互博弈的几个主体，其地位都极其重要。不能在重视广告公司和广告媒体的历史的同时忽视了广告主的历史，但从现象来看，我们对于广告主又往往是最陌生的。广告主的历史到底该怎样来撰写？该书提供了一份可资参照的范例。

该书要旨见于这样两段话："在15世纪资本市场还没有发育成熟之际，中国商业的发展在很大程度上依赖于庇护制度，以及处于礼仪而不是法律规范下的合伙关系。19世纪后半期，这种结构开始发生转变。整个20世纪，中国一直处于这个转变的过程之中，直到今天还远远没有结束。"[1] "为中国带来18世纪经济勃兴的因素，随后也导致了19世纪的经济滞后。"[2] 在广义上，该书的问题意识，其实也就是李约瑟难题的商业版：为什么近代以来中国科技落后了？究竟中国社会的何种特质阻碍了这个国家在19世纪的经济发展？

科大卫的理论范式在很大程度上受到著名汉学家彭慕兰《大分流》的影响。在该书中彭慕兰指出：18世纪以前，中国有着优裕的物质生活、科学技术以及贸易经验，但却没有像欧美那样顺利经历19世纪的煤铁工业转型。彭慕兰认为这要归结于西方国家对海洋的控制力。[3] 而科大卫认为，彭慕兰所说的现象当然是存在的，而且彭慕兰提醒学界不要把原因一股脑归结为文化的因素也是对的，但他把其原因归结为地理的因素却有失偏颇。科大卫认为，根源在于中西商业制度的不同。在中国，财产是由集体享有而不是个人享有，重视集体责任而不是个人义务，重视礼治而不是法治。因此中国直到20世纪才有公司法的观念。科大卫指出，中西方的这一差别，远远超过了地理上由海洋和沙漠造成的距离。因此科大卫接下来所要处理的问题，就是："面临不同的环境，中西方如何利用资源来推动财富和权力？"这些讨论，也应该成为广告史研究者需要思考的重要背景。

相对于《近代中国商业的发展》，卞历南《制度变迁的逻辑》则是一部

---

[1] [英]科大卫：《近代中国商业的发展》，第159—160页。
[2] 同上书，第196页。
[3] [美]彭慕兰：《大分流》，史建云译，南京：江苏人民出版社，2004年，第165、217页。

出自海外华人之手的广告史研究作品。作者在中国和北美接受学术训练，因而有双重的学术背景——既不缺乏对作为研究对象的基本史料的切身观察和理解，又熟悉西方中国研究的各种理论范式和研究方法。因此该书尽管不是专门对于广告的研究，但其中所涉猎的诸多问题对于广告史研究有启发，对于中国广告学界而言尤其具有典型的意义。

如同作者在该书"中文版序言"中所说的那样，该书受到1983年诺贝尔经济学奖获得者道格拉斯·C.诺思（Douglass C. North）的"新制度经济学"影响甚巨。甚至，该书的题目《制度变迁的逻辑》就源于诺思的名著《制度、制度变迁与经济绩效》。因此，要了解卞历南的著作，首先必须对诺思以及他的这部名著进行一点铺垫。诺思是一位经济学家，可以说是经济学领域中为数不多的一位关注历史的学者。诺思的理论来源是新古典经济学理论和马克思主义经济学理论，以及计量史学理论。但他敏锐地发现，前面两种经济学理论都未能很好地解释历时的经济变迁的有关问题——新古典经济学理论在将价格理论运用于对资源配置问题的解释时彰显了它独特的魅力，但诺思认为它只是解释了静止的——也就是"一定时点上"的资源配置问题。"在这个世界里，制度不仅不存在，并且也是无关紧要的。"[1] 而马克思主义经济学理论及其追随者们虽然极为重视历时性的问题，但他们又仅仅把经济绩效的变迁归结为技术（生产力演变）的后果。虽然他们并非完全忽视制度的存在（像新古典经济学理论所做的那样，对于制度问题完全忽视），但在诺思看来这些也还是远远不够的。

诺斯认为，技术是一把双刃剑，它在为人类带来无穷的福祉的同时，也给另外一批人带来了灾难。为此，必须去寻找技术之外对它形成制衡的其他因素，才能够解答诸如"为什么在大部分技术都是人可皆得的情况下，富国与穷国之间还存在着如此巨大的差异"等问题。对于诺思来说，这个影响因素显然就是制度。作为经济学理论，新古典经济学理论甚至马克思主义经济

---

[1] [美]道格拉斯·C.诺思：《制度、制度变迁与经济绩效》，杭行译，上海：格致出版社、上海三联书店、上海人民出版社，2008年，第182页。

学理论作为经济学理论而未能对历史问题提出有效的解释或许情有可原，但作为历史学理论和方法的计量史学虽然有效地解决了历时数据的呈现问题，但对背后数据变迁的逻辑仍然语焉未详。因此，诺思在借鉴了"新古典价格理论的基础性工具以及计量史学家们经过一代人的努力而发展出来的复杂精巧的计量技巧"的基础之上，提出了制度分析（新制度经济学）的理论和方法，相比较计量史学对于现象的呈现，诺思认为只有制度分析才能"使之成为了一个真正的历史故事。"[1]

《制度变迁的逻辑》一书作者的史学训练及作为其研究对象的经济史的双重背景，使得该书同时具有经济学和历史学两方面的学术资源，体现在该书导言的文献综述部分关于海外中国企业史、中国经济史的著述，以及在理论框架部分中所援引的有关新制度经济学的理论。可以看出，以上第一方面文献的学科基础是历史学和区域研究（海外中国学），这是两个关系天然比较密切的领域；而第二方面的学科基础又是经济学。这就使得该书具有跨学科性质的同时，充分体现出企业史研究的难度和复杂性。然而，作为一部历史学著作，诺思的理论还必须经过一番简化才能应用于对中国特定时期本土问题的研究。[2] 这也为广告学者进行广告史研究中的"广告主历史"研究提供了有益的参照。

该书的一大特点，是扬弃了中国本土史学研究以1949年为界，把20世纪按照政权划分为两个时间段落的做法。相反，作者以长时段、宽视野的观念，把"国营企业制度之形成"作为一个研究单元，从而把这一具体问题的时间上限提升到国民政府统治之下的抗日战争时期的一场旧制度的危机（1937—1945）。也就是说，在新中国成立后许多被认为是"中国特色"的企业制度与激励机制，实际上是在国民政府时期就已经生成了。就连当今习语中的"单位"这一带有极强的社会主义特征的语汇，实际上也是国民政府在抗日战争时期为了使国家制度合法化而加以推行的后果。因此，与此前一

---

[1] ［美］道格拉斯·C.诺思：《制度、制度变迁与经济绩效》，第184—189页。
[2] ［美］卞历南：《制度变迁的逻辑》，卞历南译，杭州：浙江大学出版社，2011年，中文版序言。

个时期诸多西方中国研究学者把视域限定于晚清民国时期(甚至主要是20世纪20—30年代)不同,卞历南作为一位在新中国成长起来的华裔学者,以制度变迁为视角,把研究重心放置在民国后期(抗日战争时期及其之后),并自觉地接续起1949年以后的历史。重视转折期的内在连续性,尤其是这本历史研究著作的独特贡献。这种研究对中国广告史研究中的广告主的历史研究而言也具有极大的启发性。

经济史的研究,一方面需要研究者掌握经济学理论与经济实务的方法与常识,这方面作为应用学科的广告学者具备一定的优势;另一方面也需要具备历史学的视角与眼光,而这种视角和眼光恰恰由于和经济学的联合与碰撞呈现出许多新的研究趋势。学者常常将制度和广告现象对立起来,认为广告作为自由竞争时代的一种营销手段,和制度因素是格格不入的。一种比较极端的看法,就是认为20世纪50年代以后至"文化大革命"期间,由于制度的限制,广告最终从中国的市场上消失了。但是,且不说这种说法忽视了外贸广告在中国历史上这段特殊时期中也曾长期存在的基本事实,持这种看法的人至少没有看到制度对于广告产业的影响是一把双刃剑。制度(不管在政治学还是经济学的意义上)当然能够决定广告产业的发展规模甚至生死命脉,但另一方面也能够与广告产业协同发展,与广告产业呈现出一种博弈关系。在近年来中国广告学界兴起的"发展广告学"的理论框架下,就把20世纪80年代中国广告业的发展要素界定为制度主导型,把行政手段看作广告产业发展过程中的重要决定性因素,由此也可以看到制度史与广告史密不可分的联系。可以想见,经济史和制度史在未来的广告史研究中将会受到更多的关注。

结　语

作为广告史研究的上级学科,当前中国史学研究已经在极大程度上受海外中国研究和社会科学的范式和方法的影响。当然,从这些著作所代表的广告史研究现状中也可以看出，广告史学作为一门独立学科的建设目前还有待于提上议事日程。此时，及时地把其他相关学科特别是广告史研究的上级学科中的一些进展进行总结，对其中和广告研究形成交叉的部分展开综述，有利于提升广告学的学科地位，促成广告史与学术界其他成熟学科的平等对话。只是目前在学科建设的初级阶段，我们所做的还只能是从广告史的上级学科中析出广告史的研究成果，进而在广告史研究中体现这些上级学科所代表的学术前沿趋势和研究方法的影响。也就是说，广告史研究目前还停留在一种"单向受益"的阶段。如何做到在更高的层面突出广告作为一门复合的研究对象的特点，以广告史的研究反过来对这里所列举的四种视角所代表的企业史、商业史、技术史、制度史等上级学科领域产生影响，甚至开创新的研究方法与学术范式，在未来也将成为摆在国内外广告史研究者面前的重任。

第七章
民国时期广告教育的四种类型

笔者在 2013 年的专著《中国广告学术史论》（北京大学出版社出版）中，已经对民国广告研究进行了全面的综述，但限于主题和篇幅，该书并没有专门涉及广告教育的议题。其实民国时期，中国现代意义上的广告教育也正式开始起步。尤其是民国时期所形成的新闻类、艺术类和商业类三种广告教育模式，构成当今中国广告教育基本格局的源头，并且这三种广告教育模式的起源都可以追溯至 1918—1919 年，这在使得民国广告教育成为今天中国广告教育的重要渊薮的同时，也在很大程度上开创了百年中国广告教育不同于西方的独特格局。本章以民国广告教育的这几种主要类型为切入点，指出百年中国广告教育的起源与早期发展及后来广告学学科体系建立的历史渊源，探究百年中国广告教育的起源与早期发展。需要说明的是，由于整个民国时期广告教育的规模和质量所限，广告教育的史料极其分散，作为一种根据现存史料初步的梳理，本章所罗列的几种教育类型亦无法涵盖民国广告教育的方方面面，但它们的确是在 20 世纪上半叶这个特定的历史时期内，中国广告教育在西学东渐的背景中结合自身实际所做出的时代选择。

一、大学广告教育的发展

1918 年是中国现代广告教育的元年,迄今已有百年。1918—1919 年,我国的大学中尚未正式建立新闻专业,广告教育即以新闻研究会、讲习班和图案教育的形式广泛存在。1921—1936 年间,新闻、商业、美术等相关系科中广告相关课程的广泛设置,共同为中国现代广告教育事业的建立和发展做出了重要的贡献,成为中国现代广告业发展史上的重要的推动力量,也是民国时期广告教育的黄金年代。抗战期间,我国广告事业遭受灭顶之灾,相关课程建设基本停滞。战后广告教育的恢复阶段,各大高校陆续回迁,恢复原来的专业设置,也在一定程度上奠定了此后中国广告教育的基本格局。

追溯今日中国大学广告学专业设置的源头,如果非要说是模仿欧陆人文主义大学理念,倡导通识教育而反对应用学科的"老北大",以及其中作为社团而非专业课程性质的新闻学研究会,委实有些牵强。然而,说中国今日大学之新闻及广告教育是模仿美国实用主义大学理念,特别是高等新闻教育的渊薮美国大学,并将这种模仿上溯至民国时期美国各基督教会在华创办的教会大学及其新闻系,却可谓大致公允。

整个民国时期,中华大地上分布了十余所教会大学,其中多所大学开办了新闻教育,其中最有名的两个新闻系,当属北京的燕京大学和上海的圣约翰大学。燕京大学是一所 1919 年由美国传教士司徒雷登(John Leighton Stuart)在北京创办的教会学校,1924 年设新闻系,其新闻学系和广告学课程的设立时间虽然晚于平民大学等一些私立学校,但燕大新闻系作为燕大最大的系之一,也是整个中国现代教育史(1919—1949)上最具学术声望的一所新闻系。燕大新闻系不设广告专业,但开设有广告经营类课程。由于受到美国密苏里大学新闻学院教学模式的影响,"广告"是燕大新闻系的一门重要课程,有专任广告学讲师、美国人葛鲁普(1932 年后回国);也出现了以

第七章　民国时期广告教育的四种类型

燕京大学原址（今北京大学）(图片来源：作者拍摄)

广告为选题的硕士、学士毕业论文。[1] 此外，1932 年燕大新闻系编辑出版的学术刊物《新闻学研究》上，也出现了多篇高水平的广告专论，是这段时期内不多见的广告学术研究的论文。[2] 值得说明的是，1948—1949 年，燕京大学曾派出专职教师蒋荫恩赴密苏里大学新闻学院研修广告学，但由于时局变换，蒋荫恩在回国后未开设广告类课程。[3]

1939 年 1 月 2 日《申报》有《新闻学系略史》一文，作者为曾在国民

---

[1] 如 1931 年，美国密苏里大学学士、燕大的硕士毕业生、后在燕大新闻系任教的美国人葛鲁普撰写的《广告在中国》（"Advertising in China"），以及 1934 年刘志远撰写的《中国新闻纸广告之研究》。

[2] 如高青孝《分类广告之研究》、管翼贤《新闻广告》、萨空了《五十年来中国画报之三个时期及其批评》等。

[3] 笔者于 2010—2014 年间曾多次对蒋荫恩的助教、原燕京大学教师洪一龙先生进行访谈。

党中央宣传部工作,后至台湾出任"国民政府驻美大使馆"新闻专员的陶启湘。全文名曰"新闻学系略史",似乎将全国新闻学系一网打尽,但其实重点描述的,只有上海圣约翰大学和北京燕京大学两所学校的新闻系。

1920年,圣约翰大学建立新闻专业。圣约翰大学新闻系作为民国时期中国大学中的第一个新闻系,为业界输送了大量专业人才,如陶启湘所说:"约翰毕业生中曾读新闻课程者,今日多服务于吾国各地报馆及通讯社,成绩素为各界所称道。此次《申报》出版新年特刊,其中一部稿件即为现在在校习新闻课程者所采集撰述,此辈学生,亦即为日后中国新闻界之先进也。"

值得注意的是,该文提出"中国新闻学课程之最早者",不是北京大学的新闻学研究会,而是1921年,上海圣约翰大学校长卜舫济(Francis Lister

圣约翰大学旧址(今华东政法大学)(图片来源:作者拍摄)

Hawks Pott，1864—1947）邀请上海《每周评论报》(Weekly Review)营业主任唐·派德森（Don Patterson）担任新闻学讲师，教授的"新闻采访及撰写"课程。

卜舫济在教学中倡导全英文授课，同时，为该校学生新闻实习起见，又创办了校办英文周报《约翰周报》。1922年，武道（Maurice E. Votaw）来华，任圣约翰大学新闻学讲师，1948年任新闻系主任。1949年学校被新政权接收后，由本校毕业生和教师黄嘉德担任新闻系主任。此二人均为毕业于美国大学新闻学院的硕士。

圣约翰大学新闻系的课程中，除一般新闻采编和史论类课程外，还有"广告学""广告设计""推销术"等，按照陶文的说法，这些课程"各班人数由十余人以至数十人不等。《约翰周报》即为该系学生实习工具"。查《圣约翰大学史》，学校1934年和1937年新闻学课程内容一致，均为6门课程，即新闻学、校对与时评、广告原理、广告之撰作与征求、推销术、新闻学之历史与原理。尽管个别课程名称与陶文所记略有出入，但大致类似。需要注意的是，在新闻学仅有的6门专业课程中，广告学的课程占据了半壁江山，而且从广告的原理到实务，设计到发布均有涉猎，可以见出学校对于广告教育的重视，以及当时的媒体人（主要是报人）对于"广告是媒体的生命线"的认识。

该文值得注意的一点是，从中可以看出业界对于新闻及广告教育的互动与关注。陶启湘本人是新闻监管机构的从业者，并且该文发表是并不以学术见长的《申报》新年第二号上。他看到北平燕京大学的新闻系之所以由弱及强发展壮大，是因为得到了报界筹募基金，提出由上海报业通力合作，助圣约翰大学成立新闻学院。陶文这样表达对于圣约翰大学新闻系升级为新闻学院的希望："约翰大学当局，希望能于短时间内，设立一新闻学院，专门训练青年之有志于服务报界者，教以欧美及中国最优良之有关新闻事业之学识，以扩充此悠久之学系工作范围。……创立新闻学院之建议，除华东各大学当局能极力合作外，如能得上海中西报界现金，加以赞助提倡，则其成功也可预卜，而其成效亦可最大……若能有新闻学院得报界相助，则前途定能无限也。"

沪江大学原址（今上海理工大学）（图片来源：作者拍摄）

陶文中也约略提及当时华东其他高校的新闻系简况，其中仍以基督教（新教）设立的教会大学为主。他说："圣约翰大学之新闻学系，在华东现仍未唯一者，其他大学如沪江、复旦等，虽亦曾有新闻系之设立，但未能连续办理；现在沪江只有商学院尚有数新闻学科。自去年华东基督教联合大学成立，约翰之新闻课程除该校大三大四二级学生可以选修外，沪江、东吴、之江学生亦得选读。"

如同民国时期许多广告研究者就已经看到的那样，广告是一门综合的学科。尽管民国时期大学模仿美国学制将广告课程主要设置在新闻系的做法，已经奠定了后来（改革开放后）新闻传播类广告教育的学科基础，但在一些相关系科中，也常常能够见到广告的一席之地。其中尤以商科学校为甚。也许这些广告内容的讲授并非作为课程，更不是作为专业出现的，但如果忽视了它们，广告学者就无法对整个民国时期的大学广告教育有全面而整体的认识。

沪江大学是上海除圣约翰大学之外的又一所基督教（新教）教会学校。由于圣约翰大学的新闻教育已经开展得有声有色，所以沪江大学没有重点发展新闻教育，而是兴办商学院，只在商学院内设置了新闻科，由同样留学于密苏里大学新闻学院的黄宪昭（1888—1939）担任主任。尽管沪江大学的商科并没有专门的广告教员，但对于广告也不可谓不重视。查上海档案馆所藏民国时期沪江大学档案，可以发现民国时期沪江大学的学位论文中，至少有三篇的题名与广告有关，即1934年的《中国旧式广告之探讨》，1941年的《广告与推销技术》和1949年的《商业广告技术之研究》。作为美国的教会学校，又是位于沦陷区的上海，沪江大学在抗战爆发后仍然开展广告教育不足为奇，但在一个没有设置新闻系的大学中集中出现多篇广告专业的学位论文，当是其他很多设有新闻系的高校都无法与之相提并论的。

沪江大学广告教育氛围之浓厚，当与广泛延请校外广告师资前来讲学密切相关。据1926年1月16日《申报》记载，1926年1月15日夜7时，沪江大学邀请蔡正雅演讲《近代广告学》，"演讲毕已近九时矣"。沪江大学由于没有专任的广告教员，延请彼时在上海出任暨南大学普通商业系、工商管理系主任的蔡正雅前来演讲广告学。蔡正雅曾于《商业杂志》1927年第7期发表《广告浅说》一文，其内容也正可与此次演讲中的内容相互参照。根据《申报》新闻中所登载的蔡正雅演讲内容，如"蔡君首述近七十五年来广告学发展之历史，继述广告两字之意义，以为今日所见广告不过一种通告，而非广告。广告之主要目的，不仅在引人注意，更必当启人欲望，博人信仰，导人购买，方尽广告之能事。次乃分项叙述广告之目的，颇为详尽。又次，乃述广告计划，其中市况之调查与解剖，应占百分之五十，心理之研究应占百分之二十五，其余百分之二十五始为图画、颜色、标题、文字以及排列方法。末述广告之做法"云云，正与其《广告浅说》一文大同小异。可以看出，这一类的演讲虽然浅显，但也涵盖了一门完整的"广告原理"课程的主要内容。

1936年，中国工商业美术作家协会（成立之初名为中国商业美术作家协会）成立，并于1936、1937年出版了两集《现代中国工商业美术选集》（第一集名为《现代中国商业美术选集》，由上海亚平艺术装饰公司出版，第二集更名后由本会出版事业委员会出版）。这两册民国时期的商业美术作品集

表1　中国工商业美术作家协会、沪江大学商学院合办商业美术科课程设置

第一学期		
课程名称	学分数	内容
广告学	1	未列具体内容
色彩学	1	未列具体内容
素描	2	未列具体内容
商品装潢	2	包扎纸设计、瓶贴设计、盒样设计、其他
平面广告	4	题饰设计、书面设计、新闻纸设计、商标设计、招贴设计、路牌设计、霓虹灯设计、其他
第二学期		
课程名称	学分数	内容
广告学	1	未列出具体内容
透视学	1	未列出具体内容
平面广告	4	同上
立体广告	4	橱窗装饰、灯牌设计、路牌设计、雕塑练习、其他

资料来源：中国工商业美术作家协会编《现代中国工商业美术选集》第二集，本会出版事业委员会出版，1937年。

在今天已经炙手可热，工艺美术史领域中也不乏研究者。但很可能人们只注意到其中的作品，而忽略了第二册后附的"中国工商业美术作家协会、沪江大学商学院合办商业美术科招生"的广告，授课地点即是沪江大学在上海圆明园路的校址。中国工商业美术作家协会是当时社会上美术、商业、广告、新闻等专业精英人才汇聚的组织，具有强大的业界资源和实践经验，该会与沪江大学的强强联合，非常鲜明地体现出民国时期教会大学的广告教育重视商业、实用，强调理论学习与业界实务接轨的应用学科定位（表1）。

从课程设置中可以看出，这一商业美术科为一年制进修性质，分两学期学习完毕。第一学期的课程中，除了色彩学、素描等绘画类美术课程外，主要包括1学分的"广告学"、2学分的"商品装潢"、4学分的"平面广告"。第二学期的课程中，除了继续第一学期的广告学、平面广告两门课程外，还增加了1学分的美术类基础课"透视学"和4学分的"立体广告"。值得注意的是，与今天常常将"影视广告"与"平面广告"对应的做法不同，民国时期的对应物则是"立体广告"，除橱窗、路牌外，甚至还涵盖了"雕塑"

等今天并非主流的广告形式。从这种命名中,不难看出当时的广告类型与媒介形态之间的密切联系。

南京金陵大学也是华东地区有历史和规模的基督教教会学校。该校不但在中国教育史上,也在中国基督教教案史上因发生过副校长文怀恩(John Elias Williams)被杀害的"金陵大学事件"而为人所熟知。但在学科布局上,除设置一般综合类大学所必需的文、理学院外,相比较圣约翰大学之重点发展新闻系,金陵大学则优先发展的是农学学科。不过农学也并非纯粹的理工类学科,农产品的流通与销售自然也涉及商学甚至是广告的问题。有鉴于此,在金陵大学农学院的教学中,就曾邀请过美国广告学专家前来授课。

1934年8月28日《申报》上,就刊登了这样一条关于南京金陵大学的消息《英美两专家先后到沪——英国信用合作专家施德兰、美国运销合作专家史蒂芬》,其中提道:"南京金陵大学与上海商业储蓄银行,为谋培育农业合作人才,发展农村经济事业起见,特由上海银行捐助金陵大学设置农业合作讲座费,总额六万元。此项经费,指定用以聘请英美农业运销合作及信用合作专家各一人,一面担任教课,一面从事全国农村合作事业之调查研究及设计,以资改进。"这则新闻即是报道两位专家乘船取道上海奔赴南京之前,在上海接受上海商业储蓄银行招待和洗尘之事。

值得注意的是这里所聘请的两位专家的背景,都不是农学,而是商学。尤其是史蒂芬,这位华盛顿大学经济学博士,是路西亚那大学财政管理及商业管理教授,同时也是美利兰大学广告学教授。"史氏于农商管理学识丰富,且对于全美棉稻蔬菜及牛乳业之产销合作,有十五年之经验,其重要著作有十三种,其中以物价之预测、市场分析、合作管理组织及其得失之分析,以及在杂志上发表之报告文字,均为讨论切要问题,而为合作事业之名著。"可以看出,在广告还没有独立成为一门大学中的学程或称专业的民国时期,广告作为一门课程就已经得到了很多学校甚至相关学科的重视。在商科甚至农科中,相关专业领域的广告应用就已经得到了独立的引入与建设。这种特定品类的广告教育与研究,即便在今天也仍然具有理论和实践中的双重意义。

如果从时间上来看,民国时期的中国广告教育,最早诞生于国立大学中的新闻研究社团,具体地说,就是 1918 年成立的"北京大学新闻研究会"。尽管如此,在整个民国时期,老北大都没有发展出独立的广告专业,甚至大学课堂上正式的广告课程。这是因为身为教育总长和校长的蔡元培,在游学德国期间,深受欧陆人文主义大学理念的影响,主张通识教育,倡导"大学为研究高深学问而设",从而对新闻、广告这些应用类学科表示出一种排斥。因而蔡元培时代的老北大,专业设置以基础、理论学科为主,并没有开设商科、法科、新闻等院系及专业,老北大原有的工科也被并入北洋大学等其他大学。

不仅如此,由于蔡元培独特的地位和个人影响力,使得整个民国时期,很多国立综合大学的教育都打上了这种模仿欧洲学制的浓重的"老北大"的烙印,很多应用学科被认为只宜设置于中等学校,而不应进入大学课堂。但是,毕竟由于蔡元培倡导"思想自由,兼容并包",使得老北大的学生社团之活跃,在整个民国时期还是无人能及。这些社团包括画法研究会、书法研究会、摄影研究会、雄辩会,也包括"新闻研究会"。新闻史家、中国人民大学教授方汉奇关于北京大学新闻教育之所以有中国新闻教育史上"五个第一"的说法,正是源自"北京大学新闻研究会"。在蔡元培的支持下,该会于 1919 年正式定名为"北京大学新闻学研究会"。

新闻学研究会聘请校长秘书、留学美国学习新闻学的年轻教授徐宝璜和《京报》著名记者邵飘萍担任导师,他们关于新闻的知识便通过这样一种业余社团的性质在老北大开讲,并且由于深信"广告是报业的生命线",所以无论是徐宝璜出版的专著《新闻学》还是邵飘萍当时的讲义中,都为"新闻纸之广告"留下了必要的章节。可以看出,徐宝璜身为北大教授,但在北大的学科设置中却并没有为他的专业留下一席之地,此时蔡元培的关怀和支持,以及为他的《新闻学》一书题写书名及撰写序言,仍可看作给徐宝璜"校长秘书"一职之外的专业研究和教学提供了平台。

徐宝璜的《新闻学》是中国历史上的第一部新闻学专著,目前这个界定要比中国历史上第一部广告学专著更确定,也更为人所熟知。此书共 14 章,其中第 10 章为"新闻纸之广告"。应该说广告所占据《新闻学》这本书的

老北大沙滩红楼旧址（图片来源：作者拍摄）

篇幅并不大，但却是符合新闻学自身的要求的。邵飘萍则在 1924 年出版的《新闻学总论》第三章"报社之组织"的第十二节，论述了"广告发达之历史"，随后的第十三节是"广告技术之研究"。作为比较早的新闻学著作中的广告论述，这两节都有比较精彩的学术价值——不是说其结论多么精辟或具有恒久价值，而是其选题和研究方法在学术史上有"发凡起例"的范式开创之功。

不但如此，1919 年，北京大学新闻研究会正式改称"北京大学新闻学研究会"时,蔡元培还亲赴开幕式演说。这是"书法研究会"等很多其他社团都未能享有的待遇。但也必须指出,1918 年国立北京大学的新闻教育还仅仅是以一种业余社团的形式存在的,而并非高校课程体系和高等教育的有机组成部分。这是因为,1918 年开始的国立北京大学的新闻教育,最初是存在于老北大的社团而非院系之中,报名听课者也并非都是北大有学籍的学生。这种社团教育在"五四"乃至整个蔡元培长校时期的老北大广泛存在,除了新闻研究会,还有画法研究会、书法研究会、摄影研究会、音乐传习所等。可以看出,这些社团的类型,大多为国立北京大学所不设有的应用型术科门类,新闻学也不例外。而在 1919 年,北京大学新闻研究会正式改称"北京大学新闻学研究会"时,蔡元培在开幕式演说中,蔡元培特别谈及他对于广告的某种担忧。除了没有开辟正式的新闻专业外,蔡元培在这次演说中对于广告所表达的一种观点,也难免让人感到某种偏见:

> 鄙人对于我国新闻界尚有一种特别之感想。乘今日集会之机会,报告于诸君,即新闻中常有猥亵之纪闻若广告是也。闻英国新闻,虽治疗梅毒之广告,亦所绝无。其他各国,虽疾病之名词,无所谓忌讳,而春药之揭帖,冶游之指南,则绝对无之。新闻自有品格也。吾国新闻,于正张之中无不提倡道德,而广告中则诲淫之药品与小说,触目皆是,或且附印小报,特辟花国新闻等栏,且广收妓寮之广告。此不特新闻家自毁其品格,而其贻害于社会之罪,尤不可恕。诸君既研究新闻学,必皆与新闻界有直接或间接之关系,幸有以纠正之。[1]

这里,蔡元培为"新闻"和"广告"这两门在今天相提并论的专业所作的截然不同的价值判断,难免不让后人对新闻赋予一种先入为主的道德制高点,而对广告则变本加厉地进行一种"有罪推定"。民国时期的中国各国立大学所提倡的精英主义的教育理念毕竟无法回应社会对于应用教育的需求。但也

---

[1] 蔡元培:《北京大学新闻学研究会成立之演说》,载蔡元培《何为大学:蔡子民先生言行录》,台北:大块文化出版股份有限公司,2011 年。

必须看到，以北大为代表的民国时期的中国国立大学，由于始终倡导以通识教育为核心的人文主义大学理念，所以始终没有迈出高等广告专业教育的步伐，只是选择以"社团"而非"专业"的方式介入广告教育，以一种特殊的方式开启了广告进入中国大学教育的历程。

在某种程度上可以说，正是通过北京大学新闻学研究会这个社团的平台，北大以独特的方式介入了广告教育。但是，这种广告教育毕竟还不是高等教育。真正把广告及其所依托的新闻教育从"术"推向"学"，进而在高等教育体系中确立一席之地的，是当时由基督教传教士建立的教会学校。不过虽然如此，以老北大为代表的民国时期的中国国立大学，始终倡导以通识教育为核心的人文主义大学理念，从而与美国式重视新闻、法律等应用学科教育的实用主义大学理念拉开了距离。两种大学理念无论孰是孰非，老北大自可谓坚持了自己的品格。然而今天的中国大学改革，一个突出问题就在于常常把这两种渊源有自的不同的大学理念糅合在一起。即一方面，倡导老北大的"大学为研究高深学问而设"的人文主义理念；另一方面，却又在优先发展管理、法律、新闻等美国实用主义理念下应运而生的应用学科。

当然，民国的国立大学也是分层次的。有老北大这样综合的大学，也有商科、法科、艺术等专门学校。在这些专门学校里，特别是许多为应用而设置的专业中，也有了"广告"课程的一席之地。在商科方面，上海商科大学是中国教育史上一所独立设置的商科大学。该校起初由东南大学和暨南学校联合在上海设立。后因暨南学校（1927年更名为暨南大学）退出并独立设置商学院，故上海商科大学虽名称独立，但实由东南大学承办，为国立东南大学所分设。由东南大学独立承办后，上海商科大学加强了与业界的联系，但同时与当时同在上海的暨南大学也仍然保持了良好的合作关系。这与同在上海，而从厦门大学中分裂而成的大夏大学与原厦门大学的紧张关系似乎不可同日而语了。

1926年6月19日，陆梅僧在上海商科大学主讲广告学，这是一次由"经济商学会演讲会"来主办的收费讲座。不过，如果说这次陆梅僧的广告学演讲尚属商业经营范畴，只是由"经济商学演讲会"借用上海商科大学的校园举办而已，那么两个月后，1926年8月，上海商科大学与老搭档上海暨南大学合办的暑期学校中，则赋予了广告学以重要的地位。查1926年8月7日之《申报》，有《汪英宾演讲直接广告学》一则，全文如下："商科大学与暨南大学合办之暑校于前晚（五号）七时特请留美报学专家汪英宾硕士演讲直接广告学，引证甚多，譬论切当，听众兴味盎然，甚为满意。按：直接广告在中国不甚发达，在欧美各国已盛行一时。"这里所说的"直接广告"，就是"直邮广告"。这次演讲不仅在当时的广告业界颇为时髦，就是在广告学研究领域中也带有专题研究的前沿性质，体现出民国广告教育在概论之外的"前沿"和"专门"的一面。

查1928年8月23日《申报》所载《暨南大学教职员之全部组织》，可知彼时蔡正雅担任上海暨南大学商学院专任教授，而蔡正雅本人正是民国时期一位重要的广告学者。当时，从南京迁入上海的暨南大学在郑洪年的主持下进行机构改革，改原先的"系"为"学院"。其中，新设的"商学院"由叶渊担任主任，杨汝棌担任副主任，蔡正雅等五人担任教授。由于民国时期"教授""讲师"等是一种职务而非今天的职称，所以在这里，"讲师"为兼任，"教授"即为专任。前文介绍的蔡正雅应邀于上海沪江大学进行的广告学演讲，也正见出民国时期侨办大学与教会大学在广告学方面密切交流合作之一斑。

在艺术方面，民国时期，无论是国立大学还是私立大学，一般都不设置美术学院。1927年国民政府"大学区制"改革过程中成立的"国立北平大学"，曾因并入了国立北京美术专科学校，而一度设置"北平大学艺术学院"，但不到两年即宣告改革失败而撤销。此外，1928年，郑洪年主持的上海暨南大学也曾设置独立的"艺术学院"，但除"中国画系"主任兼教授陶冷月外，该学院中国画系的其他师资力量和西画、昆曲等专业中，均只有黄宾虹等兼职的"讲师"而无专职的"教授"。[1]因此在整个民国时期，美术类高等教育的职能，主要是由"美专""艺专"等专门学校来承担的。而很

---

[1]《暨南大学教职员之全部组织》，《申报》，1928年8月23日。

多学校设置的"图案"科,其主要教学内容也正是与广告有关的商业实用美术、设计类课程。

谈到中国广告教育的滥觞,还应该提及上海南方大学。无独有偶,这所大学的广告教育也是由留美广告人来建设的。1925年,南方大学设立报学系。这所名不见经传的学校在民国教育史上转瞬即逝,其报学系也是两年制专科,无论是规模还是培养质量,自然也不能与同在上海的圣约翰大学和复旦大学相提并论。然而需要提及的是,由于聘用汪英宾(1897—1971)担任主任并主讲"报学原理"和"广告原理"课程,所以广告在这个短暂的报学系中一直具有一席之地。汪英宾,字省斋,1921年毕业于圣约翰大学,1922年自费出国,先后就读于美国哥伦比亚大学和密苏里大学新闻学院。由《申报》聘任回国担任申报馆协理,1931年任《时事新报》总编辑。查中国第二历史档案馆藏档案,在汪英宾本人提供给陆梅僧主事之上海联合广告公司主编的上海广告业同仁录的档案中,明确写明他是于"办报期间,与戈公振创设新闻专科于南方大学,后各大学竞相效尤"。[1] 由于汪英宾在《申报》馆负责经营管理,其在美国密苏里大学新闻学院的硕士论文《中国本土报刊的兴起》仅有四章的篇幅中,就有一章专门谈及"中国本土报纸的广告和发行量",其他三章也有大量篇幅涉及广告和报纸经营,[2] 所以广告在这个短暂的报学系中一直具有一席之地。

1925年5月21日的《申报》上,有一则关于《南方大学暑期学校之组织》的报道,内中提到,南方大学将利用自身资源以及远赴南京聘请的东南大学教授资源,于暑期举办暑期学校,在教务长殷之龄的协调下,课程目录已经确定。查这份南方大学暑期学校的课程表,可谓理论与实践、人文基础学科与社会应用科学并重,其中既有李石岑、周佛海、胡朴安、江亢虎等人开设的哲学社会科学课程,也有王效文、潘序伦等人开设的经济管理类课程,而戈公振的"编辑法"和汪英宾的"广告学""报学原理"等课程也赫

---

[1] 《上海联合广告公司同仁录编辑委员会收集同仁录资料调查》,中国第二历史博物馆藏档案,全宗号:四,案卷号:30734。

[2] 汪英宾:《中国本土报刊的兴起》,广州:暨南大学出版社,2013年。

然在列。只是令人稍感遗憾的是，作为民国广告教育事业的一位代表人物，汪英宾在广告方面并没有留下任何系统的著作，并且与燕京大学的蒋荫恩类似，由于"文革"期间的非正常死亡，他们本人的事迹在今天也几乎被人遗忘。不过，相关课程的开设至少表明，尽管民国时期并没有广告专业，但广告学的知识作为一门课程出现在民国大学的课堂上，并且由具有留学美国综合大学新闻学院的业界人士来讲授，已经形成制度化的实践。

1936年是战前中国广告事业和广告教育高速发展的最后一年。这一年，从厦门大学分裂而出并来到上海独立建置的私立大夏大学商学院也开始了教学改革，其中首当其冲的是人才引进。除聘用美国纽约大学商学硕士、历任之江大学、中央计政学院、合作学院教授金企渊为院长兼会计系主任外，也聘请了诸多富于业界工作经验之人士担任银行、商业管理各系主任及人事管理学、银行制度、银行会计、保险学等课程教授或兼职讲师，"诸教授均系饱学之士"，而其中，也包括聘联合广告公司经理陆梅僧硕士为广告学教授。从这样的师资阵容中，不难看出大夏大学在整个商学包括广告领域中大干一场的决心，只可惜的是时运不济，在接下来的战乱之中，整个中国正在蒸蒸日上的广告事业被摧毁地土崩瓦解，而高等广告教育的探索在国难当前的时代更是被迫中止。中国大学的广告教育，待战后重新恢复时已经元气大伤，进而大势已去了。

此外值得一提的是民国时期涌现出多种商学背景的广告学教材。一是何嘉的《现代实用广告学》。何嘉具有经济学背景，《现代实用广告学》一书的出版，得到了政界、商界、学界许多名流的重视与题词，其在商界的交往尤其使得本书标榜和突出商业上的"实用"价值。江亢虎为该书所撰"序"中介绍："何生子若攻经济学有年，于广告学亦颇有研究，……我国工商事业落后，即广告学术亦迥不逮人，近年振兴实业之说，为国内人士所盛倡，则广告学术之亟宜普及，亦为当务之急，何生此书，于此现象之下，殆为时势所切要者，我知其裨益于我国实业前途者，当非浅鲜也。"[1] 真正运用经济学

---

[1] 何嘉：《现代实用广告学》，上海：中国广告学会，1931年，序第5页。

的理论和研究方法对广告加以科学化的研究的学者，首推经济学家苏上达。苏上达于 1930 年编辑出版的《广告学纲要》，他在广告经济学研究方面的成果，集中体现在《广告学纲要》一书中的第二篇"市场"中。苏上达在介绍了统计、问卷（"询察表"）等研究方法的同时，以多种国外企业和商品为例，用相当的篇幅和大量的数据、表格等介绍了"调查市场之实例"。应该看到的是，两位作者中，何嘉曾任教于多所中级商业学校，苏上达的著作也通过商务印书馆"万有文库"在学子中间广为传播，因此也能在很大程度上窥见他们所代表的经济管理类广告学教育之一斑。

纵观晚清至新中国成立前夕（1900—1948）广告学专著书目，可以看到 1928—1937 年间出版的十余种广告专著，多是出自广告公司和报馆人士之手，或作为中学文库出版，作者中并无大学的专职教员。1948 年，由中华书局出版的吴铁声、朱胜愉编译《广告学》一书，虽标明"部定大学用书"，也终因时局未能在此后大陆的国立大学教育中付诸教学实践。同年，徐百益编辑出版《工商管理》期刊，刊发广告学的文章和译文，为广告研究的独立发展做出了重要的贡献。直到今天，依附于商学院营销系科的广告教育与研究仍然是广告学学科体系中的重要组成部分，它们给广告研究提供了经济学和管理学的方法与视角，在很大程度上丰富了由新闻传播和艺术设计构成的广告学学科体系和格局。

二、广告人的海外留学

整个民国时期，广告学的留学与海外交流虽然不算十分频繁，但也偶有出现，值得关注。一方面，通过燕京大学、圣约翰大学等教会学校，与美国密苏里大学新闻学院等新闻教育发祥地保持了密切的合作关系；另一方面，也积极派出和引进人才，同海外的广告学教育进行密切的交流。一时间，上海的广告学界和业界高层的许多活跃人物，大都是留学归国人员担任，而除了带来新鲜的学术和管理方面的"国际经验"，他们在宣传中自然也十分注意提及自己的"海归"背景（表 2）。

由于广告学是一门众所周知的舶来的学科，所以整个民国时期，自然把海外（尤其是美国）奉为广告学的源头。值得注意的是，早期留学海外的广告人中间，有多位所学为艺术类专业，具有美术设计的学术背景。1918 年 4 月 15 日，时任国民政府教育总长的蔡元培在国立北京美术学校开学式上发表演讲，在这篇不足 3000 字的演讲中，他明确地提出图案与美术的关系："惟绘画发达以后，图案仍与为平行之发展。故兹校因经费不敷之故，先设二科，所设者为绘画及图案甚合也。"[1] 这标志着实用美术在现代教育体系中成为一门与绘画并行发展的独立的学科。从中也可以看出蔡氏所理解的"图案"的确与那个时代所能够理解的现代设计的观念有平行之处。

因此可以说，1918 年开始，中国已经具备了现代意义上的西式设计教育，关于设计的理论研究其实也已经开始建立，这也成为后来美术设计型中国广告教育的一个重要源头。这所北京美术学校后来更名为北京艺术专科学校，并曾短暂合并入国立北平大学，成为北平大学艺术学院，成为 1950 年成立的中央美术学院实用美术系的前身。无独有偶，1928 年，杭州西湖国立艺专成立时也设立了图案系，成为后来中央美术学院华东分院（后更名为浙江美术学院，今中国美术学院）的前身。两大国立艺专的图案系为民国时期的商业美术设计培养了大量人才，也是 1956 年成立中央工艺美术学院的重要基础。

不仅是艺专，1919 年，还在国内就读留美预备学校清华学校的学生闻一多，开始在校刊《清华学刊》发表《建设的美术》《出版物的封面》等文章。[2] 在《建设的美术》中，闻一多较早地在中国介绍了拉斯金的思想，并指出美术分为两种，一种是"影响于物质之文明"的具体的美术（即实用美术、设计艺术），一种是"影响于思想之文明"的抽象的美术（闻氏称之为"旧文化的代表"）。这种分类很可能就是受到蔡元培的影响，也为广告在实

---

[1] 蔡元培：《在中国第一国立美术学校开学式之演说》，《北京大学日刊》，1918 年 4 月 18 日。
[2] 祝帅：《中国现代设计教育思想的文化审视》，《设计艺术》，2003 年第 2 期。

表 2　民国时期部分海外留学广告人

序号	姓名	留学时间	留学学校及学位	归国后主要任职	备注
1	李叔同	1906—1911	日本东京美术学校（大学）	上海《太平洋报》广告部主任	倡导木刻漫画式"新式广告"
2	黄宪昭	1908—1912	美国密苏里大学（新闻学学士）	北京燕京大学教授	密苏里大学新闻学院第一位中国留学生
3	徐宝璜	1912—1916	纽约州立林业工程学院、美国密歇根大学（新闻学学士）	北京大学教授、北京大学新闻学研究会副会长	赴美后于1914年转入密大
4	孙科	1912—1917	美国加州大学伯克利分校（文学学士）、美国哥伦比亚大学（商学硕士）	《广州时报》编辑	系孙中山长子，1919年发表《广告心理学概论》《建设》月刊
5	叶建柏	1912—？	美国（具体学校、学位不详）	中华广告公会秘书、慎昌洋行经理	1918年出版《美国工商业发达史》（商务印书馆），举办过广告学的演讲
6	林振彬	1916—1922	美国罗切斯特大学（学士）、哥伦比亚大学（硕士）、纽约大学（进修广告学及心理学）	上海华商广告公司经理	毕业于清华学校。1936年出版《近十年中国之广告事业》
7	陈之佛	1918—1923	日本东京美术学校（大学）	上海美专图案科主任、中央大学教授，创办尚美图案馆	主修工艺图案，1930年出版《图案法ABC》（世界书局）
8	陆梅僧	1920—1923	美国哥伦比亚大学、纽约大学（商学硕士）	上海联合广告公司经理	毕业于清华学校。1947年出版《广告》（商务印书馆）
9	汪英宾	1922—1924	美国哥伦比亚大学、密苏里大学（新闻学硕士）	上海申报馆协理、《时事新报》总编辑	与戈公振共同创设新闻专科于南方大学，兼任多所大学广告学讲师
10	闻一多	1922—1925	美国芝加哥美术学院、美国科罗拉多大学、纽约艺术学院（美术学士）	北京艺术专门学校教务长	毕业于清华学校。曾从事书籍装帧设计、平面广告设计
11	庞薰琹	1924—1930	巴黎叙利恩绘画研究所、巴黎格朗德·歇米欧尔研究所（学位不详）	上海美术专科学校教授、中央工艺美术学院第一副院长	创办中央工艺美术学院
12	钱道南	约20年代	欧洲、美国（具体学校、学位不详）	中华国际商务广告公司经理	
13	郑可	1927—1934	法国国立美术学院、巴黎工艺美术学院（学位不详）	广东勷勤大学教授、中央工艺美术学院教授	曾参访包豪斯
14	颜文樑	1928—1932	法国巴黎高等美术学校（学位不详）	苏州美术专科学校校长	开办实用美术设计、动画等专业
15	程本同	1928—？	华盛顿大学（研究院）	不详	主修广告学
16	黄嘉德	1947—1948	美国哥伦比亚大学（新闻学硕士）	上海圣约翰大学新闻系主任	
17	蒋荫恩	1948—1949	美国密苏里大学（访问学者）	北京燕京大学教授	留美期间主修广告

资料来源：作者根据多种材料整理。

用美术阵营中寻得定位打下了坚实的基础。也正是在这一年，被看作现代设计教育里程碑的德国包豪斯学校在魏玛工艺美术学校的基础上建立了。

除了艺专图案系为代表的高等教育之外，实用美术类行业协会也在推动开展广告教育。当然，更多的"海归"广告人回国后选择了从事广告实务工作。在上海的商业广告公司中，传统的美术公司或画室以提供"月份牌画"或报纸广告的创意制作为主，其人员构成也多是本土的画师，而新型的综合广告公司多为全案服务的代理型为主，这一类公司的经营者往往有海外留学或工作的经验。其中比较有名的，包括林振彬经营的华商广告公司和陆梅僧经营的联合广告公司，二人均系留美硕士，20 年代学成回国创业。林振彬还曾于 1936 年，编辑并内部出版《近十年中国之广告事业》一书，该书为中英文双语，邀请当时政界、商界、报界人士为华商广告公司撰文，记录了华商广告公司成立十年来所亲历的业界点滴。

而同时期的中华国际商务广告公司，在 1928 年 6 月 2 日的《申报》上也如此介绍自己的"出身"："钱道南昔年游学欧美，专习广告学术。去年归国，与张天锡辈组织中华国际商务广告公司，于北京路甲四十六号专营油画墙壁以及中外书报一切广告上应为业务，并代客推销各种货品。兹已有多数大公司委托该公司专理广告事务，公司中并再刊行《中华广告月刊》，书中载各公司广告外，并聘有广告专门人才，撰述广告常识与广告方法，现已从事排印，以期于广告术上放一异彩云。"这里，对于钱道南留学于"欧美"的哪一所学校、获得何种学位语焉不详，公司所经营的"油画墙壁"与"游学欧美"所学之广告学术有何关联也不得而知，但一种国际视野的优越感跃然纸上。时过境迁，其所编辑的《中华广告月刊》这份刊物未见藏于国内各大图书馆，广告学者对于民国时期的广告刊物的了解，也仅限于本土广告人徐百益主编的《广告与推销》和一份分类广告杂志《百业广告月刊》，而终究对《中华广告月刊》这份由"海归"广告人所编辑的刊物无缘得见。

民国时期赴美留学广告学专业者，也成为当时留学生中虽然规模不大，但不可忽视的一个群体。当时的清华学校是赴美留学的主力，但从清华赴美修习商科尤其是广告者并不多，反倒是以商学见长的上海的复旦大学赴美留学的学生更引起了《申报》的关注。1928年8月16日,《申报》载《复旦程本同等赴美》一则,内容为复旦大学本届毕业生中有三人自费赴美留学,将于本月25日乘船起行云云。值得注意的是,三人均系复旦商科毕业,而其中程本同一人,更是拟赴华盛顿大学研究院,"专攻广告学"。虽然世人对于程本同此后的留学与工作情形没有更多了解,但从其赴美留学一事能够登上《申报》这件事,本身就能说明社会对于"赴美留学"以及"广告学"等核心关键词汇的高度重视。而更值得关注的是战后,《申报》上出现了多篇关于海外高校中新闻学教学情况的介绍文章。

20世纪30年代,国内枪声四起,外来侵略给中国带来了创伤的同时,也打开了清政府长期闭关的大门,予以更多对外交流的机会,中国现代广告教育也在这个时期受到了国外广告学及相关学科教学思想的影响。早在20世纪上半叶,留美的广告人林振彬、陆梅僧、叶建柏、汪英宾等,就开始在中国建立"代理制"广告公司的同时,受邀在国内各大学、中学讲授"广告学"课程。[1] 然而,随着卢沟桥事变点燃了日军侵华战争的战火,国难当头,中国广告业身受重创,刚刚起步的中国现代广告教育事业,至此也不得不暂时停止其探索的步伐,直到八年之后才从创伤中逐渐恢复、重新起步。

1937年,平津失守。尽管此后战争的炮火不断搅扰,但这并没有阻碍西南联大等后方校园内的艺术教育氛围,其中许多实用美术方面的内容与广告息息相关。不仅联大成立"阳光美术社"等社团宣传抗战思想,进行黑板报、宣传画创作,闻一多本人在昆明时期也有广告画创作的实践。与此同时,抗战也把闻一多等一大批工艺美术教育家聚集在国统区西南大后方。其中,庞薰琹、李有行等在成都设立并任教的四川省立艺专,赓续着战争时期实用美术教育的星星之火,成为1956年庞薰琹主持设立中央工艺美术学院的重要基础。1944年,闻一多撰《画展》一文,大肆批判昆明在战时还屡次举办国画展,嘲讽"抗战和风雅始终是不可分离的"[2]。这种论调与闻一多

---

[1] 如来生:《中国广告事业史》,上海:新文化社,1948年,第2页。
[2] 闻一多:《画展》,《生活导报》,1944年7月。

一直以来批判的艺术中"复古的空气",以及力主电影工业是娱乐而非艺术的思想并无二致。很明显,在20世纪20年代中国文艺界所划分出的"为艺术的艺术"和"为人生的艺术"两种思想阵营中,联大的艺术活动显然倾向于后者,而这也正是闻一多在清华时期便确定的艺术主张。这也成为50年代我国现代意义上的广告教育最先以"装潢美术"和"商业美术"的名义,在实用美术学校中央工艺美术学院诞生的重要前提。

1946年5月9日,《申报》上出现了署名"美国新闻处"撰写的《美国新闻教育》一文,内容详述了美国新闻教育的情况。内中提出:"在1941年,美国已有五百四十二所四年制的大学内,设有新闻学系。""美国新闻学院,特别注意训练新闻记者。"在这种实用主义教学理念的催生下,广告学这样注重应用的学科,也被纳入美国新闻学教育和新闻研究的视野:"博士论文的题目,其中有广告学、传记学、外国的新闻学、新闻学史、报纸法律、新闻采访和写作、发行和宣传、无线电新闻及读者兴趣等。"而其列举的论文题目,也包括芝加哥大学1943年的博士论文《广告工业的自动控制》等。这种介绍的目的就不仅仅是一种猎奇,而自然有通过美国新闻教育的经验来提升中国新闻教育的用意在。

无独有偶,1946年6月23日的《申报》上,又刊周祥光的"特稿",专门介绍《印度唯一的新闻学府》即旁遮普大学(University of the Punjab)。该校于1941年设立新闻系,作者曾到该系参观。谈及该系的课程,文中称包括"新闻采访、新闻编排、新闻述作、大样校对、书刊讨论"五类,而以"经理业务、广告学、新闻史、大样校对、书刊讨论及新闻道德等"为"补助课程"。

值得注意的是,这种以介绍海外新闻学教育,而非仅仅是新闻事业的情况的文章成为一种现象,并且把所关注的地域延伸到印度地区的做法,本身就说明中国新闻学教育和新闻学界的某种自觉。只可惜这种关注诞生于战后中国即将发生内战的40年代,而包括广告在内的整个新闻教育在接下来的遭遇也未免令人唏嘘。到80年代中国重新建立的新闻传播教育,注定只能是一次与海外分隔了近半个世纪之后的"另起炉灶"了。

三、广告的职业教育与社会教育

民国时期,以蔡元培长校的老北大为代表的国立大学,由于受到欧陆人文主义大学理念的影响,大多不设应用类学科,反而是在很多中等商业、美术职业学校,甚至一些函授学校中开设了广告的学程,主要包括如下几类。

第一类是中级专科学校与中等职业学校。相比较高等院校,职业学校一般为独立建置的中级专科、中等职业学校,但也往往从属于高校、行会或其他社会组织。如"上海第一商业补习学校"及其另一块牌子"上海商业补习教育会",就隶属于上海商科大学。该校可以分享大学中的教育资源和师资力量,而以其低门槛、低经费和速成的性质,又多能吸引社会上之人士的参加。

1922年2月20日《申报》,即登载了这样一条消息:"上海商业补习教育会自成立以来积极进行,曾先后调查本埠商界需要商业补习教育情形,现照调查所得结果,先就上海商科大学设立上海第一商业补习学校,其主要科目为英文、商业簿记、商业算学、商业国文、广告学等科。……其主办人员,大都商业专家,所收学费,又极低廉,诚商界青年补习商业教育之最好机会。"

广告职业教育在30年代开始一度达到一个小高潮。1933年10月,教育部颁布了《职业学校各科学科时数概要》,并于《申报》上连载,可以看出民国的职业教育已经建立起一个在当时颇为完备的框架。其中,10月27日所登载的"连载六"中,明确指出职业学校科目中"关于商业者"包含"银行簿记""会计""保险""文书""商业广告""运输"等科。其中对"商业广告科"的详细规定是:"(一)目的:养成商业广告设计及绘画人员。(二)入学年龄:十五至二十二。(三)修业年限:三年。(四)科目:'普通学科'公民一小时、国文二小时、英文三小时、图画四小时、体育每日二十分钟。'广告学科'十六小时。'广告实习'二十小时。共四十六小时。"这里所列举的,显然是一个全日制中等职业学校广告学专业(科目)的"周学时",从课程设置的内容来看,应该算是理论与实践并重,而且特别强调了广告实习,以体现职业学校"学以致用"从而区别于当时国立大学之"研究高深学问"的特点。

设立于上海华龙路 80 号的中华职业教育社和"职指所"扮演了这段时间内上海各职业学校的组织联络者的"行会"角色。一些囿于师资而未能开设广告学的职业学校也大多以此为缺憾，而募集师资的广告也往往经由该所发出。1935 年 1 月 10 日《申报》"职指所近讯"的"物色人才"一则中，便出现了多则职业学校广告专业教师的招募公告。如"该所近受本市某中学托聘商科教员一人，每周授课十六小时，月薪一百三十元左右，以国内外大学商科毕业，曾有教授经验者为合格。又某职业中学托聘商科主任一人，条件与前同。""南京某职业学校托聘广告学、广告心理及广告设计大意教员一位，月薪未定。"1938 年 12 月 29 日《申报》"各校简报"又载"中华职业教育社附设之第一中华职业补习学校，利用星期休假，辟有星期班，分设摄影、书法、新闻学、广告学诸科，成绩斐然"云。可见即便在战时初期，这种广告职业教育也并未中止。

第二类是基督教青年会（Young Men's Christian Association, YMCA）中的广告教育，这也是民国广告职业教育中的一支重要力量。基督教青年会是一个于 19 世纪中叶诞生于英国的国际组织，并于 19 世纪末来到中国展开工作。它是一个全球性的新教团体，并不分宗派，因而并不隶属于新教的任何一个宗派，当然也不隶属于天主教会。它以跨越宗派的形式在全球展开社会活动，倡导基督教"非以役人，乃役于人"的社会服务宗旨，不直接参与各教派的植堂传教工作，而是突出基督教的社会服务功能，旨在拓展基督教青年在社会中的影响力。其社会服务的内容以非营利的职业教育为主，既不同于教堂所传讲的教义，也不同于各教会所附设的国民教育教会学校（大、中、小学），而是突出技能培训。因而也开展了面向当时社会所需的广告人的职业培训。

《申报》1927 年 9 月 15 日的"教育信息"专版，记载了设在上海四川路基督教青年会内的"青年会职业学校"的情况，该校既包括面授，也包括"为远道及不克亲来上海者"所设立的函授部，其原因是"该校注重实际不尚虚伪，学者获得真实技术，一经毕业，办事便利"。同日同版又载有"青年会职业学校近讯"一则，称："青年会职业学校自六日开学，已有学生三百数十名，初级班已经溢额，而各科报名仍络绎而来。因决定将高级科与选科广额百名，又以广告学为贸易科必需之学术，原定每星期授课八小时，现又加授广告学两小时，以利学者。至于广告学教授，为陆梅僧君，系纽约大学商科硕士，历任美国世界广告公司华经理，其讲义纯用国文，故不谙西文者，亦可索习之。"除青年会职业学校外，与青年会平行展开活动的基督教女青年会（Young Women's Christian Association, YWCA）也在同时筹备"女青年会补习学校"，唯该校课程以"中英算音乐等应用科"为主，而不包含商科及广告的内容。

抗战开始之初，青年会在上海的教育活动仍未中断，只是形式由面授及函授的职业教育为主，转变为讲座为主，其授课的对象也从寻职之青年，转向商界在职之人士。1941 年 7 月 6 日《申报》载"上海青年会举办商学讲座"一则，称"上海青年会为该会商界会友之需求起见，将于七月十四日起，举行商学讲座，为期五星期。此次该会经月余之筹备，内容非常丰富，且均实际有用，如陆梅僧之广告学、朱斯煌之银行学、周迪斐之售货术、王效文律师之实用商事法……均属沪上之专家学者。又该会特请申报馆经济专刊主编张一凡君，讲述商业新闻学，教授如何阅读商报，直接间接均可增进职业上之效能。该会为便利一般商业人士听讲起见，每晚七时半开讲，并备有奖金。凡参加听讲者，均有获得机会。"这里可以看出，广告学为青年会教育内容当中的重要内容。不但不把它当作"商业新闻学"的附庸，而是置于"商学"的范畴，且将其置于系列讲座的首讲。这恐怕并不仅仅是因为讲授者陆梅僧的个人影响力，更是因为青年会同仁对于"广告学"在当时商战中之重要地位的一种体认。

此外，《申报》也曾设"业余补习学校"，针对高中会考未能及格及来沪考大学中学未中、且于白天有闲暇时间者，开设各种知识的补习班。据1935 年 3 月 5 日招生广告，称首批开设 15 门课程的补习班，满 30 人开课，其中即有"广告学""图书馆学""无线电""簿记与会计"等。而这种商业职业教育直到战后的 1947 年，仍然构成中国广告教育的重要力量。1947 年

8月28日《申报》载"教育局立案致用补习学校招生"广告一则，内中便列举了这所设在中正东路160号大厦内的补习学校招生的名目——"商业职业班、妇女职业班、初三升学班、国英、数理、簿记、会计、打字、经济常识、商业常识、广告学、新闻学"。

第三类是民国时期的广告函授。函授，顾名思义，为一种通过通信进行辅导和考试为主、面授及报导为辅的现代教育方式。上海的函授事业起步很早，而广告亦为函授教育者所优先考虑。1919年10月28日《申报》，即有"万国函授学校注重广告学"一则广告，称："上海万国函授学校备有美国依迪生学习英语留声机。发行以来，销数甚广。近该校又注重广告学一门，以应振兴商业之需要。盖现今广告学实为经营商业者所不可少之事，吾国人士于此学识，素未讲求，今该校能注重于此，则将来商业上完备人才造就，必多有益商界，诚非浅也。"

当然，开办广告教学的函授学校中规模最大的，还推《申报》。上海申报新闻函授学校校长为史量才，副校长为张蕴和，主任为钱伯涵。据1933年10月27日《申报》刊登"上海申报函授学校通告"，此时学校已招收三届函授生，其中课程设置中的"必修科"包括"广告学"和"报纸推广学"。此前，1933年10月3日的《申报》已经公布了各门课程的主讲教授，其中，"报馆组织与管理"由钱伯涵教授，"广告学"由赵君豪教授，"报纸推广学"由徐渊若教授。1934年1月1日，申报函授学校还曾发布招收第四届学生的通告。《申报新闻函授学校讲义》也分为不同单册以系列形式印行。

第四类为民国时期的社会广告教育。民国时期，除了大学、职业学校、报馆函授等介入广告教育外，还有一些行业组织、团体面向社会公众举办的广告活动、组织、演讲等，可谓内容丰富，异彩纷呈。"广告博览会"这种广告的社会活动形式，早在1914年就粉墨登场。1914年7月5日，《申报》刊登了《张园华洋广告博览会准期开幕预售游券通告》，称："本会同人为精究广告学，以振兴商工业起见，发起是会。一经宣布，极蒙华洋各商踊跃欢迎，争先与会。现在会场布置已将就绪，本会欣幸之余，预祝商业进步。自宜廉价售券，以便游观。"而晚清时期，梁启超曾以"报章、演说、学堂"

为"传播文明三利器",其中"演说"这个环节作为社会普及教育的一种形式,自然也得到了广告人的认同与利用。

1919年2月4日的《申报》,记载本月2日"华侨学生会"举办了一次恳谈会,谈及该会曾请"唐新君雨"(应为唐新雨君——引者注)演讲"广告学之趣味"。1919年3月27日,《申报》又登"中华学界联合会"广告云:"本会于30日下午四时敦请程鹏九先生演说广告学,先生为广告专家,研究此道十易寒暑,本埠某大公司之布置,悉系先生规划。届时必有名言谠论,以饷吾人。欲听者,请即来索取入场券。"1926年6月19日,陆梅僧在上海商科大学主讲的广告学演讲,也是由"经济商学会演讲会"来主办,为收费讲座。1930年11月29日,"寰球学生会"邀请钱伯涵演讲广告学,钱为"新闻学教授,留美时于广告学颇有研究"。可以说,"广告学"自从20世纪初年甫入国人眼帘,马上就掀起了一阵高潮。难怪鸽庐在1920年7月1日《申报》所刊载的《广告改良谈》一文中开头就感慨"近来提倡广告学者众"了。当然,限于时局,民国广告教育在奠定了学科基本教育框架之后便中断了其探索,但必须看到民国广告教育在为行业输送了大量人才和智力资源的同时,也推动了广告教育、理论研究与行业应用的互动。

四、广告教育的类型及其发展

中国现代意义上的广告教育在20世纪上半叶开始起步。从发展状况来看,民国时期,中国现代广告学教育初期的发展依托于本土专门的教育组织,以提倡通识教育为核心的国立大学、注重实用主义的私立院校及职业培训为主,广告学很快迎来了黄金时代。但30年代的战乱,直接阻碍和影响了广告学的研究与发展,直至40年代中国广告学的教育开始恢复发展,并在国外广告学及相关学科教育观念的影响下,不断自觉调整和改革,以适应本土市场的客观条件和国际行业的不断变化。早期心理学的发展和商业性广告研究的出现为后来的广告专业教育铺设了道路,此后营销学在50年代以后的大发展又促进了广告学作为一门学科的形成,只是这段时间内,无论是心理学还是营销学,都并没有使广告学在学科体系中获得一个定位。广告找到传播学的归属后,才使得它彻底摆脱了在商学和心理学边缘的附庸地位,成为一门独立的专业。广告学学科的大举建立和独立发展,注定是20世纪50年代以后随着传播学的奠基而展开的。

回顾整个民国时期,中国的广告教育体现出以下鲜明的特色:首先,民国广告教育的特征及其理念在极大程度上推动了当时中国广告业的奠基与发展。广告行业、广告教育与广告研究的密切联系,是作为应用学科的广告学学科特点的必然要求。由于大量一线的广告公司人士、报馆广告经理等亲身参与广告教育,使得民国时期广告教育也正是在这种意义上充当了行业与学术界中间的必要中介。其次,民国广告教育通过广告著作出版、论文发表等,极大程度上促进并催生了中国本土化广告研究的形成,也为广告研究提供了重要的制度保障。尤其是分散在新闻、商科、艺术类各种学校中广告学类课程的设置以及由此带动的相关教材、著作的出版,奠定了民国广告学的基本学科格局。再次,民国广告教育体现出国际视野与本土经验的结合。不难看出,民国时期从事广告教育的从业者,有相当一部分具有海外留学的经历。他们带来了国外领先的现代广告理念并在教育中加以推广,并结合中国的案例进行本土化的阐释与实践,培养出民国时期众多新型的广告从业人员。最后,民国广告教育还极其注重通过各种形式的社会教育面向大众普及现代广告理念。现代广告业在中国奠定之初,面向社会大众普及广告、教育广告,除了有利于储备和培育各层次的广告人才,还有利于提升消费者的广告素养,消除消费者对于广告的误解与偏见。而这也是民国时期报刊上广告繁荣的必要保障。

概括说来,民国时期的中国广告教育体系,是由新闻教育、艺术教育和商业教育共同构建起来的,它们在中国现代广告事业建立和发展的过程中扮演了重要的角色,为业界输送大量具备现代广告学素养的专业人才,成为中国现代广告业发达史上的三股不容忽视的重要推动力量,也成为当今中国广告教育的三种主要模式。

众所周知，在今天的高等教育中，广告学作为三级学科存在于二级学科"传播学"目录之下，隶属于"新闻传播学"一级学科。广告学这一学科定位是否恰当值得另文专门探讨，但应该说早在民国时期就已经奠定了这种学科的基本格局。根据方汉奇教授"五个一"的说法，中国最早的新闻教育始于 1918 年的国立北京大学。1918 年，国立北京大学设立新闻研究会（1919 年在蔡元培支持下改名北京大学新闻学研究会）并在校园内开展新闻学演讲。从北大新闻学研究会导师徐宝璜、邵飘萍等人的讲义来看，广告是其中重要的组成部分，由此把北大看作中国现代广告教育的开端应该说也并不为过。纵观民国时期的新闻类广告教育，可以看出这样几个特点。第一，依附于上海、北京等报业发达地区，应用色彩强，甚至邀请报人来校授课，给学生学以致用提供了平台。第二，广告相关师资背景中多有留美人士，如徐宝璜、陆梅僧、汪英宾、林振彬、蒋荫恩等，广告教学在很大程度上带有美国广告学的色彩。第三，从属于新闻学中的报馆经营，学科不够独立。第四，重实践轻理论，除了教材和少量的论文外，没有形成大规模的广告学理论研究和学科建设热潮。1983 年，新中国第一个广告专业在厦门大学建立时，所依托的就是新闻学的平台。因此，以上特点和问题也在很大程度上为今天新闻传播类广告学教育所继承和体现。

美术设计类广告学教育是当今中国广告学教育的一种重要类型。1956 年，中央工艺美术学院成立的时候，设有装璜美术系，但与广告专业失之交臂。现代广告理念大举进入中国的半个多世纪来，广告专业却始终没能建立的一个重要原因，正是无法确切获得自己在学科格局中的定位。但是，中央工艺美术学院在装璜美术系（后改名为装潢艺术设计系、视觉传达设计系等）开办商业美术专业，培养了罗真如等新中国改革开放后第一代广告教育家。1982 年，我国举办了第一届全国广告装潢设计展，这个展览后来被认作第一届中国广告节，即是按照美术展览的形式先后在广州、北京等地巡回举办的。1983 年底成立的中国广告学会即由时任中央工艺美术学院院长张仃担任首任会长。1992 年，北京大学在艺术学系成立广告专业。可以说 90 年代之后相当长的一段历史时期内，美术设计类广告教育一直是中国广告教育的重要类型。只是随着广告的"艺术"与"科学"之争,广告学学科越来越体现出社会科学特别是实证研究的色彩,而设计学自身也走上了艺术学、工学交叉学科发展的道路,从而使得艺术设计类广告教育在今天逐渐式微。但无论如何,美术设计类的广告教育至今仍在学科体系中保留了一席之地,并在广告设计、创意、审美等方面发挥着重要的作用。

无论如何强调广告的传播和艺术色彩,说到底它也还是一种商业形式。直到今天,我国广告业的归属管理机构仍是国家市场监管总局,而不是文化或者广电类部委;在我国各级图书馆所广泛使用的中国图书馆分类方法("中图法")中,广告类书刊也还被编目在"F"经济类,既不从属于新闻传播("G"),也不从属于工艺美术("F")。有鉴于此,我国的广告教育中始终有商业管理这一类型,将广告学专业或者课程设置在经济学院或商学院(工商管理学院)的营销系科之中。这一做法其实也始自民国时期。早在1918年,中国第一本广告著作《广告须知》出版,由甘永龙编译的这本小册子其实就是美国一家公司的商业应用手册。[1] 在美国哥伦比亚大学获得经济学硕士学位的孙科,于1919年在孙中山关怀下创办的《建设》月刊上接连发表《广告心理学概论》长篇论文,介绍国外相关学科的最新研究进展,则可以看作国内最早的对于西方广告理论的译介,而作者孙科正是中华民国国父孙中山先生的哲嗣。这不是简单的巧合,究其实质,正是社会发展与经济规律使然。至此,学习西方,成了建立中国现代广告的必然途径。与此同时,20世纪二三十年代是中国广告教育的黄金年代,这时期,美国各基督教会在华创办的教会大学、广告业余学校等各类私立大学和广告协会的建立与发展,积极推动了广告学的研究与进步,并加强了其与商学等相关学科的关联和互动,商业管理型的广告教育也由此应运而生。直到今天,依附于商学院营销系科的广告教育与研究仍然是广告学学科体系中的重要组成部分,它们给广告研究提供了经济学和管理学的方法与视角,在很大程度上丰富了由新闻传播和艺术设计构成的广告学学科体系和格局。

---

[1] 此书由甘永龙编译自美国 System Corporation,原版书名为"How to Advertise"。

一言以蔽之，早期的中国广告教育虽然称不上博大精深，但也异彩纷呈，奠定了中国广告教育几种基本形式的雏形。可以说，民国时期是中国现代广告教育的源头。虽然广告课程的建置并不完全，甚至高校中广告专业和广告学科也并没有独立出来，但是这一时期广告教育体现出开阔的国际视野、密切的业界合作和繁荣的社会基础等鲜明的特色，其经验和教训仍是值得总结和研究，使得民国广告教育成为今天中国各种类型广告教育的重要渊薮。

结　语

时过境迁，中国高等广告教育重新恢复至今已有三十余年时间，自从1984年厦门大学在香港学者余也鲁的协助下建立中国第一个广告本科专业以来，高等广告教育在中国得到长足的进展，高等院校接续起了民国时期中等职业学校广告类人才培养的职能。从中等教育过渡到高等教育，广告教学和研究在专深方面不可谓不是一个进步，但也带来了一系列的问题。其中尤其突出的，就是过多重视对于广告人和广告从业者的培养，而忽视了广告的社会教育，特别是面向全社会的广告素养教育。今天，在专业广告人培养方面积累越来越多操作经验的同时，全社会对于广告行业的认知，以及广告行业自身的公信力和美誉度仍然极其低下，这不能不说与广告社会教育的缺失有一定的关系。抚古思今，不得不让人感慨将近一个世纪之前的民国广告教育在今天的广告教学实践中仍有其积极的现实意义。

第八章
当代中国广告史研究反思

在西方广告学百年的发展历程中，尽管也有《肥皂剧、性和香烟——美国广告200年经典范例》和《丰裕的寓言——美国广告文化史》这样的广告史的著作，但这并非出自广告学人之手。前者的作者朱利安·西沃卡曾是一位营销传播从业者，后来才进入高校任教，这本书很大程度上是一本普及读物而非学术专著；而后者的作者杰克逊·李尔斯是历史学教授。二人都不是主流意义上的广告学者。从属于经验研究的西方广告学大多采取实证主义的范式，这与中国广告学者从一开始就热衷广告史研究的学术取向很不相同。以学术批评的方法对于研究现状展开思考，也是广告史学科建设的题中应有之义。令人遗憾的是，与现当代文学史、艺术史、新闻史等兄弟学科领域中出现的众多学科体系、问题与方法的讨论相比，中国当代广告史研究实践成果有余，理论反思还稍显不足。对学科所使用的理论、方法和范式的自觉反思与建构，而不仅仅甘居为行业实务提供咨询解释的附庸地位，是一门学科从自发状态走向成熟和独立的重要标志。

一、广告史研究的历史、现状与问题

时至今日，无论把它看作新闻传播学的下级学科，还是一个从属于营销管理学的研究领域，广告学研究已经越来越建立起独立的学术品格。在广告学所涵盖的各个研究方向中，广告产业研究和广告史研究者代表"当下"和"过去"的两极，竟然同时成了热门甚至前沿的研究领域。其实，这两个领域也是相互联系的。在中国，关于广告产业研究的"发展广告学"等学术范式，本身也可看作广告史研究的学术范式。如果说传统意义上的广告学分支，比如广告心理学、媒体购买研究、消费者行为学等还在很大程度上带有美国色彩；而美国广告学研究当下的热门领域，如国际广告、健康传播、广告修辞研究等还不是那么接中国的"地气"的话，那么可以说，对广告产业研究和广告史研究领域的拓展代表了中国广告学研究群体的研究视角，以至于在极大程度上丰富了全球广告学研究的格局。尤其是广告史的研究，这一在西方以实证研究为主的主流广告学刊物中难得一见的研究主题，却在中国从西方移植广告学这门学科之初就成为中国广告研究者的独特关怀，通过取法其他学科完成了自身的建设发展，并且在现阶段更加显示出其旺盛的生命力。

以 1979 年丁允朋在《文汇报》发表《为广告正名》为标志，中国当代广告学术研究至今已经有四十年的历史。1979 年，身在业界的学者型广告人、上海广告公司的丁允朋发表在《文汇报》上的《为广告正名》是这个历史进程的逻辑起点，既是一位广告人发自内心的呐喊，也是整个中国广告研究群体向世界合力发出的一份宣言。伴随着十一届三中全会的东风，广告这种一度被视作资本主义洪水猛兽的事物，开始重新进入中国人的日常生活。曾经在 20 世纪上半叶一度辉煌的中国广告学术，也如雨后春笋般迅速从落寞中恢复，并且在短短 40 年内取得了令人瞩目的成就。纵观整个 80 年代的广告学术研究，呈现出"艺术"与"科学"两条比较清晰的线索，这两条线索有互补性，但更多的则是对抗与冲突。

如果把 20 世纪 80 年代中国广告研究的意义描述为"启蒙"的话，那么应该看到在 90 年代，广告研究的主题已经从基础概念的普及走向对最新理念的追踪。但与此同时，随着学术的快速发展和高等教育中广告专业的普遍设立，注定也使得中国本土的广告研究不能停留在对西方的模仿和照搬的层面，而要进行自己的理论创新。广告专业人才的培养，开始使得中国广告学人注意到中国市场不同于西方市场的一些特点，需要进行本土化的阐释。从学科定位和学术建制上来看，尽管还有很多广告专业设置在艺术院校，但新兴的传播学的大举介入，也使得广告学的学科基础越来越转向社会科学领域。"艺术"虽然仍然是这一时期广告研究的主题词之一，但所指涉的对象已经从传统的工艺、图案、装潢，转向了现代的平面设计、视觉传达乃至企业形象。从广告学术研究行业组织的归属来看，我国广告学已经从80年代的艺术学转向新兴的传播学，逐渐被社会接纳为一门独立的学科。

中国广告史的研究始自20世纪上半叶，在当时，广告学的学科建制尚未形成，只能算是"前广告学"时期。但是，已经出现了广告史的专著《中国广告事业史》。这本专著由如来生撰写，1948年由上海新文化社出版。它是中国学者"西学东渐"的产物。只不过由于当时西方广告学学科体系中广告史研究也未成型，所以它所取法的对象不是"广告学"，而是"专题史"，即新闻史、法制史、文学史等史学研究的分支。另一方面，这么早就出现对当时还在进行之中的广告事业撰写历史的著作，还与中国自古以来就是一个史学大国有关。因此，面对舶来的现代广告，中国研究者在译介西方体系性的著作和教材的同时，生发出对中国自身的广告业进行历史研究的实践，并逐渐成为后来专业的广告学者与西方同行旨趣有所不同的主要关怀，便是顺理成章的事情了。

不过，毕竟独木难以成林。如来生的一本著作，在当时广告学专业教育还未建立的背景下，不可能带动起大规模的广告史研究和学科建设。"在整个20世纪上半叶的中国，广告学学术研究的自主化的倾向还没有形成之时，要求人们建立起'广告理论—广告史'并重的研究格局，还只能是一件过于奢侈的事情。"[1] 因此，中国广告史研究的第一个阶段，是1983—1997年。这个阶段是中国系统的广告史学术研究、课程基础建设和教材编纂从无到有的奠基阶段。1983年，中国高等教育史上第一个广告学专业，在香港传播学者余也鲁和中国广告界的洪一龙、唐忠朴等人的努力下于厦门大学设立。这新中国第一个新闻传播系和大学广告学专业的骨干师资，除了引进的校外

---

[1] 祝帅:《中国广告学术史论》，北京：北京大学出版社，2013年，第264页。

人才外，也有从校内中文系转入的一些教员。并且，从中文系引进教员，成了此后一个时期内很多高校建设广告学专业时的习惯做法。对于新中国的中文系而言，"文学史"研究几乎可以说是看家本领。新成立的广告专业，既无专业师资，又无成型的课程和教材，中文系背景的师资按照文学史的思路来设课，把广告史写成文学史的范式，似乎不足为奇。

大量的《中外广告史》教材就是这一时期广告史研究的代表性成果。广告史的研究稍落后于广告学概论，是因为撰写一部概论的教材，有诸多民国时期出版的《广告学》类著作可以参照，而广告史的研究就要另起炉灶了。所以，尽管用今天的视角看，这一类《中外广告史》的编纂热潮缺乏专著的问题意识，体例也比较粗疏，但毕竟要放在当时的历史背景下来审视，其"白手起家"的工作还是难能可贵。

陈培爱的《中外广告史：站在当代视角的全面回顾》一书，作为徐智明、高志宏策划的"龙媒广告选书"于1997年由中国物价出版社出版，这是作者多年来在高校中讲授广告史课程的总结，又可谓是这一时期广告史教材建设的集大成者。而更重要的是，这类著作奠定了此后相当长的一段历史时期内，广告史学科在中国研究和教学的一种范式，即把"中国广告史"和"外国广告史"同时并列，由同一门课程或同一本著作来承担。放眼此后相当长的一段时间内，国内出版的各类《中外广告史》《中外广告史新编》等教材，以及大学广告专业课堂上开设的"中外广告史"课程，莫不如是。尽管后来出版的著作在广度和深度上，都已经远远超越了陈培爱的作品，但就其模仿性而言，又不能不说是陈培爱这部带有一定原创性著作引发的启示。

广告史研究在中国的发展阶段，与广告业自身的历史分期相比既有联系，又有区别。这突出体现为与广告业自身发展的历史相比，广告学术史，特别是广告史学史的研究有一定的滞后性。在整个20世纪80年代，中国广告史的发展受到制度性要素的影响最深，广告市场没有出现大规模的自由竞争态势，广告学理论研究也缺乏结合中国市场实践原创的独特经验，甚至对基于资本主义市场所做出的广告经验总结式的理论也无法照搬，这使得广告理论无论是原创还是移植都步履维艰。在这样的背景中，对于当代中国广告史发展早期的广告学术成果为何集中体现为广告史的形式,而不是广告理论这个问题,似乎也有了合理的解释。而陈培爱的著作以及这本著作所带动的"中外广告史"教材出版和研究热潮,要到1997年之后才陆续出现。这既是广告史研究作为历史研究要与现实拉开一段距离的本身特点所决定的,也不得不说在很大程度上是中国广告研究之初筚路蓝缕、百废待兴的现实以及此前的20世纪80年代制度性要素决定下的中国广告市场实情在学术中的折射。

毫无疑问,中外广告史研究的起步,无论是在广告专业的教学实践中,还是学术自身的发展脉络中,都具有填补空白的启蒙意义。当然,也存在着先天的不足。"中外广告史"这种著述体例和课程的优势在于,有利于在很短的时间和篇幅内,对世界广告史的重要知识点(人物、事件、公司、作品等)有常识性的了解和把握。但是,这种以短、平、快、全的普及性为特点,把内在发展规律截然不同的中、外广告结合在一起的著述和研究体例,并不能够通向现代学术。所以,这部著作在短时间内向广告实务人员普及了广告史的常识的同时,也限制了广告史研究向这一门独立学科的发展。广告史研究要迈向以专题性小问题为突破口、建立在对一手资料深度挖掘基础上的现代学术研究,也势必突破这种教材式、常识化的研究体例,建立新的范式。当然,在中国近三十年的现代广告学术史上,这一任务注定不是在刚意识到这个问题的当时就能够实现的,而是经历了一番"否定之否定",即先寻找到了中国广告研究的自主性之后,才建立起中国广告史研究的学术自觉。

1992年以来,中国广告业的发展可谓突飞猛进,一日千里。从邓小平的南方谈话确立了"三个有利于"的社会主义市场经济体制开始,市场性要素逐渐取代了前一个时间段的制度性要素,成为广告市场的主题词。在这个时间段内,广告业已经不必再为"姓资还是姓社"一类合法性问题本身展开争论,相反,广告市场先于传媒市场率先放开,外资大举进入中国,各种跨国广告公司的经营实务、新的创意和营销理念等也就随之传入了国内。广告行业自身的这种变化,客观上也吸引了中国的广告学者一边补课,一边从事对策性的实务研究,从而追上广告业自身发展的步伐。在这种背景中,广告史的研究从表面上看似乎暂时沉寂,但这一时期的广告实务研究也为具有中国市场特点的广告史研究做了必要的积累和铺垫,从而也正孕育了经过一次否定之否定,在下一个阶段集中爆发的可能性。

20世纪90年代广告研究的特点,可以概括为"实务话语的上升"。毫无疑问,广告实务研究占了广告研究的绝对主流。这从中国广告协会学术委员会的成员多由业界而不是院校和研究机构人员所构成,以及历年中国广告学术研讨会的选题中就可见一斑。当然,对于院校的专业广告学者来说,由于广告实务研究的兴起,客观上也使得广告史研究不再成为他们发声的唯一方式,实证研究的兴起和整合营销传播等营销理论的研究,取代了此前一个时期的广告史研究,成为当之无愧的广告学学术研究前沿和主流。广告史研究的衰落从高校新增广告学专业的课程设置中也可见一斑:1995年,北京大学在原艺术教研室的基础上成立艺术学系并设立广告专业,但该专业长期以来没有广告史方面的专业师资,甚至未开设广告史的课程,这与80年代厦门大学开设广告学专业之初必修课程的设置形成鲜明的对照。

90年代的广告史研究,所折射出的是这个时间段内广告业发展的实情。"仓廪实而知礼节,衣食足而知荣辱",当广告人再也不必为自身的合法性"正名"的时刻,自然也就产生出为本行业树碑立传的意愿。因此,尽管此阶段延续自上一个时期的那种广告史教材的编纂和出版可以说一刻也未曾停止,但或囿于体例而缺乏范式性的突破,无法与陈培爱《中外广告史》的原创性相提并论;或停留于业界的自发总结,缺乏对于研究方法等问题的学术性自觉探索,因而缺乏相应的影响力。但必须看到,有识之士已经开始注意积累广告史的研究资料,并有意识地把它建设成为一门广告学的分支学科。[1]这是因为这一时期内业界的研究,已经为广告史研究在下一个阶段突破爆发孕育了可能性。

2000年,中国统计出版社出版了现代广告杂志社和中国广告协会编辑的《中国广告业二十年统计资料汇编》。这本数据书是接下来一个阶段内广告

---

[1] 杨海军、王成文:《历史广告学——广告学研究的一个新领域》,《广告大观(理论版)》,2006年第4期。

史研究的重要参考资料，它在极大程度上改变了广告史研究的范式，然而它本身却并不是一册学术专著，它对学术研究的影响只能通过此后一个时间段的具体研究来体现。而于1998年撰写完成、1999年出版的余虹、邓正强的《中国当代广告史》（湖南科学技术出版社）则代表了当代广告史领域的开辟，广告史研究开始向着纵深化发展。应该说，与上一个时期内广告史著作多由学者编纂不同，这几本著作作为由对广告业有深入参与的业界一线作者参与撰写的著作，其潜在的诉求对象已经不再是院校广告专业的师生，而是旨在为后人留下一份翔实的参考资料。所以，这几部重要著作的出现在极大程度上改变了此前的"中外广告史"式包罗万象但又浅尝辄止的研究体例。

2001年中国加入世界贸易组织，这既是中国广告产业发展史上的大事，也是中国广告学术研究道路上的一座里程碑。入世给中国广告产业发展注入了一剂强心剂，但也让广告研究遇到了许多前所未有的新情况、新问题。在这一时期，由金融、技术、人才组成的资本性要素，成为主导广告产业发展的时代背景，许多业已形成的思想和观念正在重新洗牌，尤其是媒介环境在这个时期的剧变使得很多传统的法则和经典的理论不再有效。与世界广告产业发展的历史洪流相比，中国既是这股全球化浪潮的重要组成部分，同时又携带着自身独特的基因。由于文化背景和社会制度，长期以来形成的中国广告业和广告市场的一些特点，也表现为与西方广告产业的发展规律有所不同的"中国模式"和"新兴市场"。中国广告学人在顺应全球化的新挑战的同时不断探索中国广告产业本土化发展的模式和路径，建立起中国广告产业发展的自主性和自信心。

2001年以来，尽管教材性质的广告史著作仍然在不断出版，但这种各高校为应对教育主管部门的"评估"而出版的教材大部分都停留在低水平重复建设的层面，应该说在范式上已经不具备原创性的意义。在实务研究一统天下的时代，真正具有范式意义的广告史研究数量其实并不多。其中有代表性的是国际广告杂志社、北京广播学院广告学院及IAI国际广告研究所主编的《中国广告猛进史（1979—2003）》[该书为《中国广告猛进史（1979—1998）》的增订本，华夏出版社，2004年]，黄升民、丁俊杰与刘英华主编的《中国广告图史》(南方日报出版社,2006年)、丁俊杰、杨福和主编的《见证:中国广告三十年》(中国传媒大学出版社,2009年)以及唐忠朴和姜弘主编的《当代北京广告史》(中国市场出版社,2007年)。

当前,广告史研究正在经历一次新的复兴。随着国家教育主管部门确立了"广告与传媒经济学"作为国家学科目录中"新闻传播学"一级学科目录下的二级学科(与此相联系的还有"艺术学"独立为学科门类后,"设计学"从原先的二级学科上升为一级学科),广告史研究作为一门学科,在中国经历了从自发到自觉的转变。广告史研究已经开始逐步从此前的教材建设和业界附庸阶段独立出来,摆脱了对于文学史、新闻史和传播史的模仿,开始建立主体意识并寻求突破。在这个时间段内,寻求广告研究自主性的中国学人找到了广告史研究不同于文学史、新闻史等其他相关领域研究的两个独特的支点,一个是作为理论基础的中国广告产业研究(特别是发展广告学理论),另一个则是此前一段时间内结合中国市场实践与业界对话的过程中广告学者所积累的独特广告实务研究经验。

2010年,陈刚主编的《当代中国广告史·1979—1991》也于这一年在北京大学出版社出版。广告史的研究对象,从前述第一个阶段的集古今中外于一册,到第二个阶段的以改革开放以来的当代广告史为对象,直到现在聚焦于1979—1991这段十三年间的历史。同时,这部著作以独特的问题意识和理论框架为广告史研究开启了新的范式,即"根据一定的研究框架,梳理中国广告产业的发展路径,探讨中国产业的发展规律,总结中国广告产业的发展模式,最后再提炼出中国广告史的研究模式"[1]。次年,陈刚在对广告史进行梳理的基础上对中国广告产业发展路径进行总结,提出"发展广告学"[2]的研究范式,成为后续广告史研究的重要理论支点。因此,尽管这部著作仍是一个大型研究计划的第一个阶段的成果,相关后续研究也还在进行之中,但意义非凡。除了一系列向着纵深研究方向的专著陆续出版外,发展广告学

---

[1] 陈刚主编:《当代中国广告史·1979—1991》,北京:北京大学出版社,2010年,第11页。
[2] 陈刚:《发展广告学》,《广告大观(理论版)》,2011年第2期。

理论的导入，也标志着中国广告史的研究走向了综合理论创新的新阶段。

以这部著作的出版为起点，在此后的一段时间内，接连出现了几个广告史研究学科自主性生成的标志性事件。首先是 2014 年，中国广告博物馆在中国传媒大学正式揭幕。"博物馆"意味着一种广告人"自我经典化"的权力，也意味着对于广告行业的认知，已经从一个改革开放后的新生事物，变成一个有历史记忆的行业。无独有偶，曾经在 20 世纪 80 年代以主办"第三世界广告大会"等重要事件加入中国广告史进程的中国商务广告协会（原中国外贸广告协会）也仿效美国广告文案名人堂，启动了"中国广告名人堂"评选计划。2015 年，中国新闻传播学界的唯一一个国家级学会——中国新闻史学会首次设立了"广告与传媒经济史研究委员会"，由多年来倡导"历史广告学"研究的学者杨海军担任首任会长。2018 年，中国新闻史学会又在中国广告博物馆的基础上设立了"博物馆与史志传播研究委员会"，由中国广告博物馆馆长黄升民担任首任会长。独立研究机构的设立，标志着广告史作为一个独立的学科正式为新闻传播学界所普遍接纳。

广告史研究的繁荣，在国家社科基金的立项方面也有所体现。以往，广告学不是独立的学科，在所依附的新闻学与传播学学科之下，被国家社科基金办公室列为"新闻学与传播学其他学科"而受到边缘化对待。广告学的课题要想从新闻学与传播学的主流学科中脱颖而出，不但难度上与主流学科相比执行了双重标准，而且还依赖于许多偶然性因素。广告学理论如此，更遑论在广告学中间都比较边缘化的广告史研究了。但从立项课题的数量和质量来看，近年来关于广告学特别是广告史方向的课题状况都大大提升。2014 年，陈刚申报的"广告产业中国模式的理论建构"获批为重点项目，该项目将广告史研究列入其中的重要内容。2015—2016 年，国家社科基金及其艺术学的重点项目、一般项目、青年项目和后期项目中，也都出现了多个广告史（含平面设计史）的项目，其中尤以民国时期和当代（1979 年以来）这两个时间段的选题最为集中。通过这些立项选题的题目可以看出，一些基础性的研究工作和新的研究方法，如史料整理、口述史等，正在成为当前和此后一个时期内广告史研究的热点与前沿。

最后，是各广告专业中，广告史研究相关课程的建设蔚然成风。广告史课程的开设，在广告教育领域中已经成为共识。很多当年为了招生热门而设置广告专业的高校，近年来也纷纷开设了广告史的相关课程。2014 年起，中国广告教育的领军高校北京大学新闻与传播学院广告学专业，在建立近二十年后首次设立专门的师资力量，正式开设研究生课程"广告史研究"，并于次年开设本科生课程"中国广告史"和"外国广告史"。研究生的"广告史研究"侧重于广告史的研究方法、史料收集、史学史等方面的内容。相对而言，本科生课程"中国广告史"和"外国广告史"则侧重于常识介绍，但教师对于历史发展规律的理论认识则贯穿其中，这不得不说是这一时期广告史研究进展在教学中的反映。

尽管如此，当前的广告史研究，也存在一些不利于自身可持续发展的隐患。这突出体现在广告史研究学科定位不清。其实，广告史研究方法论基础是史学，而不是作为应用学科的广告。就学科特征而言，广告史与历史研究之间的差距，要比它与广告实务研究之间的差距小得多。这一点长期以来为人所忽视了。然而，名不正言不顺，由此造成的后果是学科的边缘化，广告史课程在学校作为选修课，在专业教学阶段不受重视。广告史研究自身也缺乏独立的平台，广告史研究的文章常常既难以在西方以实证研究为主的主流 SSCI 广告期刊上刊登，也难以跻身国内的综合类学术期刊。因此，广告史研究也常常陷入缺乏学术团队、后继乏人的窘境。很多院校的广告史缺乏专业研究的师资，只是由广告实务课程或者新闻史课程的教师兼任；对于历史研究和前瞻性研究、历史和当下研究的关系，也缺乏充分的认识与梳理。

整体而言，在中国，广告史的研究和教学已经走入广告的文化史和社会史研究的新阶段，在 1983 年以来的近四十年的时间里取得了长足的发展。但是，当前广告史的研究也存在着诸多不足。这首先体现在广告史作为一门独立学科，其研究目的似乎并不明确：广告史研究的目的，到底是与实务对话，为业界提供参照；还是与学术界的其他学科对话？目前看来，文史学界关于广告研究的成果，往往缺乏与广告学界和业界的沟通。例如陈平原关于晚清小说和画报的研究，就大量运用传媒、广告的图像及文字资料，进行了广义的新闻史甚至广告史的研究。但很遗憾的是，目前这种人文社科领域的文史学者与新闻及广告学界缺乏相关衔接，各自为政。

对于新闻和广告学界的学者而言，已经开始关注到人文社科领域非广告专业学者在从事广告文史研究时的一些独特的方法，但目前还只停留在一种"单向受益"的阶段，即广告学者只能模仿人文社科领域的文史研究。而自己的成果却缺乏真正的创新精神和学科意识，或是简单重复其他学科的问题意识，还很难反过来对文史研究产生影响。目前文史学界对于新闻传播和广告领域成果的引用也仅停留在作为基本资料的阶段，而对广告本体问题了解、关注甚少。当然，这并不是中国的广告史研究所面临的独特问题，这些问题在全球广告史研究中也同样存在。即便是在北美，广告研究的专业期刊上也很少见到文史学者关于广告史的研究论文，但应该说这方面有巨大的潜力，也孕育着广告学者对于文史研究做出贡献的契机。

近年来，在中外近现代设计史方面，有许多新发现的一手史料以及据此提出的新看法、新观点，代表了设计这门学科在中国学者中间当前所达到的高度。然而笔者同时也感到深深的忧虑：当下的设计史研究无论从问题意识还是研究方法来看，都像是对美术史著作的模仿，很多作者所接受的也是美术史的训练，只不过把研究对象平移到了设计身上。并且这种平移的成本和门槛似乎都比美术史更低：因为一个人不可能同时既是中国美术史专家又是外国美术史专家，而设计史则有这种可能。很多古代或西方设计史研究领域的作者作为美术史家，既没有任何设计实践的经历，也没有实证研究的学术背景。然而，设计学不该是美术学的附庸，设计研究要独立，要受人尊敬，必须建立自己独特的交叉学科品性和适用于实务的实证研究方法。理想地看，要做到这一点，设计学必须经历这样的逻辑发展阶段：一、由于出身于美术学院，对于美术史的借鉴和模仿在所难免；二、结合设计的商业和应用学科属性，在设计研究中引入统计学等实证研究方法；三、结合设计作为交叉学科的特点，对设计研究方法进行综合创新。显然，目前中国本土的广告研究还仅仅停留在第一阶段。

相对而言，由于广告学与社会科学天然密切的血缘联系，使得在设计史诸门类中，广告史的发展对设计史尤其具有借鉴意义。尽管，与广告业自身的发展阶段相比，广告史研究显示出一种滞后性。广告史研究在中国从民国时期即已发轫，但真正起步和形成规模化是在1983—1997年期间。1998年以后，广告实务研究对广告史研究形成一种挤压，但对于中国广告史研究的自主性建设而言也是一种刺激。2010年以来，陈刚提出的"发展广告学"理论的导入等事件，标志着广告史研究进入一个异常活跃的新阶段。在研究的带动下，相关课程的建设也得到了创造性发展。

在笔者看来，把一个学期的"中外广告史"课程拆分为各一个学期的"中国广告史""外国广告史"两门课程，并不只是内容的充实式的"量变"，而是一种革命性的质变。它意味着中国的广告史学者和教师突破了沿袭已久的"中外广告史"框架，走向更加深入、更加尊重学科特点的独立研究。中国广告史和外国广告史，是两门不同的学科。中国广告的发展和外国相比，也体现出极大的独特性。简单地把中外广告史叠加在一起，不但在常识性内容有浅尝辄止的危险，也不利于学生集中精力从事研究性的学习。应该说，这种把中国和外国广告史简单合并为一门课程的做法，可能适用于广告业务人员培训性的教学，但不利于研究性大学作为一门学科来建设。

以外国广告史为例，既然把外国广告史独立为一门一学期（2学分）的课程，就意味着很多内容可以得到更全面和深入的讲授。而这种情况下，现有的外国广告史教材的内容就显得不足。更何况，外国广告史的教材数量和质量本身就低于中国广告史。但内容的丰富性只是表面的现象，更重要的是，利用一学期的课程建设，可以引导学生对外国广告史上若干规律性问题展开充分的思考。在讲授这门课程的过程中，笔者尤其注意强调如下两点思想：

其一，是关于外国广告史上的"古今之变"。

广告史上的"古今之变"，体现为从传统意义上的"前广告"向"现代广告"的转换。在笔者的讲授中，"现代广告业的起源"一章是全课程的转折和枢纽。关于现代广告业，在广告学中有比较清晰的界定，其中得到公认的关于广告的定义来自美国营销学会，它规范了现代广告的几个要素，即有明确的广告主、发布在媒体上的、付费的、非人员式的营销手段。现代广告的诞生与新兴资产阶级的兴起密不可分，在前现代社会并没有这种自觉的"advertising"现象。但是，这并不意味着古代没有对应于现代广告产业的类似的行为和传播现象。这也是一种广义上的"广告"（advertisement），是伴随着古代商业的发展而自发产生的"泛广告"现象。这种现象同样具有研究价值，但长期以来为广告学界所忽视。

这种古代泛广告的研究价值，一方面体现在与学术界对话，即广告界的研究成果，可以与古代的文史研究进行沟通，为人文研究提供新的史料、思路或者研究方法；另一方面则体现在对于广告业界的启示。对于广告专业的学生而言，学习广告史的目的并非都是为研究而研究，而是需要回望历史，从历史发展规律中提取经验，应对当下广告产业所面临的现实问题。简单说，广告业当下正在面临的从经典广告理念，向营销传播或"后广告"的转变，同样是一场革命而非量变。广告业该如何面对？有必要从历史中提取经验。由此，笔者在 2015—2016 学年度第二学期开设的"外国广告史"课程中，布置给学生的期末论文题目就是"我看广告史的'古今之变'"。具体要求如下：

广告史的"古今之变"，指的是从近代以前传统的叫卖、招牌、传单、印刷品等广告形式，过渡到以媒介代理为基础的现代广告产业。这是外国广告史上一次带有根本性质的转折。显然，这不是一次量的变化，而是一场质的革命。那么——

1. 广告史为什么会发生这场"古今之变"？促成这场古今之变的广告内部，以及社会历史文化的外部原因各有哪些？该如何评价这一场"古今之变"？

2. 国内外学术界关于这场广告史的"古今之变"，目前已有哪些代表性的研究成果？这些研究取得了怎样的进展？还有哪些关键问题仍然没有得到足够的关注和讨论？

3. 眼下，全球范围内的当代广告业正面临一场革命，由于媒介环境和企业营销需求的变化，"广告"的概念正在逐步消解，取而代之的是一种"营销传播"。你认为，广告业眼下正经历的这场革命，与历史上传统广告向近代广告演变的这场"古今之变"，有何相似之处？又有何相异之处？历史经验对今天有何启发？

就此内容，撰写一篇不少于 6000 字的学术论文。要求就"启蒙运动以来广告业的古今之变"这一广告史上的关键事件，自拟标题，围绕（但不限于）以上三个问题而展开讨论。避免知识性、常识性的复述，尽可能突出你自己独特的见解和研究心得。

其二，是实践一种广告文化史的研究思路。

笔者认为存在两种意义上的广告史。一种是狭义的广告史，即广告自身的历史；另一种是广义的广告史，即通过广告研究历史。如果说前者是从历史看广告，把历史看作广告的时代背景；那么后者就是从广告看历史，把广告作为一种史料。相对而言，笔者在课程中实践的是后者。套用目前国际学术界一种比较流行的说法，就是"广告文化史"（a cultural history of advertising）研究。这种研究方法已经被广泛应用于现当代文化研究领域，并且在广告研究领域也已经初见成效。如果说有业界从业经验的美国学者朱利安·西沃卡的《肥皂剧、性和香烟——美国广告 200 年经典范例》的写作思路代表前者的话，那么，美国历史学家杰克逊·李尔斯的《丰裕的语言——美国广告文化史》一书，就代表了后者相关思路的研究进展。

当然，把文化史的研究方法应用于古代的广告研究，在目前还处于起步阶段，即史料发掘的初级阶段，但已经初见成效。在国外，除了李尔斯的著作为广告学者开启了新的视野之外，还有很多非典型的史学家及其著作也体现了这种思路。特别是 20 世纪"新史学"研究中，本身就有大量利用广告史料进行研究的作品，以至于带动了所谓"图像证史"研究思潮的兴起。新史学提倡"小历史"的研究，关注以往被忽视的底层，这从现代西方史学著作的名称中都可见一斑，如《屠猫狂欢》《书籍的社会史》《脚注趣史》甚至《屎的历史》等。在这样的学术背景中，诞生美国学者王瑾《品牌新中国：广告、媒介与商业文化》这样的广告史研究著作是不足为奇的。文化史、社会史的研究都取代了经典历史学对于帝王将相和高雅艺术的研究，为当代学者开辟了新的视界，也为广告史的研究提供了新的契机。

二、广告产业研究的机遇与挑战

自从 1984 年厦门大学在香港浸会大学教授余也鲁的主持下创办改革开放后第一个广告学专业以来,中国的广告研究取得了长足的进展,并且在国际广告学术话语场内也以中国学者独特的问题意识获得了一席之地。此后,包括广告史、广告心理学、广告符号学、广告美学等多种学科在内的广告学学科体系也渐次建立起来。然而过去十年间,当下的广告学论文中存在一种"言必称经济学"的倾向,或者说,经济学在当前广告研究中成了第一显学,这种现象和之前一个阶段的广告研究体系有很大的差别。对广告史研究来说,广告产业研究的兴起当然为广告史研究提供了经济学的视野与观照,甚至也提供了一些原创性的理论资源,但也隐含着被边缘化的危险。本小节即是对这种现象的学理反思,并提出中国广告学学科建设在下一个阶段的任务,应该从为业界现象提供解释转向自身基础理论建设。

从学科源头来看,广告学的研究脱胎于心理学,在冯特建立的第一个现代实验心理学研究的实验室中,广告就一直是一种重要的研究对象,作为"工业心理学"的一个分支而得到闵斯特伯格、斯科特、华生等几代心理学家的关注,于是他们成为最早的独立意义上的广告学者,推动了广告学作为一门独立学科的建立与成熟。在中国 20 世纪 20 年代的西学东渐过程中,上海商务印书馆就同时引进了美国学者斯科特和日本学者井下十二郎两本同名的《广告心理学》著作。在同时期的《建设》月刊和《东方杂志》上,也发表了孙科等人关于广告心理学的长篇论文。在广告学形成的过程中,心理学无疑在推动其科学化发展的历程中做出了最重要的贡献。与此同时,传播学、艺术学、社会学、伦理学、管理学、经济学、营销学等学科共同参与了广告学发展壮大的整个过程。

在中国广告学的引进和发展也有一个世纪左右的历程,经过早期的广告学者的积累、探索和主动的学科建设,改革开放后广告学也初步建立起一个符合中国国情和现实特点的理论体系和研究框架。这个框架以广告营销实务为中心,涵盖广告史学、广告文化学、广告社会学、广告伦理学、广告美学、广告传播学、广告语言学、广告符号学等基础理论学科,也衍生出广告设计学、广告创意学、广告心理学、广告管理学等应用取向的广告学分支学科。由徐智明、高志宏策划的"龙媒广告选书"清晰地反映出20世纪末广告学者所关注的主要议题和理论视野。从老一辈广告学者的视野来看,他们关注的研究领域似乎也更加多元化一些,比如荆其诚、马谋超等人的广告心理学研究,可以说一些具体的问题意识和研究方法至今在广告学界内无人能超越。在学科归属的问题上,在此后一个时期内广告学界内部也曾有过关于广告学学科定位与归属问题的讨论。时过境迁,这些广告学学科建设的声音都已经久违了。

由于广告学与业界密切而特殊的关系,使得上述很多问题对当今广告学主流的学者而言好像成了另外一些话题,或者至少不是最主要的问题。从研究主体来看,有越来越多广告学者是经济学学术背景,取代了传统广告学所根源的艺术学、传播学、心理学等学科背景,在强大的"经济学帝国主义"的压力之下,"理性人假设""博弈论""均衡效益""边际成本""产业竞争力"等越来越多的经济学术语和模型、计量的研究方法频频被借用,以至于连传统广告学中最为核心的营销理论都不再为学者们所侧目。

出现这种现象的根源,是很值得一番追究和讨论的。广告学研究中出现"经济学帝国主义"的根源,是一种长期以来把广告学看作业界的附庸的心态。其实,广告学术与广告实务各有独立的价值和标准。广告学者陈刚曾经在多个场合指出,广告学虽然是一门密切贴近实务的学科,但广告学界与业界的关系应该是一种"引领"而不是"追随"。换言之,业界并不能反过来作为学术本身的判断标准。对于学者而言,其存在的价值往往有自足性,需要根据学术自身的标准而不是业界的标准来进行判断。作为学者,要尤其注意"常"与"变"的关系。从历史发展角度来看,广告学者最初就是广告人,或者是从广告人中逐渐分化出来的,后来随着专业分工,独立成了一个特定的群体。然而学者的使命在这个过程中也发生了变化。开始,广告学者的任务就是追随业界,解决业界操作实践中所出现的各种问题,但后来随着时间的进展,就逐渐转化为引导业界,提出业界目前还没有、但在下一个阶段有可能成为现实的操作模式，甚至跳出业界的话语场，进而与学术界的其他学科进行对话，把广告理论发展为一种自足的社会科学，而并不斤斤计较于广告理论对于业界现实问题的解释力。

这也就是学界和业界价值的差异化所在。只有差异化的存在，才使得业界和学界有必要独立为两个专业分工不同的领域。业界有业界的存在价值，如同一些企业家所经常说的那样，"春江水暖鸭先知"，很多时候业界并不会完全认同经济学家的逻辑而不按照市场规律办事。但与此同时，学界也有学界存在的独特价值。在与业界对话的过程中，学界是一种与业界平等的对话者的身份，而并不总是扮演业界问题的学习者和阐释者的角色。在长期的话语积累与研究实践的过程中，学界也逐渐形成了一套自身的研究规则，这套研究规则可能是圈外之人所并不理解的，但却契合了学术发展演进自身的逻辑。简单地说，那就是理论研究并不总是诉求于"有用性"。"有用"并不是衡量广告理论学术价值时放之四海而皆准的真理，有的时候很多广告理论对于业界来说可能是"无用"的，但并不能因此说这样的广告理论就不是好的理论，更不能说，广告学研究就没有自身的评价标准。

作为一种学术、一门学科，广告理论首先置身于一个与其他各门人文社会并存的学术百花园中，然后，这门理论的特殊性，又体现在它和业界的关系要比其他的理论学科更密切一些。换言之，广告理论的第一身份是理论，其次才是广告理论。所以，与学术界其他学科的对话，很可能要比广告学者与业界的对话显得更重要一些。近年来，有很多人看到，中国的广告理论取得了非常重要的研究进展，提出了许多有原创性的观点和理论命题，越来越被业界专家和国外同行重视，可是从整个学术话语场来看，广告学者和广告学研究的地位依然没有提升。举例来说，在新闻传播类核心期刊中，广告学论文的位置往往是最靠后的；在《中国社会科学》等学术界重要刊物上，至今也仍然没有出现过一篇广告学者的论文。这些现象都是发人深省的。这一方面固然是因为在广告学发展的同时，其他兄弟学科，如传播学、设计学、信息管理学等学科的理论也取得了长足的进步，但另一方面可能更重要的是，广告学者长期以来强调自身的独立性和应用性、积极与业界对话的同时,或多或少地忽视了与学界其他学科的对话。

发展广告学理论的提出是中国广告学本土化历程中的一个重大成果,该理论建立起了中国广告研究完整的理论体系。然而在研究实践中,发展广告学常常被人们误解为"中国广告产业发展研究"的代名词,发展广告学的理论体系也常常被窄化为"发展广告经济学"。中国广告产业发展研究的相关议题,当然是发展广告学所关心的一个重要方面,事实上,有关广告产业发展中国模式的讨论,也的确构成现阶段发展广告学理论的热点。然而发展广告学的理论框架,也亟待以广告经济学为中心向外围拓展,带动与广告经济学密切相关的广告史学、广告法学、广告心理学、广告社会学及广告传播学的学科建设,探讨广告史、广告文化、广告素养、广告批评、广告管理等领域在新媒介环境中的发展议题。

用发展的眼光看,中国的广告学研究在下一个阶段的集中任务,应该重新回到对于自身理论构成严密性的检验与重塑。如果说,检验广告实务研究成果优劣的试金石是看一种理论与业界实际操作之间的对应程度的话,那么检验广告理论研究成果的标准则体现在学术自身。一种广告理论,可以从广告现象出发,向着传播现象、社会现象乃至文化现象不断扩展,它所诉求的不是理论对业界现实问题的解释力,而是理论思辨在人类社会生活各个领域之间的洞察力和穿透力,它很可能源自广告现象,但辐射到社会科学的各个领域。举例来说,很难说索绪尔、马沙尔·麦克卢汉(Marshall McLuhan)、罗兰·巴特、福柯、吉尔·路易·勒内·德勒兹(Gilles Louis René Deleuze)、哈贝马斯这些人的"理论"究竟是什么理论?这些人究竟是社会学家、哲学家还是传播学家、建筑学家、广告学家?他们可能从一种现象(或文学现象,或哲学现象,或传播现象……)出发,却成为其他学科的理论资源。也许他们的理论与他们原初所讨论的对象(比如文学)之间已经没有直接的关联,文学家也不一定认为他们的理论对于文学实践有什么解释力,但不可否认这种理论思辨自身已经具备一种学理的逻辑和自足性,并不意味着理论脱离了与现实的联系就等于失去标准,也绝非未经过理论专业训练的人士可以随时介入的。一位理论家说"理论既没用,还挑人",似乎很符合这种不以严格对应实践问题而独立存在的理论的品性。只是在广告学界，出现这样的理论似乎还有待时日。

广告学研究中出现"经济学帝国主义"，也让广告学者看到现行国家专业目录设置的不合理之处。可以说，广告学在学科目录中的"正名"至今未完成。暂且不论根本不存在"广告学"字样的研究生招生学科目录，在现有的本科专业设置里，也是把"广告与传媒经济学"作为一个独立的二级学科，这个提法令人颇感困惑。一个学科就是一个学科，它是独立的，但像现在这样把广告和传媒经济学联系在一起，则容易让人误解，好像现在的广告领域基本上就是传媒经济学的同义词，或者基本上广告领域都被经济学占用了一样。

从研究生学科目录的设置来说，现行的学科目录的不合理性是显而易见的。过去，"文学"门类下包含中国语言文学、外国语言文学、新闻传播学、艺术学四个一级学科。现在，将"艺术学"从文学一级学科中独立出来成为第十三个学科门类的做法，显然是一种及时的修正。但迄今为止新闻传播学还仍然栖身于"文学"门类下，"广告与传媒经济学"也还只是一个本科专业。将"新闻传播学"与中外语言文学并置的做法本身就是不伦不类的，传播学、广告学更多的是社会科学而不是"文学"这样的人文学科，向这些专业的毕业生授予"文学"学位注定也只能是一种权宜之计。长远地看，"新闻传播学"调整到社会科学门类下，或者独立为一个新的学科门类似乎也是大势所趋。

然而，"名不正则言不顺"。无论是作为眼下"文学"门类下的一级学科，还是日后有可能独立出来的学科门类，"新闻传播学"这个说法都是不能够成立的。显然，作为一级学科的新闻传播学是一种并列而非偏正的关系：这个学科命名意在指向"新闻学与传播学"，而不仅仅是"新闻的传播学"。问题在于，没有哪个学科门类甚至一级学科，是把两个有关系但不相同的学科，用一个"与"字就简单地并置在一起的。例如很难想象一个上级学科叫作"中国与外国文学"，下面包括"中国文学""外国文学"两个下级学科——因为这个上级学科的名字只需要叫作"文学"。也就是说，当制定学科目录的人们把"新闻学"和"传播学"两门学科联系在一起作为一个一级学科时,显然他们还不具备从这两门学科之中抽象出一些共同性的理论能力,或者对"传播学"这门在中国传入的历史远远短于新闻学的学科的解释力和自身的理论构成缺乏足够的信心。

与"新闻传播学"这个命名有类似语病的就是"广告与传媒经济学"这个本科专业名称。无论人们是否承认,从招生数量来说,"广告学"都已经成为"新闻传播学"这个专业中招生最多的本科专业之一。但广告学长期以来就在专业目录中找不到自己的一席之地。更有甚者,迄今为止在国家社科基金申报系统自行制定的"学科设置"部分,广告学的成果只能属于"新闻传播学其他学科",出现这种现象是否源于人们对于广告学专业扩张的隐忧,不得而知。传媒经济学当然也是近年来迅速发展起来的一个学科,它虽然与广告学研究比较接近,但二者的差异性远远大于交集。现在把两个学科联系在一起,是一种典型的中国式"懒政"思维。

把广告学与传媒经济学简单联系在一起的后果,就是消弭了两个学科之间的差别。对于传媒经济学而言,且不说这样的学科命名消解了传播政治经济学等理论视角的介入和解释力,架空了批判研究而单纯执着于经营管理这一形而下的层面,更重要的是,把广告单独拎出来作为传媒经济学的案例,则有些退回到了"广告是传媒的生命线"的原始时代,显然与新媒体环境下媒介经营和企业营销的多样化趋势背道而驰。而对于广告学而言这样错误联系的后果更是致命性的,因为这样的学科命名无异于提示广告学者:广告学的研究从本质上说就是一种传媒经济的研究,广告自身的创意设计和艺术性、广告文化与广告史的研究以及广告人文社会科学理论的研究在这样的学科命名中都是无足轻重的,甚至根本找不到自己的安身立命之所。

其实,暂时搁置"广告",单看"传媒经济学"这个学科命名,也是存在很大问题的。所谓传媒经济学这门学科在中国,并不是像"传播政治经济学"这样,以经济学的方法从事传媒的理论批判和研究,更不是说传媒的经济学研究能够为经济学理论体系提供什么颠覆性的新知识,它仅仅是"传媒经营管理"这一形而下的操作实务性学科的代名词。将"经营管理"等同于

"经济学",有偷换概念之嫌,其背后,仍然是"经济学帝国主义"的强大势力在作祟。

"广告与传媒经济学"这样带有诱导性的学科命名,也使得广告教育视野受到了局限。在这种学科命名的感召之下,广告教育已经被天然地定位于为业界输送经营管理人才,这种立场不利于广告学术自身的建设和发展。对于广告而言,无论专业名称叫作"广告学"还是"营销传播",它作为一种通过传媒向大众推广产品或者服务的宣传手段这一核心价值并没有变,广告的一切研究和教学都应该围绕着这样一个中心而展开,传媒经济学,或者把它叫作广告经营管理只是这样一个大学科的分支,而不应该是全部的甚至核心的内容。然而从现在的学科命名来看,则几乎偏离了这样一个本体,广告创意、广告心理、广告设计、广告文案等本专业核心基础课程的重要性在这样一个学科命名中基本上没有得到体现,取而代之的是"广告的经营管理"这样外围的内容。更不用说,明确地宣称广告专业培养的是"经营管理"方面的人才,等同于宣告这门学科教育并没有为广告理论研究中有潜力的新锐预留出足够的空间。

受此影响,广告学者对自身所从事的这门专业的学术潜力缺乏信心。广告学者亟待与其他学科进行平等对话。从历史来看,广告学最早起源于心理学研究,后来又介入传播学、艺术学的研究等,这些都在广告学中扮演比较重要的位置。在《社会学方法的规则》一书中,埃米尔·涂尔干(Emile Durkheim,一译迪尔凯姆)曾指出"一个学科之所以独立,是因为它的对象是其他学科所不研究的"[1],涂尔干还以社会学具有了自己独立的研究对象——社会和用来研究社会的实证研究方法,作为社会学从哲学中独立出来的标志。这样看来,广告学如果是独立的学科,它应该有自己独立的研究对象和研究方法。因此在这样的背景下,用经济学的框架来研究广告,可能有很多针对性的分析,也可能造成广告学和经济学的对话总是处在下等的位置。

上级学科是学术的源头,上级学科往往具有独特的研究对象、研究方

---

[1] [法]迪尔凯姆:《社会学方法的规则》,胡伟译,北京:华夏出版社,1999年,第120页。

法。下级学科是学术的支流,往往是从上级学科之中分化而来的,是上级学科中的研究对象借鉴了其他学科的研究方法所嫁接而成的一个交叉学科。举例来说,"哲学""艺术"都是一些上级学科,但"艺术哲学"就是一门下级学科。下级学科的研究对象有可能在一段时间内占据上级学科的前沿,但长远来看,无论是就发展潜力还是研究对象来看,无疑都要远远小于上级学科。上级学科的方法和理论资源可以在下级学科中借用,但下级学科很难发展出自己独特的研究方法,更遑论反过来对上级学科的方法论进行范式革命。简单说,下级学科只能"借鉴",而不擅长"创新"。即便它的研究对象有创新的意味,但是对于整个学科范式来说可能起到的作用微乎其微。这也是为什么一些广告经济学的论文大谈经济学术语,似乎要给广告学界进行一种经济学的启蒙,但所谈无非是挪用一些经济学界的常识,对于经济学家来说,则并不能够形成理论范式和方法上的启发。

最近一段时间以来,广告学界有一种观点,主张把专业名称从"广告"更名为"营销传播"。从业界所面临的现实来看,这种转变迎合了新媒介传播环境中广告业变化的大趋势,即广告的概念已经不再局限于传统"硬广"的介质和形式,企业所运用的一切营销传播手段,如人员推销、植入式营销、事件营销、体育营销、公共关系等,都可以纳入"广告"的范围。从业界的实务来说,这种转变似乎是不可避免的,毕竟逐利是资本家的本性;但作为专业设置而言,则无论专业名称怎样更改,广告学的专业核心价值和竞争力仍然不能轻易放弃,因此需要分清"常"与"变",授学生以"常",从而应万"变"。

除此之外,"营销传播"这样一个两个学科组合而成的学科命名,只能屈居"营销学"的下级学科,而不能平起平坐地与营销学这门兄弟学科对话。一门学科,如果从学科命名的源头上体现出是一门独立的学科,那么它应该自然具有与其他兄弟学科交叉研究、向各种支流延伸的可能性;但如果从源头上就决定了这门学科是一门交叉而非独立的学科,那么它的延展能力就要大大受限了,在学科对话的层面也只能甘居老二。换言之,如果是"广告学",那么广告学者把这门学科建设好了,它可以与营销学等学科进行平等的对话，而不是上下级的关系；相反，如果学科名称叫作"营销传播"，那么则注定在学术对话层面，成为营销学的附庸学科，永远也无法超越营销学。

因此，如果广告学学科名称一定要更改，笔者倾向于使用"创意传播"这个更能体现广告核心价值的全新词汇。但更重要的是需要看到，目前广告学尚未能与其他学科平等地展开这种对话，其原因并不是"广告学"这个名称不能适应当下营销传播实务的发展，恰恰相反，如果盲目改名将更不利于这种"十年树木、百年树人"的学术积累。因此，当务之急是在国家学科目录里明确并提升广告学的学科地位。至于学科名称是否更改，当然是一个可以讨论的话题，但务必慎重。毕竟，今天看来时髦的东西，在十年以后、二十年以后，恐怕当初越是"时髦"，才会越发"过时"。回想二十年前，有许多当时看来很时髦的专业领域，已经无情地被历史所淘汰，甚至学校中都很少设置相关的课程，如 CIS、电脑美术等。至于业界所淘汰的媒介形态更是不在少数，如寻呼机、博客等。因此，教学和专业设置并非总是以"新"为好，还是应该分清楚"常"与"变"，以"常"为主。授课的内容当然需要根据当下的实务发展不断补充新成分，但专业名称一旦确定，则需要一段时间的相对稳定性。

所以，"广告学"是一个独立的学科，虽然年轻，但蕴含着无尽的发展潜力。作为这一代广告学者，自身的使命注定是与这门年轻的学科共同成长。"广告经济学"只是广告学研究的一个领域，而不可能是广告学研究的全部内容。广告学研究的任务，一方面是与业界对话，解释业界存在的现实问题并加以引领；另一方面则是与学术界的其他学科对话，并且这种对话一定是建立在与其他学科平等的基础上，即不能只是将经济学、传播学、社会学、管理学等相对成熟的学科理论套用在广告学身上，广告学者的理论、思想、智慧、方法等也应该反过来启发其他相对成熟的学科，对其他学科的方法论产生影响。并且，这种对话的学科对象，并不一定是当下正在流行的时髦显学（对于这个时代来说，第一显学毫无疑问是经济学），而应该指向一切有可能与"广告"这种现象形成对话和启发的各门人文社会科学。

因此总的说来，眼下广告学研究中出现的经济学帝国主义现象，是广告学自身理论体系发展过程中的一个特定阶段,而不应该是最后的面貌。对于亟需在国际舞台上发声的中国广告学者来说,以广告产业发展的中国模式研究作为突破口,获得国际同行的关注,为国际广告理论研究话语场贡献自己独特的力量,这本身无可厚非。然而,这还只是中国广告学者的一个起点,并不是终点。在广告学者对于广告产业的中国模式这种实务研究取得进展的同时,下一个阶段就要及时总结、反思,趁热打铁,建立起中国特色的广告理论研究体系。这个体系应该体现出广告学的包容性和交叉的魅力,在各个广告学分支学科上都取得相应的进展。为此,广告学者有必要更多地从广告学自身所蕴含的可能性中寻找突破,希望看到下一个阶段的广告研究格局能够更加开阔,而不只是经济学研究一枝独大、独领风骚。只有这样,才能显现出广告学作为一种研究领域的开放性和独到魅力。

三、广告史研究的困境与变革

  令人欣慰的是,近年来,广告史研究在学术界已经蔚成风气。北京大学、中国传媒大学等中国广告教育领军高校先后启动了中国广告史研究的大型项目,国家社科基金立项选题中的"广告史"也悄然增多。究其原因,一方面固然是因为2018年、2019年等年份恰逢"改革开放四十周年""新中国七十年"和"中国广告教育百年"等历史节点,是一些进行历史总结和梳理的关键年份;另一方面也是因为广告学学科发展的内在需要。经历了近四十年来的建设,中国广告学正在从广告实务的附庸走向一门具有独立学术品性的人文社会科学,客观上也要求将广告史学建设成广告学的一个重要分支,并不断完善。

  2017年,中国广告协会学术委员会成立30周年之际,由陈刚主编、笔者参与的《广告是条河——中国广告学术发展的源流》在河海大学出版社出版。这本书的导论将1979年以来的当代中国广告学术史分成五个阶段,分别是1979年到1991年,1992年到2001年,2002年到2007年,2008年到 2011 年，2012 年至今。做出这样的分期，主要是综合考虑了外部、内部两方面因素的结果。外部因素就是重要的社会热点，内部因素就是广告行业。从外部因素来说，比如 1992 年的邓小平南方谈话，2001 年中国加入世界贸易组织，2008 年北京奥运会等，这些节点可能相对比较明确。当然广告学学术研究的分期与社会热点有时候并非严格对应，尤其是由于学术现象还处在持续变动中，所以 2012 年很可能还不能直接对应于某个社会热点，从内部因素来说，2012 年以来的这一段时间是参照了广告学术内部发展的规律所做的选择。而广告学术的发展与广告行业的发展密切相关，行业统计数字的变动往往体现出实务领域的重大变革，因此对广告学术史分期基本上也体现出我们对整个广告史的认识。其实，不光是广告史，整个广告学都具有高度贴近行业的特点，对于广告学而言，实务领域的变化肯定会及时反映在学术研究中。

整体来说，广告学是个特殊的学术领域。一方面，它在高等院校里按现代学术的学科建置进行教授和研究；但另外一方面，它又和行业有着非常密切的关系。很多学科可能不是这样，它们只要符合学术的自律就可以了，来自行业的干涉非常少。但在广告学研究中，广告学人既要和学界对话，又要和行业对话，某种程度上说，就是有两个"娘家"。假如只有一个"娘家"，一些关系还比较好处理，可是如果有两个"娘家"，而且这两个"娘家"的评价标准并不一致的话，就需要从学理上思考学界标准和业界标准的关系，否则容易使得广告学陷入尴尬的局面。

学者陈刚曾提出强调广告研究与行业的"距离感"。[1] 对此，笔者的体会是，近四十年来中国的广告学研究，在和业界对话这一方面做了大量的工作，取得了明显的成效，但是在和学界对话这方面做的工作还很不够。所以这时候提出"拉开距离"的意思，就是意在提醒广告学界"哪方面弱补哪方面"。可以说，广告学人跟业界的对话已经有很好的积累，但是跟学界对话这一方面，可能有很多基础性的工作还没有做。一提到广告，社会上就觉得

---

[1] 陈刚：《距离感》，《广告大观（理论版）》，2019 年第 3 期。

这个东西是可有可无的,或者说是不重要的。至少,它的学术含量在学术界很多人的心目中好像还很不够。比如在和学术界其他专业人士聊天的时候,你跟别人说自己是经济学家,人们往往通常会投来赞许的目光,而如果你说你是做广告研究的,情况很可能就不同了,别人通常会觉得:"广告还有学问吗?""广告还需要研究吗?"在一定程度上,这种公众认知水平也影响了广告学的规模。

在学科地位上,广告学尚无法和经济学相提并论。经济学在今天已经几乎从传统的人文社科中独立出来了。以北大的学科设置为例:老北大只分文科和理科,后来逐渐明确文科中又有两种不同的学术取向,即一种是应用型的社会科学,另外一种是从事基础研究的人文学科。所以 21 世纪初,北大的文科分成了人文学部与社会科学学部,从而与新并入的医学部对应。人文学部包括文学、历史、哲学、艺术、考古和外国语等院系,社会科学学部则包括新闻传播、法学、经济学和社会学等院系。但是,这种学部设置在近年来又做了一个调整,经济与管理学部从社会科学学部中再独立出来。也就是说,今天北大的文科分为三个学部:人文学部、社会科学学部、经济与管理学部。这不啻是宣告经济学已经从社会科学中独立出来了,和别的社会科学都不一样,它是文科中的理科。例如,很多管理学的学者都不申报管理学类的国家社会科学基金,他们更愿意去申报国家自然科学基金,其中很重要的原因是自然科学基金里也有管理学的类别,而且资助力度更大。法学、新闻学不可能报自然科学基金,但是管理学、经济学却可以做到。与此形成鲜明对照的是,国家社会科学基金里的管理学项目就被经济管理学界轻视了。也就是说,经济学和管理学其实是一些文科里很独特的、能和理科发生密切关系的学科。几乎没有别的社会科学学科能做到这一点,文史哲更是不可能做到。从北大文科三个学部的划分,很大程度上能看出经济学在今天的学科地位和话语权。

这就牵涉到广告学学科设置的问题,因为"名不正则言不顺",学科的确立与建置是一个很重要的入手点和突破口。如果现行的学科目录里有广告学的一席之地,那么这至少会给它一个更大的发展平台。举个例子,这些年国内设计学发展得很快，越来越多的大学创立设计学院。除了设计在现代社会中越来越重要，也是因为学科管理政策的原因。在我国，过去国务院学位委员会制定的研究生招生学科目录里没有设计学；1997年的学科目录中第一次在文学门类中的一级学科"艺术学"名目下出现了二级学科"设计艺术学"；2011年学科目录调整，"艺术学"独立为学科门类，"设计艺术学"更名为"设计学"并提升为一级学科。现在国家和地方对高等教育的支持力度很大，如果学科目录里有相对应的学科，一些大学特别是综合型大学又缺这个学科的话，它就会想方设法去创建，可以说学科目录是一个非常好的导向和促进。但广告学的情形就比较尴尬，现在广告学所属的一级学科是新闻传播学，学科目录中就列到二级学科"传播学"，二级学科以下就不列了，因此广告学在学科目录里没有体现，这说明学科目录不重视广告学。这也迫使广告学人无法寻求更多的学界支持，而是转向业界寻求资源，比如依托广告企业、媒体、政府和互联网企业等主持横向课题。对此笔者认为，需要继续呼吁国家教育主管部门看到广告学的学术进展，把广告学明确列为新闻传播学一级学科下属的二级学科。

除此之外，我们还需要"为广告学正名"。我们国家在1979年进行过一次"为广告正名"的学术探讨，应该说经历了四十年的历程，这个工作已经完成了，今天人们不会再说"广告是宣扬资本主义的高消费"这样的话，那个阶段已经过去了。但在学术界，今天"广告学"还是要正名。不然的话，总有人质疑："广告算什么学问？""广告有什么必要设置专业？"所谓"正名"，就是要把学科的"污名"给去掉。这一点光从广告学者自身找原因是不够的，需要从内部、外部同时来解决。在当下，虽然广告行业合法化了，但广告人的名声太差了，这也影响到广告学人的名声。媒体往往一说到广告，就是诸如插播广告、恶俗广告、洗脑广告、虚假广告等，舆论似乎先对它进行了"有罪推定"。

可是即便如此，广告学还是要发展，因此必须"正名"。除了继续呼吁管理层面对学科地位、学科级别进行提升和明确外，学术界也开始考虑通过改名的方式，使学者较少受到业界污名化的影响，如将"广告学"更名为

"营销传播""创意传播""策略传播""智慧传播"或"品牌传播"等,不一而足。这说明广告学术共同体已经开始意识到,要摆脱社会对广告的偏见,就要给这个学科重新进行形象包装。一说到"广告",它和商业、利益的关系就难以解开。现在,人们希望通过学术界的努力给它改一个名字,借此机会学科的地位就可能随之提升。正如我们在上一节所提到的,从学科内容来说,笔者不主张轻易为学科改名;但从社会学角度看,为了摆脱学科的"污名化",让全社会更加客观地认识我们所从事的专业,那么在保持基本学科构成的前提下,改名也未尝不是一个可以讨论的选项。

这方面有一个经典的例子,就是图书馆学改名信息管理学。包括北大在内的很多高校曾设有"图书馆系",但招生的情况不理想,后来就纷纷改名为"信息管理系"。现在学科目录里面已经没有图书馆学专业了。叫"图书馆学"的话,连学生都很难招,但改为"信息管理"后,整个学科都活跃了起来,其实参与建设的基本上还是原来那批学者。广告学科也需要改名,至于叫什么肯定还需要论证。相对而言,现在学术界有些倾向于"创意传播"。如果叫"策略传播",容易和传播学领域的"国家战略传播"混淆。"营销传播"则容易让人联想到经济管理类专业。比较而言,"创意传播"的叫法更能体现广告的特点,也能有效地和新闻、公关等区隔开来。笔者认为,如果广告学能够借着学科更名的东风先进入到国家的学科目录,以后再通过学界的联手努力,把"创意传播"做成新闻传播学里非常有分量的分支,不失为一种可能性。

广告学还可以与设计学科的情况做一对比。这些年来,设计学的变化比广告学力度更大,这在很大程度上是国家对设计学科重视的结果。例如,同济大学在很长时间内没有设计专业,但是近年来创建了设计创意学院,这个学院才建立了十年左右,但在 QS 排名方面已经跻身亚洲第一。其实,同济大学设计创意学院的一些主要师资力量是来自于原来的建筑学院,是经学科目录调整以后部分师资从建筑学科转向了设计学科,而建筑属于工科,所以这些师资就可以带着工科背景来做设计教育。可以说他们中间的一些人在 2011 年以前几乎没有介入设计学科,但是他们的到来却让设计这个学科带入了工科的思维，也在不经意间带动了一场整个学科的革命，改变了学科的格局与构成。在同济的异军突起面前，以前美术背景的设计教育几乎完全被"迭代"了。同济大学设计创意学院一年级的所有绘画课都改成开源软件编程课。从绘画到编程，体现出设计行业对"基础"的判断发生了根本的变化。广告也是这样，技术革命肯定会对学科造成冲击。未来，广告学类专业的课程设置可能都会发生很大的变化。

同济大学、上海交通大学等老牌的工科院校在设计学领域的异军突起，很大原因是因为建立了全新的设计学院。如果这些院校的设计学院或设计专业还是依附在原先的美术学院下面，其发展肯定会受到限制。而众多设计学院之所以能顺利独立出来，借的"东风"就是2011年国家学科目录中将"设计艺术学"更名为"设计学"，同时，"设计学"升级为一级学科，并且在学科目录中明确"可授予艺术学、工学学位"。也就是说，对于学校把设计学做成工科化还是艺术化，教育主管部门给了很大的自由，这一点是很重要的。反观现在学界、业界很多人之所以诟病广告学专业课程体系陈旧，是因为现在广告至今还依附在传播学下面。如果未来学科地位在改名的同时也得到了提升，例如从"广告学"变成了"创意传播"，从而在国家战略里面强调创意传播，大学里也将纷纷成立创意传播学院，那样的话，课程体系肯定也会有质的变化。

其实，现在广告学界已经开始了在"广告专业主义"方面的努力。一所大学选聘老师，学校不管候选人在业界有什么从业经历，只会按照学术的标准来进行。如果按实务的标准的话，有很多业界的专家就可以来学校讲课，分析业界的案例。但是如果一位广告业界专家调入大学做广告学专业的老师，就必须走广告专业主义的路线，而不能仅仅凭业界的操作经验，毕竟业界的经验和学术成果的形态本身还是有距离的。虽然广告学科是应用学科，但它毕竟是"学科"，因此就要求相关的学位、学术成果、科研项目、学术规范。而且在某种意义上，这些"专业主义"比业界经验在学校里更为重要。当然在这种情况下，有可能也会吸引一些广告人读博，或是促使一些偏重实务的学者开始从事基础研究。但只是靠这种自下而上的改革是不够的。

总之，靠每一所学校通过设置学术门槛来选聘广告专业老师，不如国家在学科目录中重视、明确并提升广告学学科的地位。

制约广告学发展规模的因素当然有很多，但学科目录中缺乏相应的设置是最直接的因素。这个因素如果解决了，很多问题就会迎刃而解。比如学术规范。广告学常常被诟病为缺乏学术规范，根源就在于缺乏学术共同体的支撑。如果国家重视广告学这个学科，这个学科里面有 CSSCI 期刊，或重点的学术刊物，广告学者就会以它为标杆，把最好的文章都投给这些期刊，并严格按照这些期刊的学术标准来走，那样广告学术规范就会得到普遍的重视和提升。如果广告类的学术刊物能够成为"C 刊"，会吸引很多人认真地写广告文章来投稿。但现在广告类的学术刊物连北大核心都不是。如此造成的局面就是，现在很多高校评职称必须是发表"C 刊"，对于高校广告学教师来说，发表在广告类刊物上的文章评职称是没有用处的，这样广告学者的研究热情势必会受到影响。广告学者想在"C 刊"上发文章，可那些刊物就不怎么发广告类的文章。如此，就会使得一些优秀的广告学者转向其他学科，造成人才的流失。

以上谈的是外因，当然广告学自身建设也是制约学科发展的重要内因。与 20 世纪 80 年代的中国广告学研究比较时能够看出，早年出现了很多关于广告心理学、广告符号学、广告美学和文化的基础性理论研究，可以说广告学的纯理论研究和应用实务研究在早年的时候是并行不悖的。[1] 但现在学科格局有点失衡，很多学者都转到业界实务研究，却对学科基础研究有所忽视，现在这个问题也逐渐被意识到了。在广告学界有一个现象是，哪里有资源，哪里就有学术。如果学术界本身不能提供给广告学者足够的支持，就必须转向业界寻求资源。既然业界给你资源，当然就要给业界做横向课题，而且横向课题经费非常多。如果做纵向课题的话，到目前为止，国家社会学科基金重大招标项目、教育部社会科学重大攻关项目中还从未出现过"广告"的字样。没有学界的资助，就使得许多做基础研究的广告学者不得不转向业

---

[1] 祝帅、芮兰馨：《20 世纪末中国广告美学与广告文化研究的学术史回顾》，《现代广告》，2019 年第 21 期。

界实务的应用研究。

在了解和学习西方这一块，特别是在对西方广告学术发展的历史进行梳理和实证研究方面，我们做的也还是很不够的，甚至说很多基础性的研究都还没有做。但是从回应业界的现实需求这方面来说，中国广告学者做得却很有特色。一方面源于中国广告学人自己的探索精神，另一方面也是由中国当代广告的发展速度决定的。现在中国有很多互联网企业，特别是电商企业，它们已经在大数据、智能营销等领域走在世界前列，这在客观上促使中国的广告学研究开始受到国外的重视。现在西方会主动关注中国的一些广告研究成果，即使他看不懂中文，往往也会要求我们提供翻译稿进行一些学术交流。2019年夏天，两年一次的美国广告学会全球会议在北京大学召开，就说明美国广告学者想了解中国广告的发展，特别是在中国互联网领域出现的一些新观念、新技术，这在以前是不可能发生的事情。虽然不能说这就代表了中国广告研究已经达到世界先进水平，但至少说明中国的有些广告研究是西方没有的。中国广告学者已经看到，今天的中国和世界处在同一个起跑线上，特别是在数字营销领域，中国的研究很可能引领世界的潮流。但这只是就实务研究来说的。从今天的情况来看，广告研究分两部分，一块是基础性的历史、理论研究，另一块是回应现实问题的实务研究，前者我们远远不如西方厚重，形式也不如西方规范，后者则至少是平分秋色。

在中国，广告基础理论研究还有很多空白。广告学容易和其他的很多学科进行交叉，比如广告产业研究和产业经济学交叉，现在的广告研究需要有专业的经济学背景的学者加入广告产业研究。但问题在于，专门研究产业经济学的学者往往看不上广告产业。既然他们看不上，我们广告学者就去借鉴他们的成果，但这没法对他们的学科产生影响或施加反作用。如果有一个获诺贝尔奖的经济学家写一本广告产业的书，情况就不一样了，证明这个领域被主流经济学所重视。再如现在经常讨论互联网广告的监管、人工智能的广告伦理问题等，但与谈者大多仅限于广告界内部。如果真的在法学、伦理学领域设立了重大项目"中国的互联网广告监管研究"或"人工智能时代的广告伦理研究"之类的话，性质就完全不一样了。广告学者当然可以说其他领域的学者不懂广告,但不懂广告可以去弄懂,可广告学者要弄懂其他领域的基础理论,那可不是一朝一夕就能做到的。不懂广告的学者可以去接触、了解广告,但是不懂产业经济学、不懂伦理学对于广告学者来说可能是更严重的问题,毕竟在学术界"隔行如隔山"。所以,与其让广告学人做其他领域的研究,不如吸引其他基础研究领域,比如经济学、伦理学、社会学和传播学的学者更多地介入到广告研究中来,那样有可能产生更重要的理论成果。目前,笔者比较注意收集 20 世纪以来一些经典的社会学、人类学理论家谈到的和广告相关的文字,他们可能不是直接谈广告,但例如人类学家考察不同民族的一些交流的手势、符号一类的东西,如果梳理出来会非常珍贵。因为这代表上级学科、主流学科的学术视野,了解这些学科怎么来看广告是非常有意义的。来自主流学科的研究背景加上对广告的接触,很可能要比一个学广告出身的人再去学习其他学科的知识,相对来说更容易一些。

与广告史相联系,广告批评也是一个还有待于展开的基础研究方向。从时间上看,拉开一段距离的材料适合写历史,而当下正在发生的事情则更适合通过"批评"去观察,从而为未来的广告史写作积累资料。在批评方面有几个问题值得注意。

一是广告批评不一定由广告专业学者来做,也可能是别的学科的人来做,所以要鼓励其他学科的学者,包括大众来关注、从事广告批评。

二是所谓广告"批评",其实并不一定总是体现为负面的。广告批评包含两个方面,一方面是提升大众的媒介素养和广告素养,识别虚假广告和低劣广告;另一方面,"批评"也是个中性词,包含着一种审美教育的理想在其中。其实,广告是美育的一个非常好的手段。大众要去接触影音、视频、视觉设计和现代美学,问题是怎么接触呢?在当下的中国,购票进电影院看电影,去美术馆、音乐厅欣赏高雅艺术,并不是各个阶层的人都会选择的生活方式,但广告是无所不在的。不管是视频广告、手机广告、互联网广告,还是户外广告,这些都是审美教育的好素材。在中国,20 世纪 90 年代曾经有一段广告的黄金时期,那是民众和广告关系的蜜月期,那时大家不讨厌广告。比如,20 世纪 90 年代的北京,很多北京市民会去体育馆买门票看广告

"饕餮之夜"的晚会，还有很多市民会自发购买各种国际广告节获奖作品的盗版光盘看。而这些广告作品的艺术成就是很高的，同时，对于这些广告的解读和评论也是一种"广告批评"。只是 21 世纪以后，这种情况渐渐不再有了。

三是批评要以市场价值和社会价值的统一为导向。今天一说广告，很多人脑海中就想到只注重营销、忽视审美的"洗脑广告"。可是，无论怎么做广告，都不能不考虑整个行业的公信力，不能仅仅考虑给企业和自己挣钱，而破坏了整个行业的声望。靠做低俗广告给人洗脑的都不是英雄，那种广告谁都会做，大家不是不能做，而是不愿做。"非不能也，乃不为也。"试想，如果媒体上的广告都是低俗、恶俗不堪的宣传语，你让社会怎么看待广告的声望和广告人的信誉？对于制作和发布这种恶俗广告的广告人来说，你自己是挣到企业的钱了，却让整个广告行业的公信力受损，让大众从此戴上有色眼镜看广告人，从长远的社会效益来看，这是一件得不偿失的事情。所以这种现象也需要批评，所谓广告批评，应该对现象做好记录、对价值进行判断、对历史提供参照，从而为下一个阶段的广告史研究进行准备与积累。

目前在广告学领域，学者热衷于追踪 AI、大数据等业界热点，但其实很多热点并不是广告学特有的问题意识，应该说还不算是真正的学术创新。学者陈刚曾指出，广告学者要做一种"引领性"而不是"追随性"的研究，要比种种业界已经热起来的热点看得更远。[1] 而且现在的问题是，懂技术的人不关心广告，关心广告的人不懂技术。懂技术的人再去学点广告的知识，要强于不懂技术的人去加上技术的知识，毕竟技术知识的壁垒太高。举例来说，新闻传播学专业有很多硕士、博士是从本科理工科的背景转过来的，但反过来，让本科学广告学专业的人考计算机博士则几无可能。当然，计算机专业的人士不太可能再转到广告学专业，但是那么多理工科的博士中，将来是不是可以有一些人专门从事广告研究，进而改变这个学科的格局？我们不妨拭目以待。

---

[1] 参见祝帅：《学术研究的前瞻性》，《美术观察》，2014 年第 1 期。

广告行业是一个变化很快的行业。广告学术研究必须跟上行业的变化，而不能故步自封，这是毫无疑问的，也是广告学的学科特点所决定的。但另一方面，正如《左传》所说的那样："其兴也勃焉，其亡也忽焉。"有许多所谓的行业热点，事后证明不过是虚华的假象。广告学人需要在种种行业的热点面前保持清醒的头脑，对"概念狂欢""泡沫繁荣"进行自觉的抵制与批判。做到这一点，除了深研并思考行业本身变化发展的历史之外，别无他法。在常年从事广告史研究的经历中，笔者常常被问及，面对行业迅速变化的技术与理念，广告史学者的知识结构是否有"落伍"之嫌？笔者的回答是，越是研究历史，才越能发现面对当下问题的应对之策。因为"日光之下，并无新事"，今天发生的一切历史上都曾经历过，历史事件总是惊人的相似。对于广告学人，无论其是否从事广告史研究的专业，都应该阅读历史，从中发现、总结和提炼规律，获得启示。笔者在给本科生讲授"中外广告史"课程的时候，就反复要求学生带着"古今之变"的理论思维来学习，旨在让学生看到，其实一部广告史，本身就是"广告"观念自身不断变化发展的历史，历史上也没有哪个时期有着一成不变的"广告"定义。如若形成了这样的历史认识，我们也就不太会对当下广告界正在经历的种种技术变革乃至"广告终结论"表现出过分的忧心，而是学会借鉴从历史而来的智慧，形成自己清醒的判断。这也是我们学习、研究广告史最重要的意义。

结　语

近年来，学术界特别注重"与国际接轨"。从这个意义上说，广告史研究的兴起似乎都没有去赶这个时髦，因为即便在国外的广告学界，从事广告史研究的学者和相关文章也是凤毛麟角。但在我看来，广告史研究的兴起却反映出中国广告研究自主性的崛起。只是广告史研究实践的不是中国广告学与西方广告学的接轨，而是中国广告学与整个人文社会科学的接轨。文学、史学、文化研究、经济学、社会学等其他学科最新的前沿，往往可以反映在广告史研究中。相对于与国际广告学界的接轨，这种广告史与其他人文社会学科的接轨很可能显得更加紧迫。只是在与其他学科交流对话的过程中，作为新兴学科的广告史学应该持有一种怎样的姿态，是未来摆在广告学者面前的一个现实问题。相信通过广告史学的学科反思，能够促使学术界对这一话题展开自觉的思考，从而在让本学科不断成熟完善的过程中，吸引更多的研究者投入其中共同建设。如此，在不远的将来，广告史必将成为广告学、历史学乃至当代学术百花园中的一个重要门类。

参考书目

一、中国学者著论

蔡元培:《何为大学:蔡孑民先生言行录》,台北:大块文化出版股份有限公司,2011年。
曹志功:《广告与人生》,无出版者及出版时间,现藏上海图书馆,疑为申报馆出版,约1935年。
陈刚主编:《当代中国广告史·1979—1991》,北京:北京大学出版社,2010年。
陈培爱:《中外广告史——站在当代视角的全面回顾(第二版)》,北京:中国物价出版社,2002年。
陈平原:《现代中国的述学文体》,北京:北京大学出版社,2020年。
陈平原:《作为学科的文学史》,北京:北京大学出版社,2011年。
丁俊杰、陈刚:《广告的超越——中国4A十年蓝皮书》,北京:中信出版社,2016年。
丁馨伯:《广告学》,上海:上海立信会计图书用品社,1944年。
戈公振:《中国报学史》,北京:中国新闻出版社,1985年。
龚鹏程:《文化符号学导论》,北京:北京大学出版社,2005年。
关世杰:《跨文化交流学》,北京:北京大学出版社,1995年。
何嘉:《现代实用广告学》,上海:中国广告学会,1931年。
蒋裕泉:《实用广告学》,上海:商务印书馆,1926年。
梁其姿:《麻风:一种疾病的医疗社会史》,北京:商务印书馆,2013年。
梁启超:《新史学》,北京:商务印书馆,2014年。
梁启超:《饮冰室合集·文集之九》,北京:中华书局,1989年。
梁启超:《饮冰室文集第二册·文集之十四》,北京:中华书局,1989年。
陆梅僧:《广告》,上海:商务印书馆,1940年。
罗念生、水建馥编:《古希腊语汉语词典》,北京:商务印书馆,2004年。
彭丽君:《哈哈镜:中国视觉现代性》,张春田、黄芷敏译,上海:上海书店出版社,2013年。
钱理群主编:《中国现代文学编年史——以文学广告为中心》,北京:北京大学出版社,2013年。
荣新江:《学术训练与学术规范——中国古代史研究入门》,北京:北京大学出版社,2011年。
如来生:《中国广告事业史》,上海:新文化社,1948年。
苏力:《法律与文学——以中国传统戏剧为材料》,北京:生活·读书·新知三联书店,2006年。

孙孟英编著：《招贴画（影记沪上1843—1949）》，北京：生活·读书·新知三联书店，2018年。

汪英宾：《中国本土报刊的兴起》，广州：暨南大学出版社，2013年。

王明珂：《反思史学与史学反思》，上海：上海人民出版社，2016年。

王志勇译注：《清教徒之约——威斯敏斯德准则》，上海：上海三联书店，2012年。

辛德勇：《中国印刷史研究》，北京：生活·读书·新知三联书店，2016年。

杨海军：《中外广告史新编》，上海：复旦大学出版社，2009年。

杨念群：《再造"病人"：中西医冲突下的空间政治（1832—1985）》，北京：中国人民大学出版社，2013年。

姚曦、蒋亦冰：《简明世界广告史》，北京：高等教育出版社，2006年。

张金海：《20世纪广告传播理论研究》，武汉：武汉大学出版社，2002年。

周小仪：《唯美主义与消费文化》，北京：北京大学出版社，2002年。

祝帅：《中国广告学术史论》，北京：北京大学出版社，2013年。

祝帅：《中国文化与中国设计十讲》，北京：中国电力出版社，2008年。

祝帅：《中国设计研究百年》，北京：清华大学出版社，2018年。

二、外籍学者著译

Alozie, E. C. *Advertising in Developing and Emerging Countries*, London: Routledge, 2011.

Ching, F., Jarzombek, M. M. and Prakash, V. *A Global History of Architecture*, Hoboken: John Wiley & Sons, 2007.

Fox, S. *The Mirror Makers: A History of American Advertising and Its Creators*, New York: Marrow, 1984.

Julier, G. *Economies of Design*, London: SAGE Publications Ltd., 2017.

Lears, J. *Fables of Abundance: A Cultural History of Advertising in America*, New York: Basic Books, 1995.

Marchand, R. *Advertising the American Dream: Making Way for Modernity, 1920—1940*, Berkeley: University of California Press, 1985.

Margolin, V. *World History of Design*, London: Bloomsbury Academic, 2015.

Miles, S., Anderson, A. and Meethan, K. eds. *The Changing Consumer*, London: Routledge, 2002.

Perkins, D. *Is Literary History Possible?* Baltimore: Johns-Hopkins University Press, 1992.

Sivulka, J. and McDonough, J. et al. *History, in the Advertising Age Encyclopedia of Advertising*, Volume 2 F-0, Chicago: Fitzroy Dearborn, 2002.

Sivulka, J. *Soap, Sex, and Cigarettes: A Cultural History of American Advertising (2nd Edition)*, Independence: Cengage Learning, 2011.

Tungate, M. *Adland: A Global History of Advertising*, London: Kogan Page, 2013.

［美］阿伦斯：《当代广告学》，丁俊杰、程坪、钟静等译，北京：人民邮电出版社，2005年。

［美］阿伦特主编：《启迪：本雅明文选》，张旭东、王斑译，北京：生活·读书·新知三联书

店，2008年。

[法] 巴札尔，安凡罗，罗德里格：《圣西门学说释义》，王永江等译，北京：商务印书馆，2011年。

[美] 包筠雅：《文化贸易：清代至民国时期四堡的书籍交易》，刘永华、饶佳荣等译，北京：北京大学出版社，2015年。

[英] 鲍曼：《通过社会学去思考》，高华、吕东、徐庆、薛晓源译，北京：社会科学文献出版社，2002年。

[美] 卞历南：《制度变迁的逻辑》，卞历南译，杭州：浙江大学出版社，2011年。

[法] 波德里亚：《消费社会》，刘成富、全志钢译，南京：南京大学出版社，2001年。

[英] 伯克：《什么是文化史》，蔡玉辉译，北京：北京大学出版社，2009年。

[美] 邓肯：《整合营销传播——利用广告和促销建树品牌》，周洁如译，程坪校，北京：中国财政经济出版社，2004年。

[法] 迪尔凯姆：《社会学方法的规则》，胡伟译，北京：华夏出版社，1999年。

[英] 费瑟斯通：《消费文化与后现代主义》，刘精明译，南京：译林出版社，2000年。

[法] 福柯：《词与物》，莫伟民译，上海：上海三联书店，2001年。

[法] 福柯：《规训与惩罚：监狱的诞生》，刘北成、杨远婴译，北京：生活·读书·新知三联书店，2007年。

[法] 福柯：《临床医学的诞生》，刘北成译，南京：译林出版社，2011年。

[法] 福柯：《尼采·谱系学·历史学》，苏力译，李猛校，贺照田主编《学术思想评论（第四辑）》，沈阳：辽宁大学出版社，1999年。

[美] 盖伊：《启蒙时代（下）：自由的科学》，王皖强译，上海：人民出版社，2016年。

[美] 高家龙：《中华药商：中国和东南亚的消费文化》，褚艳红等译，上海：上海辞书出版社，2013年。

[美] 葛凯：《制造中国——消费文化与民族国家的创建》，黄振萍译，北京：北京大学出版社，2007年。

[英] 葛瑞汉：《论道者——中国古代哲学论辩》，张海晏译，北京：中国社会科学出版社，2003年。

[美] 古狄昆斯特，莫迪主编：《国际传播与文化间传播研究手册》，陈纳等译，上海：复旦大学出版社，2016年。

[英] 霍布斯鲍姆、兰格编：《传统的发明》，顾杭、庞冠群译，南京：译林出版社，2003年。

[德] 霍克海默，阿多诺：《启蒙辩证法——哲学断片》，渠敬东、曹卫东译，上海：上海人民出版社，2003年。

[英] 吉登斯：《社会理论的核心问题——社会分析中的行动、结构与矛盾》，郭忠华、徐法寅译，上海：上海译文出版社，2015年。

[英] 吉登斯：《社会理论与现代社会学》，文军、赵勇译，北京：社会科学文献出版社，2003年。

［美］杰姆逊：《后现代主义与文化理论》，唐小兵译，北京：北京大学出版社，1997年。

［美］卡特：《中国印刷术源流史》，刘麟生译，太原：山西人民出版社，2015年。

［美］凯博文：《苦痛和疾病的社会根源：现代中国的抑郁、神经衰弱和病痛》，郭金华译，上海：上海三联书店，2008年。

［英］科大卫：《近代中国商业的发展》，周琳、李旭佳译，杭州：浙江大学出版社，2010年。

［美］科特勒等：《营销管理（亚洲版第3版）》，梅清豪等译，北京：中国人民大学出版社，2005年。

［挪威］拉尔森主编：《社会科学理论与方法》，任晓等译，上海：上海人民出版社，2002年。

［法］拉尼奥：《广告社会学》，林文译，北京：商务印书馆，1998年。

［英］莱斯诺夫：《二十世纪的政治哲学家》，冯克利译，北京：商务印书馆，2001年。

［美］李尔斯：《丰裕的寓言——美国广告文化史》，任海龙译，上海：上海人民出版社，2005年。

［美］李欧梵：《上海摩登——一种新都市文化在中国（1930—1945）》，毛尖译，北京：北京大学出版社，2001年。

［美］里斯，特劳特：《广告攻心战略——品牌定位》，刘毅志译，北京：中国友谊出版公司，1991年。

［英］利特尔：《流派·艺术卷》，祝帅译，北京：生活·读书·新知三联书店，2008年。

［美］鲁尔：《社会科学理论及其发展进步》，郝名玮、章士嵘译，沈阳：辽宁教育出版社，2004年。

［美］罗芙芸：《卫生的现代性》，向磊译，南京：江苏人民出版社，2007年。

［法］马特拉：《全球传播的起源》，朱振明译，北京：清华大学出版社，2015年。

［美］迈耶：《麦迪逊大道——不可思议的美国广告业和广告人》，刘会梁译，海口：海南出版社，1999年。

［加］麦克卢汉：《谷登堡星汉璀璨：印刷文明的诞生》，杨晨光译，北京：北京理工大学出版社，2014年。

［法］蒙田：《蒙田随笔全集（上卷）》，潘丽珍、王论跃、丁步洲译，南京：译林出版社，1996年。

［美］倪雅梅：《中正之笔——颜真卿书法与宋代文人政治》，杨简茹译，祝帅校译，南京：江苏人民出版社，2018年。

［美］纽顿：《最伟大的书》，陈建铭译，杭州：浙江大学出版社，2011年。

［美］诺思：《制度、制度变迁与经济绩效》，杭行译，上海：格致出版社、上海三联书店、上海人民出版社，2008年。

［美］潘诺夫斯基：《哥特建筑与经院哲学》，吴家琦译，南京：东南大学出版社，2013年。

［美］彭慕兰：《大分流》，史建云译，南京：江苏人民出版社，2004年。

［法］珀蒂德芒热：《20世纪的哲学与哲学家》，刘成富等译，南京：江苏教育出版社，2007年。

［美］芮哲非:《谷腾堡在上海:中国印刷资本业的发展（1876—1937）》,张志强等译,北京:商务印书馆,2014年。

［美］萨丕尔:《语言论》,陆卓元译,陆志韦校订,北京:商务印书馆,1985年。

［美］桑塔格:《疾病的隐喻》,程巍译,上海:上海译文出版社,2003年。

［法］圣西门:《圣西门选集》(第一卷),王燕生、徐仲年、徐基恩译,董果良校,北京:商务印书馆,2011年。

［美］施拉姆,波特:《传播学概论》,陈亮、周立方、李启译,北京:新华出版社,1984年。

［美］史华兹:《古代中国的思想世界》,程钢译,刘东校,南京:江苏人民出版社,2004年。

［美］史密斯:《致青年加尔文主义者的信——改革宗思想之旅》,李晋、马丽译,上海:上海三联书店,2014年。

［美］特威切尔:《美国的广告》,屈晓丽译,南京:江苏人民出版社,2006年。

［美］王瑾:《品牌新中国:广告、媒介与商业文化》》,何朝阳、韦琳译,北京:北京大学出版社,2012年。

［美］威雅:《颠覆广告——麦迪逊大街美国广告业发家的历程》,夏慧言等译,呼和浩特:内蒙古人民出版社,1999年。

［德］韦伯:《新教伦理与资本主义精神》,于晓、陈维纲等译,西安:陕西师范大学出版社,2006年。

［英］温奇:《社会科学的观念及其与哲学的关系》,张庆熊、张缨等译,上海:上海人民出版社,2004年。

［美］西沃卡:《肥皂剧、性和香烟——美国广告200年经典范例》,周向民、田力男译,北京:光明日报出版社,1999年。

［日］中村元:《中国人之思维方法》,徐复观译,台北:台湾学生书局,1991年。

［美］钟马田等:《清教徒的脚踪》,梁素雅、王国显等译,北京:华夏出版社,2011年。

索 引

《20 世纪的哲学与哲学家》 092
In-house 051
TULIP 原则（"五要素"） 063

A

阿多诺，西奥多（Theodor Adorno） 024，074—075，089，091
阿恩海姆，鲁道夫（Rudolf Arnheim） 021
阿尔都塞，路易（Louis Althusser） 095
阿伦斯，威廉（William F. Arens） 030
安藤忠雄（Tadao Ando） 061
奥格威，大卫（David Ogilvy） 052，084—085，180
奥古斯丁（Augustin） 063
奥美广告公司 076，084

B

八木信人 052
巴赫金，米哈伊尔·米哈伊洛维奇（Mikhail Mikhailovich Bakhtin） 147
巴克斯特，理查德（Richard Baxter） 065
巴黎格朗德·歇米欧尔研究所 209
巴黎工艺美术学院 209
巴黎叙利恩绘画研究所 209
巴力 061
巴特，罗兰（Roland Barthes） 024，100，239

白谦慎 006，021
《百业广告月刊》 210
伯林，以赛亚（Isaiah Berlin） 115
班扬，约翰（John Bunyan） 060
包豪斯（Bauhaus） 073—074，089，124，209—210
包筠雅（Cynthia J. Brokaw） 127
保罗（使徒保罗，Saint Paul） 060，064，080—081
"报学原理" 205
鲍德里亚，让（Jean Baudrillard） 024，076—078，099
鲍曼，齐格蒙特（Zygmunt Bauman） 121
北京大学新闻学研究会（初名北京大学新闻研究会） 200—203，209，219
《北京大学新闻学研究会成立之演说》 202
北京对外经贸大学 052
北京广告公司（北广） 052—053
北京艺术专门学校（北京艺术专科学校） 208—209
北平大学艺术学院 204，208
本朝史观 116
本土化 005，008，023，025，048，096，103，109，130，146—148，150—152，155—159，161—162，177，218，223，228，239
本雅明，瓦尔特（Walter Benjamin） 036，089

比利时卢汶天主教大学 164
比亚兹莱，奥布雷（Aubrey Beardsley） 070—072, 081
彼得（Saint Peter） 060
卞历南（Morris L. Bian） 020, 178, 180, 187—189
波普，卡尔（Karl Popper） 011, 091
波普艺术 093
波特，威廉（William E. Porter） 147
伯克，彼得（Peter Burke） 113—114, 118—120, 164, 209
伯明翰大学当代文化研究中心（CCCS） 092
伯明翰学派 058, 088, 092—096, 098, 100—101, 103, 109, 114, 118
博尔赫斯，豪尔赫·路易斯（Jorge Luis Borges） 151—152
卜舫济（Francis Lister Hawks Pott） 194—195
布伯，马丁（Martin Buber） 091, 133
布迪厄，皮埃尔（Pierre Bourdieu） 115, 170

C

蔡元培 200, 202, 208, 213, 219
蔡正雅 197, 204
曹志功 033
策略传播 249
《察世俗每月统记传》 046
阐释学 132
《超级肥皂》 115
陈独秀 019
陈刚 054, 146, 229—230, 233, 237, 245—246, 254
陈培爱 029, 225—227
陈平原 231
陈寅恪 169

陈之佛 209
程本同 209, 211
程春 053
程景灏 083
程鹏九 217
"冲击－回应"模式 008, 018, 029, 142, 165, 169
《传播学概论》 147
传播政治经济学 107, 241
《传道书》 080
《传统的发明》 152
《创世记》 132
创意传播 145, 244, 249—250
《词与物》 151, 153
《次经·苏撒拿传》 079

D

《大分流》 186
大衮 061
大夏大学 203, 206
《单向度的人》 088
《但以理书》 083
《当代北京广告史》 229
《当代广告学》 029—030
《当代中国广告史·1979—1991》 229
德尔图良（Tertullianus） 058
德勒兹，吉尔·路易·勒内（Gilles Louis René Deleuze） 239
德里达，雅克（Jacques Derrida） 133
邓肯（Tom Duncan） 156—157
邓小平 226, 246
邓正强 228
第三世界广告大会 230
《颠覆广告——麦迪逊大街美国广告业发家的历程》 057
丁浩 052
丁俊杰 030, 228—229

丁馨伯 050
丁允朋 223
东方设计学 155, 159, 161
《东方学》 160
《东方杂志》 083, 236
东方主义 152, 157
东南大学 125, 203, 205
董其昌 021
对话理论 147

E

二分法 130
二元预定论 064

F

发展广告学 018, 189, 223, 229, 233, 239
《发展广告学——广告学研究视域的扩张》 018
法国巴黎高等美术学校 209
法国国立美术学院 209
法兰克福学派 058, 073, 088—096, 100—101, 103, 114, 118
法学 124, 128, 155, 184, 239, 247, 252
《反对阐释》 137
《反思史学与史学反思》 115, 117
泛性欲主义 070
方汉奇 200, 219
非基运动 143, 173
《肥皂剧、性和香烟——美国广告200年经典范例》 057, 222, 235
费夫贺（Lucien Febvre） 181
费瑟斯通，迈克（Mike Featherstone） 098—099, 121
费正清（John Fairbank） 007—008, 018, 029, 142, 165, 169

《分类广告之研究》 193
《丰裕的寓言——美国广告文化史》 005—006, 023, 029, 057—059, 061, 068—069, 079, 081—083, 086, 222
冯特，威廉（Wilhelm Wundt） 082, 236
弗格森，尼尔（Nall Ferguson） 067
弗洛伊德，西格蒙德（Sigmund Freud） 070, 128
符号学 097—098, 100—101, 170
福柯，米歇尔（Michel Foucault） 006—007, 016, 095, 128, 130—138, 142, 150—153, 170, 172, 239
福山，弗朗西斯（Francis Fukuyama） 156
《复旦》 041
复旦大学 029, 038, 205, 210—211
傅立叶（Charles Fourier） 036
傅山 006
《傅山的交往和应酬》 006
《傅山的世界》 006
《傅山全集》 006
富兰克林，阿德里安（Adrian Franklin） 073

G

盖伊，彼得（Peter Gay） 036—037
甘永龙 083, 220
高二适 012
高家龙（Sherman Cochran） 004—005, 020, 129, 145, 171, 174, 176—178, 180, 184
高居翰 016, 021
高青孝 193
高志宏 225, 237
《告白学》 047
戈公振 167, 170, 205, 209

《哥林多后书》 080
《哥特建筑与经院哲学》 125—126
鸽庐 217
格尔茨，克利福德（Clifford Geertz） 116
格雷马斯，阿尔吉达斯·朱利安（Algirdas Julien Greimas） 097
格罗皮乌斯，瓦尔特（Walter Gropius） 124
格式塔 100
葛凯（Karl Gerth） 171—173，176，180
葛兰西，安东尼奥（Antonio Gramsci） 095
葛鲁普（Samuel D. Groff） 169，192—193
葛瑞汉（Angus Charles Graham） 153—154
工具理性 074，088—090
《工商管理》 207
工业心理学 038，082，236
功能主义 117—118
龚鹏程 148
贡布里希，E. H.（E. H. Gombrich） 021
《古代中国的思想世界》 153
古狄昆斯特，威廉·B.（William B. Gudykunst） 038
古今之变 023，028—030，034—037，039，048，055，109，233—235，255
《古诗四帖》 011，016
古史辨 012，015—016，152
《古希腊语汉语词典》 080
《谷登堡星汉璀璨：印刷文明的诞生》 126
谷腾堡（Johannes Gensfleisch zur Laden zum Gutenberg） 181
《谷腾堡在上海：中国印刷资本业的发展（1876—1937）》 127，178，180—182

《故事新编》 015
顾颉刚 015
顾恺之 011
关世杰 149
管翼贤 193
光的教堂 061
《广告》 041—042，209
广告代理制 039，047，050，105
《广告的研究》 040—041
广告符号学 097—098，236—237，251
《广告攻心战略——品牌定位》 076
广告伦理学 082—083，236
广告美学 236，251
广告批评 003—004，239，253—254
《广告浅说》 041，197
《广告人生》 053
《广告社会学》 035—036，038，105
《广告是条河——中国广告学术发展的源流》 245
广告文化研究 025，057，088，090，092，096，099，101—102，105，110，121，124，129，136，145，251
《广告心理学》 083，236
《广告心理学概论》 083，209，220
《广告须知》 083，220
《广告学》 050，083，207，225
《广告学纲要》 207
《广告学与术》 041
《广告与道德》 083
《广告与人生》 033
《广告与商业道德之关系》 083
《广告与推销》 210
《广告与推销技术》 197
《广告在中国》（*Advertising in China*） 169，193
广告专业主义 250
广告总公司（SGA） 033—034

《广州时报》 209
规训 150，152，163
《规训与惩罚》 134
贵格派 061
郭沫若 012
国货运动 171—173，176
《国际传播与文化间传播研究手册》 038
国家自然科学基金 247
国立北京大学 202，219
国立北京美术学校 208
国立北平大学 204，208
国务院学位委员会 248

H

哈贝马斯，尤尔根（Jürgen Habermas）
　　076，090—091，171，239
哈佛大学 165—166
《哈该书》 066
《哈哈镜：中国视觉现代性》 058，171
哈瓦斯新闻社 034
哈耶克，弗里德里希（Friedrich
　　Hayek） 090
"海外中国研究丛书" 162
《"汉字革命"中的"书法情结"——以钱玄
　　同"五四"时期的书法活动和书法思想
　　为中心》 019
杭州西湖国立艺专 208
何嘉 206—207
黑格尔（G. W. F. Hegel） 130
洪谦 169
洪一龙 193，224
后广告 054—055，192，234，236
后-后现代（Post-postmodern） 098
后结构主义 098
后千禧年主义 083—084
后文化研究 024，122，129
后现代主义 076，093，096—100，103，
　　122
《后现代主义，或曰晚期资本主义的文化逻
　　辑》 097
《后现代主义与文化理论》 061，097
胡朴安 205
胡适 011，015，167
《湖北商务报》 043—045
沪中商务联合 050
华勒斯坦，伊曼努尔（Immanuel
　　Wallerstein） 136
华商广告公司（华商） 048，209—210
华生（John Broadus Watson） 236
华盛顿大学 199，209，211
《画展》 211
话语理论 150
黄宾虹 204
黄楚九 049，175，177
黄嘉德 195，209
黄升民 228，230
黄庭坚 075
黄宪昭 197，209
黄燕 052
霍布斯鲍姆，埃里克（Eric Hobsbawm）
　　152，177
霍尔，爱德华（Edward Hall） 157
霍尔，斯图尔特（Stuart Hall） 092，110
霍加特，理查德（Richard Hoggart） 092
霍克海默，马克斯（Max Horkheimer）
　　074—075，088—089，091
霍普金斯，克劳德（Claude C. Hopkins）
　　038，052，084—085

J

基督教青年会（YMCA） 214
《基督教要义》 063—064
基要派 069
吉登斯，安东尼（Anthony Giddens）

094—095, 098, 115, 156
《疾病的隐喻》 130, 137, 139
济南刘家功夫针铺 012—014, 042, 168, 183
《计开馆定略例十二则》 045
计量史学理论 187
技术异化论 091
《暨南大学教职员之全部组织》 204
加尔文,约翰(John Calvin) 059, 061—065, 067
《见证:中国广告三十年》 229
《建设》 083, 209, 220, 236
健康传播 023—025, 123, 128—130, 132, 136—137, 139—142, 144—145, 223
江亢虎 205—206
姜弘 052—053, 229
蒋国珍 167
蒋荫恩 193, 206, 209, 219
蒋裕泉 040
交游 019
《脚注趣史》 235
杰姆逊,弗雷德里克(一译詹明信,Fredric Jameson) 061, 097—098, 103
结构主义 097 098, 138
解释学 016, 105, 138—139, 147
解殳伯 041
金陵大学事件 199
金企渊 206
《近代广告学》 197
《近代中国商业的发展》 178, 184—187
《近十年中国之广告事业》 209—210
禁欲主义 059, 062, 069
《京报》 200
经济学帝国主义 174, 237, 240, 242, 244
荆其诚 237

井开十二郎 083, 236
《旧约》 060—061, 079—080, 083
《局发文牍:商务局照会商董报册准收广告文》 043—045
《距离感》 246

K

卡特(一译卡德,T. F. Carter) 126, 167—169, 181
"开放的艺术史丛书" 162
《开放社会科学》 136
凯博文(Arthur Kleinman) 128
坎贝尔,柯林(Colin Campbell) 068
康德,伊曼努尔(Immanuel Kant) 072, 130
柯博文(Parks M. Coble) 177
柯布西耶,勒(Le Corbusier) 061
柯律格(Craig Clunas) 160, 166
柯文(Paul A. Cohen) 169
科大卫(David Faure) 178, 184—186
科特勒,菲利普(Philip Kotler) 156
《科学的广告》 084
克兰,戴安娜(Diana Crane) 124
肯尼迪,约翰·E.(John E. Kennedy) 038, 084
空中主日学 076
孔德,奥古斯特(Auguste Comte) 033, 090
《苦痛和疾病的社会根源:现代中国的抑郁、神经衰弱和病痛》 128
《跨文化交流学》 149

L

拉尔森,斯坦因·U.(Stein Ugelvik Larsen) 088
拉尼奥,热拉尔(Gerard Lagneau) 035—038, 051, 105

拉撒路（Lazarus） 060
拉斯金，约翰（John Ruskin） 070, 081, 208
拉斯克，阿尔伯特·戴维斯（一译拉斯克尔，Albert Davis Lasker） 038, 084—085
《拉斯克尔的广告历程》 084
兰亭论辨 012
《兰亭序》 011—012, 016
朗香教堂 061
浪漫主义 069, 137
勒诺多，泰奥夫拉斯特（Theophraste Renaudot） 032
李尔斯，杰克逊（T. J. Jackson Lears） 005—006, 024, 029, 056—059, 061, 065, 067—070, 079, 081—084, 086—087, 126, 163—164, 222, 235
李积新 051
李欧梵（Leo Ou-fan Lee） 006, 020, 058, 104, 125, 166, 171, 174, 179
李石岑 205
李叔同 019, 109, 209
李文权 047
李延春 040—041
李有行 211
李约瑟（Noel Joseph Terence Montgomery Needham） 126
李约瑟难题 041, 186
里斯，阿尔（Ai Ries） 076
历史广告学 230
《历史广告学——广告学研究的一个新领域》 227
历史谱系学 131
历史虚无主义 015
历史学帝国主义 112

《历史学与社会科学》 115
《历史学与社会理论》 115
利玛窦（Matteo Ricci） 143
联合广告公司 048, 205—206, 209—210
梁其姿 128
梁启超 043, 141—142, 166—167, 216
列宁 036
林秉枢 050
林奇，凯文（Kevin Lynch） 124
林振彬 047—049, 172, 209—211, 219
《临床医学的诞生》 006, 130—133
《临河叙》 012
灵恩运动 069
灵韵（aura） 074, 089
刘半农 018
刘葆儒 083
刘英华 228
刘志远 193
龙媒广告选书 225, 237
鲁尔，詹姆斯·诺里斯（James Norris Brewer） 091—092
鲁迅 015, 150, 167
陆费逵 051
陆费叔辰 051
陆梅僧 041—042, 047—049, 203, 205—206, 209—211, 215, 217, 219
路德，马丁（Martin Luther） 063, 065
路德宗 063
《论道者——中国古代哲学论辩》 154
《论摄影》 137
《论实业体系》 032
罗德托马斯（Lord & Thomas）广告公司 084
罗芙芸（Ruth Rogaski） 145
罗格斯大学 056—057, 163
罗念生 080, 169
罗真崇 052

罗真如　219
逻各斯中心主义　133
逻辑实证主义哲学　091，094
《洛神赋图》　011

M

《麻风：一种疾病的医疗社会史》　128
马尔坦（Henri-Jean Martin）　181
马克思，卡尔（Karl Heinrich Marx）　075，078，091，155
马礼逊，罗伯特（Robert Morrison）　046，165
马林诺夫斯基，布罗尼斯拉夫·卡斯珀（Bronislaw Kasper Malinowski）　117—118
《马路天使》　125
马谋超　237
《马太福音》　066，083
马太效应　066—067
马特拉，阿芒（Armand Mattelart）　028，030，032—036，039，164
《玛拉基书》　066
迈耶，马丁（Martin Mayer）　057
《麦迪逊大道——不可思议的美国广告业和广告人》　057
麦克卢汉，马沙尔（Marshall McLuhan）　100，115—116，126，239
芒福德，刘易斯（Lewis Mumford）　121
媒介文化研究　105—106
《每周评论报》　195
美国营销协会定义委员会（The Committee on Definitions of the American Marketing Association）　029
美国芝加哥美术学院　209
《美术观察》　017，019，159—160，254
蒙田，米歇尔·德（Michel de Montaigne）　031—033，041

《蒙田随笔全集》　031
弥赛亚（Messiah）　081
米怜，威廉（William Milne）　046
密尔斯，斯蒂芬（Steven Miles）　073，086—087
闵斯特伯格，雨果（Hugo Münsterberg）　038，082，236
明治维新　009，165
摩西（Moses）　059—060
莫迪，贝拉（Bella Mody）　038
莫里斯，威廉（William Morris）　070，078，082

N

南方谈话　226，246
南京金陵大学　049，199
内部研究　095，113，121，170
尼采，弗雷德里希·威廉（Friedrich Wilhelm Nietzsche）　076，128，131
《尼采·谱系学·历史学》　131
倪雅梅（Amy McNair）　005
牛津大学　171
纽顿，爱德华（Alfred Edward Newton）　037
《纽约时报》　067
纽约艺术学院　209
《农林新报》　049，051
诺思，道格拉斯·C.（Douglass C. North）　187—188
《女史箴图》　011

O

欧文（Robert Owen）　036

P

派德森，唐（Don Patterson）　195
潘丽珍　031

潘诺夫斯基，欧文（Erwin Panofsky）
　　020—021，125
潘序伦　205
《判断力批判》　072
庞薰琹　209，211
彭丽君　058，171
彭林祥　018
彭慕兰（Kenneth Pomeranz）　186
批判学派　074，076，091—092
品牌传播　249
《品牌新中国：广告、媒介与商业文化》
　　058，125，164，180，235
《普通语言学教程》　097

Q

戚其章　041
齐格蒙特·鲍曼（Zygmunt Bauman，也曾
　　译为齐尔格特·鲍曼）　121，156
祁小春　016
《启蒙辩证法：哲学断片》　074，075，089
启蒙运动　036，130，132，235
《启示录》　083
《千里江山图》　011
前千禧年主义　083
钱伯涵　216—217
钱道南　209—210
钱玄同　015，018—019
《钱玄同日记》　019
乾嘉朴学　122
清华大学美术学院　047
《清华学刊》　208
清教伦理　058—059
《清教徒的脚踪》　065
《清教徒之约——威斯敏斯德准则》　065
清教运动　063
《清明上河图》　014，042，168
《清议报》　043

邱振中　016
裘法祖　135
区域研究　161，165—166，175，188
全国广告学术研讨会　053
《全球传播的起源》　028，030，032—036，
　　164
全球广告史　023，025，028—029，039，
　　048，146，155，160—161，232
全球史观　146，160
诠释学　115

R

人工智能　009，252
人类学转向　117，119
人文主义　032，035，061，192，200，
　　203，213
任海龙　006，029，057
日本电通广告公司　052
日本东京美术学校　209
荣昌祥　049
《容斋随笔》　040
如来生　045，047，049—050，167，211，
　　224
芮兰馨　251
芮哲非（Christopher A. Reed）　127，
　　178，180，182—183

S

《撒迦利亚书》　066
萨丕尔，爱德华（Edward Sapir）　147—
　　148
萨丕尔-沃尔夫假说（Sapir-Whorf
　　Hypothesis）　147—149
萨义德，爱德华·W.（Edward W. Said）
　　160
《三大空想社会主义者选集总序》　036
桑塔格，苏珊（Susan Sontag）　115，128，

130, 137—139, 142
莎乐美 #Salomé 070—071
山崎实（Minoru Yamazaki） 093
煽情主义 069
商品拜物教 070, 075, 077—079, 081, 086
《商业广告技术之研究》 197
《商业广告之研究》 041
《商业杂志》 197
《上海·爱》 171
《上海报人的奋斗》 170
上海对外经贸大学 052
上海广告公司 050, 223
上海交通大学 250
《上海联合广告公司同仁录编辑委员会收集同仁录资料调查》 205
上海美术专科学校 209
《上海摩登——一种新都市文化在中国（1930—1945）》 058, 125, 166
上海南方大学（南方大学） 205, 209
上海商科大学 203—204, 213, 217
上海圣约翰大学（圣约翰大学） 169, 192, 194—196, 199, 205, 207, 209
上海市广告同业公会会员名录 050
上海现代性 125, 166, 171, 174
上海新文化社 045, 224
上海研究 170
《上海织布总局公启》 185
上海中华书局 049, 051
尚美图案馆 209
邵隆图 124
邵飘萍 200—201, 219
舍瓦利耶，米歇尔（Michel Chevalier） 033
《设计的文化》 110—111
《设计经济》 111—112
设计艺术学 248, 250

《社会学方法的规则》 242
《申报》 043, 046—047, 144, 169—170, 172, 175, 185, 193—195, 197, 199, 204—205, 210—217
身体美学 128, 130—132, 150
深描 116, 120, 128
《什么是文化史》 113, 118—120, 164
神户大学 164
沈鼎从 051
沈尹默 019
审美化 073, 082, 096, 098, 100, 103
慎昌洋行（Anderson & Meyers Co. Ltd. of China） 049—050
生生美术公司 049
《圣经》 063, 066, 068, 070, 079—081, 083
《圣经·创世记》 147
《圣经·约翰福音》 070
圣西门（Comte de Saint-Simon） 032—033, 036, 041
《圣西门选集》 032, 036
圣西门主义 033—034, 036
圣像破坏运动 060
《圣约翰大学史》 195
施督辉 040
施坚雅（G. William Skinner） 020, 175—176
施拉姆，威尔伯（Wilbur Schramm，一译宣伟伯） 017, 018, 100, 147
施蛰存 171
十诫 059—060
《时事新报》 205, 209
实验心理学 082, 236
《实用广告学》 040
实用主义 065, 068, 131, 192, 203, 212, 217
实证主义 033, 090—091, 101, 131, 222

史蒂芬（Mackenzie Stevens） 199
史华兹，本杰明（Benjamin Schwartz） 153
史量才 216
史密斯，詹姆士（James K. Smith） 064
《使徒行传》 080
《屎的历史》 235
世界贸易组织 055, 228, 246
视觉文化研究 006, 093, 098, 174
《书籍的社会史》 235
叔本华，亚瑟（Arthur Schopenhauer） 131
舒斯特曼，理查德（Richard Shusterman） 131
水建馥 080
司徒雷登（John Leighton Stuart） 192
斯多葛（Stoicism） 080
斯科特，瓦尔特·迪尔（Walter Dill Scott） 038, 082—083, 236
斯密，亚当（Adam Smith） 037
《四明月刊》 040—041
宋明理学 122
苏格拉底（Socrates） 074
苏撒拿（Susanna） 079
苏上达 207
孙科 083, 220, 236
孙孟英 012, 014
孙中山 083, 209, 220
索绪尔，费尔迪南·德（Ferdinand de Saussure） 097, 239

T

《塔木德》 066
《太平洋报》 019, 209
《泰山经石峪》 018
《泰晤士报》 036
《谈谈我们治理方面的一项缺陷》 031

唐忠朴 053, 224, 229
陶冷月 204
陶启湘 194—195
特劳特，杰克（Jack Trout） 076
《天路历程》 060
《帖撒罗尼迦后书》 083
《图案法 ABC》 209
图书馆学 215, 249
图像学 020—021, 115, 138
《图像证史》 164
涂尔干，埃米尔（Émile Durkheim，一译迪尔凯姆） 136, 242
《屠猫狂欢》 235
土桥纠夫 052
推销派 038, 085

W

外部研究 095, 113, 121, 170
《万事不求人》 185
汪英宾 047, 169—170, 204—206, 209, 211, 219
王成文 227
王德威 166, 171
王尔德，奥斯卡（Oscar Wilde） 070—072, 081
王瑾（Jing Wang） 058, 125, 164, 180, 235
王论跃 031
王明珂 115—117
王太庆 169
王希孟 011
王羲之 011—012
王效文 205, 215
王罴 050
王永江 033
王志勇 065
威廉姆斯，罗宾（Robin Williams） 134

威廉斯，雷蒙（Raymond Williams） 092
《威斯敏斯德大教理问答》 065
威斯敏斯德会议 065
威雅 057
《唯美主义与消费文化》 072, 074, 077—078
维也纳学派 091
韦伯，马克斯（Max Weber） 024, 058—059, 061—062, 065, 067, 086, 090, 116
韦勒克，勒内（Rene Wellek） 170
《为广告正名》 223
《卫生的现代性》 145
温奇，彼得（Peter Winch） 090—091, 118
文化产业研究 100
文化帝国主义 157
《文化符号学导论》 148
文化工业 089—090, 092—094, 114
文化类型学 154
《文化论》 118
《文化贸易：清代至民国时期四堡的书籍交易》 127
文化普遍主义 117, 166
文化史研究 024, 086, 100, 112—113, 117—120, 130, 143, 163, 174, 184
文化特殊主义 117, 153—154, 160, 166
文怀恩（John Elias Williams） 199
《文汇报》 223
《文体活动规定》 063
闻一多 208—209, 211—212
《我的广告生涯》 084
沃尔夫，本杰明（Benjamin Whorf） 147—148
无千禧年主义 084
吴铁声 083, 207

《五十年来中国画报之三个时期及其批评》 193
武道（Maurice E. Votaw） 195
物质文化 057, 087, 114, 117—118, 120, 172, 180

X

西方马克思主义 061, 074—075, 090—091, 112
西方中心主义 153, 160, 166
西沃卡，朱利安（Juliann Sivulka） 056—057, 222, 235
西学东渐 026, 159, 191, 224, 236
希罗底（Herodias） 070
《溪岸图》 016
夏志清 125, 171
厦门大学 048, 203, 206, 219, 221, 224, 227, 236
《先秦名学史》 167
《现代实用广告学》 206
现代性 041, 070, 073, 082, 088, 090, 104—105, 126, 137—138, 150—151, 156, 171—172
《现代中国工商业美术选集》 197—198
现代主义 076, 093, 096, 098—100, 122, 131
现象学 016, 101, 138—139
相对主义 154
消费社会 058, 076—078, 099
《消费文化与后现代主义》 098—099, 121
消费者行为学 223
效果史 170
谢无量 167
《心灵病房》（*Wit*） 139
《心灵点滴》（*Patch Adams*） 134
辛德勇 014—015, 127
《新教伦理与资本主义精神》 059, 062,

067，086
新马克思主义 089—091，095
《新史学》 141
《新史学·中国之旧史》 167
新文化史 020，028，087，100，114，
　　119，140，145
《新闻广告》 193
《新闻学》 200
《新闻学研究》 193
《新闻学总论》 201
新兴宗教（Cult） 056，070，075—076，
　　078
《新约》 060—061，068，080，083
信度 091
信息管理学 238，249
信息化社会 107
信义会 063
形式研究 021
熊秉明 016
徐百益 014，052，168，207，210
徐宝璜 200，209，219
徐景达（阿达） 115
徐霄汉 041
徐渊若 216
徐智明 225，237
许舜英 075
叙事学 170
《悬赏征集——请告知"济南刘家功夫针铺
　　铜版的断代依据》 014
《"学术前沿"还是"理论旅行"——关于"传
　　播政治经济学"介入设计研究的思考》
　　107，112
《学术研究的前瞻性》 254

Y

雅各（Saint Jacob） 060
亚当（Adam） 132

亚当斯，亨利（Henry Adams） 078
亚底米（Artemis） 061
亚伦（Aaron） 060
亚文化 094—096，103
颜文樑 209
颜真卿 005
燕京大学 068，169，192—195，206—
　　207，209
杨福和 229
杨海军 029，227，230
杨鸿烈 167
杨简茹 005
杨念群 007—008，128—130，142—143
杨汝楳 204
洋泾浜 009
姚曦 018
耶罗波安（Jeroboam） 060
叶建柏 050，209，211
叶凯蒂（Catherine Vance Yeh） 171
叶渊 204
一神论 060
伊壁鸠鲁（Epicurus） 080
疑古 012，015，152
义和团运动 173
意底牢结（Ideology） 095
意识形态广告 075
殷之龄 205
《印刷书的诞生》 181
印刷资本主义 181—183
英美烟草公司 050
营销传播 052，055，102，145，157，
　　178，222，227，234，242—244，
　　249
《营销管理（亚洲版第3版）》 156
余虹 228
余也鲁 048，221，224，236
宇文所安 009

《语言论》 148
语言相对论 147, 149—150
语言学的转向 094, 097
玉木彻志 052
预定论 062—063, 065
《域外小说集》 167
鸳鸯蝴蝶派 171
元史学 115
元问题 023
元语言 147
原教旨主义 069, 153
约翰逊，塞缪尔（Samuel Johnson） 037
约翰（施洗约翰, John the Baptist） 070
约翰（使徒约翰, Saint John） 060, 068, 070, 132, 194—196
《约翰周报》 195
月份牌画 006, 020, 048—049, 081, 125, 129, 170—171, 174—176, 178, 183, 210

Z

《再造"病人"：中西医冲突下的空间政治（1832—1985）》 007, 129—130, 142—144
《在中国第一国立美术学校开学式之演说》 208
扎根理论 008
詹姆士一世（James I） 063
张爱玲 171
张道藩 054
张仃 219
张天锡 210
张秀民 168
张旭 011, 089
张蕴和 216
张之洞 043
章汝奭 052

《招贴画（影记沪上 1843—1949）》 012, 014
赵君豪 170, 216
赵紫宸 169
浙江美术学院 208
整合营销传播（IMC） 157, 227
《整合营销传播——利用广告和促销建树品牌》 156—157
证经补史 127, 183
郑洪年 204
郑曼陀 175
郑午昌 167
《政治官报》 043
之江大学 206
芝加哥大学 101, 212
知识考古学 007, 016, 150—151, 170
知识生成学 016
《制度变迁的逻辑》 178, 180, 186—188
《制度、制度变迁与经济绩效》 187—188
《制造中国——消费文化与民族国家的创建》 171—172
《致青年加尔文主义者的信——改革宗思想之旅》 064
智永 012
穉英画室 049
中村元（Hajime Nakamura） 149
中法大药房 049, 175, 177
《中国报学史》 167, 170
《中国本土报刊的兴起》 169, 205
中国传媒大学 229—230, 245
《中国当代广告史》 228
《中国法律发达史》 167
中国广告博物馆 230
中国广告公司（The China Advertising Service Inc.） 050
中国广告联合总公司 053
《中国广告猛进史（1979—2003）》 228

中国广告名人堂　230
中国广告社　050
《中国广告事业史》　045，047，049—050，
　　167，211，224
《中国广告图史》　229
中国广告协会学术委员会　053，227，245
《中国广告学术史论》　027，083，191，224
《中国广告业二十年统计资料汇编》　227
《中国画学全史》　167
《中国旧式广告之探讨》　197
中国美术学院　159，208
中国模式　048，109，155，228，230，239，
　　245
《中国人之思维方法》　149
《中国社会科学》　018，238
《中国书法在西方》　021
《中国文化与中国设计十讲》　146，159
《中国现代设计教育思想的文化审视》　208
《中国现代文学广告的价值》　018
《中国新闻发达史》　167
中国新闻史学会　230
《中国新闻纸广告之研究》　193
《中国印刷技术史》　181
《中国印刷术的兴起及其西传》　167
《中国印刷术源流史》　167—168
《中国与资本主义》　184
《中国哲学史》　167
《中国哲学史大纲》　167

《中华广告月刊》　210
中华国际广告公司　210
《中华药商：中国和东南亚的消费文化》
　　005，129，145，171，174—176，184
中华职业教育社　214
《中外广告史》　225，227
《中外广告史新编》　029，225
中兴百货　075
中央工艺美术学院　047，208—209，211—
　　212，219
中央设计局　054
《中正之笔——颜真卿书法与宋代文人政治》
　　005
钟马田　065
重农抑商　014，066
周迪斐　215
周佛海　205
周祥光　212
周小仪　072，074，077—078
周作人　167
朱利耶，盖伊（Guy Julier）　110—112
朱胜愉　083，207
朱斯煌　215
主动误取　063，167
祝帅　005，019，027，082—083，090，
　　093，107，112，129，146，160，208，
　　224，251，254
祖宗之法　020

后 记

2015年1月，应母校之聘，我在博士毕业并工作五年之后重新回到北京大学新闻与传播学院任教。在广告学系的教学中，我同时开设广告实务和广告史论方面的课程。在实务方面，我负责开设本科生的"创意文案""广告策划与创意"两门必修课程和研究生的"广告创意研究"，在史论方面，则主要讲授本科生必修课"中外广告史"、选修课"中国广告史""外国广告史"和研究生课程"广告史研究""广告与文化研究"及"广告批评"。在讲授这些课程忙碌而充满愉悦的过程中，自己也积累了大量的科研成果。尤其是在广告史方面，更形成和积累了大量个人的思考。目前在这方面，我除了撰写完成北京大学本科立项教材《广告史教程》外，还以专题研究的形式对广告史这个学科形成了相对系统的观察与反思，这方面的成果往往体现在我给研究生讲授的"广告史研究"课程中，呈现在读者面前的这本小书就是基于这门课程所讲授的部分专题整理而成的。

能够完成这本小书，首先得益于北大得天独厚的学术环境和学科资源。从2006年跟随陈刚教授攻读博士学位开始，他就鼓励我在本专业学习的同时广泛接触北大各个学科的研究进展。因此从那时候开始，我就受益于与北大人文学科各院系的广泛学习与交流。正是在这种交流中，我逐渐意识到，广告史还不是一门公认的学科，但要与文学史、艺术史、新闻史等其他兄弟学科展开平等对话，至少需要具备一种学科建设的雄心和努力。不需讳言，眼下这本书的书名《作为学科的广告史》，就是陈平原教授《作为学科的文学史》一书所带来的启发。也正是在文史哲各系的课堂上，我体会到学术史这种学术体例的魅力，并学习了从事这一学科研究的基本方法。从事教学工作以后，我更是带领学生一起展开思考，从中深刻体会到了"教学相长"的乐趣。事实上，我对于广告史学科的思考不仅限于本书的章节，也包括我历年来指导的研究生论文选题以及与他们合作写作的大量文章，只是限于体例，这些文字没有收入这本专著中。

书成之际，谨再次向导师陈刚教授表示衷心的感谢，从十余年前成为他的开山博士弟子至今，我对广告学科的相关认识和所有思考都是在先生常年的言传身教下形成的。通过陈刚教授，我有幸得到国内外新闻传播和广告学界诸多前辈师长和友人的关照与支持。尤其是程红教授对本书提出具体建议，并为书名提供英文翻译。我也衷心感谢北京大学和新闻与传播学院的领导和老师们为我提供学术平台并提供多方面的指导与帮助，至少最近五年来，我的点滴成绩都是在母校平台之上取得的。书中部分内容曾以论文形式发表于《国际新闻界》《新闻大学》《山西大学学报》《广告研究》等多种学术期刊。同样感谢北京大学出版社和北大培文公司高秀芹老师和好友黄敏劼的特别支持。硕士生罗敏霞、博士生张萌秋为本书校对并编制索引，家人更是对我的教学和科研工作给予了最大的理解和宽容，在此一并表示衷心的感恩。

我出生在一个教师家庭，现年74岁的父亲就是一位有着40余年教龄的老教师。在父亲的熏陶之下，我自幼就渴望成为一名传道、授业、解惑的教师，也正是这个信念使我从之前供职的中国艺术研究院调回母校任教。本书作为教学的产物，也要特别献给我回到母校以来所指导的所有硕/博士研究生和本科生们，他们与我课内外的交流讨论促使我最终形成这本起初不在计划中的著作，也正是他们的求知欲和学术热情，敦促不惑之年的自己不断尝试努力突破自身的局限，希望能够在未来把更好的成果奉献给他们。

2020年1月于北京大学燕园